은총의
하늘마당에 누운
뭇

▌국제제자훈련원은 건강한 교회를 꿈꾸는 목회의 동반자로서 제자 삼는 사역을 중심으로 성경적 목회 모델을 제시함으로 세계 교회를 섬기는 전문 사역 기관입니다.

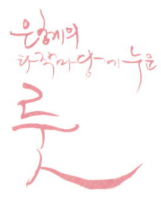

초판 1쇄 인쇄 | 2008년 6월 14일
초판 3쇄 발행 | 2008년 7월 24일

지은이 | 옥성석
펴낸이 | 김명호
펴낸곳 | 도서출판 국제제자훈련원
기획책임 | 김건주
편집책임 | 장병주
마케팅책임 | 김석주
디자인 | 미담

등록번호 | 제 22-1240호(1997년 12월 5일)
주소 | (137-865)서울시 서초구 서초1동 1443-26
e-mail | dmipress@sarang.org
홈페이지 | www.discipleN.com
전화 | 편집부 (02)3489-4310 · 영업부 (02)3489-4300
팩스 | (02)3489-4309

값 11,000원
ISBN 978-89-5731-272-8

독자의 의견을 기다립니다.

은혜의 타작마당에 누운 룻

옥성석

머리말
은혜의 타작마당에 누워서

'**미국 가서** 한번 살아 볼까.'

한국 사람이라면 누구라도 한 번쯤 이런 생각을 해보았을 것이다. 자녀 교육 문제로 골치를 앓거나, 사업에 실패했거나, 직장을 잃었거나, 가정에 어려움이 닥쳤을 때 이런저런 문제가 풀리지 않으면 누구나 한 번쯤 이런 고민에 빠져들게 된다. '아메리칸 드림'American Dream, 즉 미국은 모든 사람에게 성공의 기회를 준다는 이 말이 한국 사람에게는 단순히 문자적 의미 그 이상의 무엇인가가 있다.

사사시대의 모압은 오늘의 미국과 같았다. 모든 것이 풍족했고, 무엇보다도 땅이 비옥했다민 32:1, 4. 천신만고 끝에 요단강 동쪽에 도착한 이스라엘 백성이 오죽했으면 이제 개천이나 다를 바 없는 요단강 하나만 건너면 '젖과 꿀이 흐르는' 가나안 땅이었음에도 더 이상 앞으로 나아가려 하지 않았을까민 22-32장. 심지어 그 땅을 기업으로 달라고 요청하는 지파까지 생겨났다민 32:5. 그만큼 모압은 이스라엘 백성에게도 기회의 땅이자 매력적인 땅으로 보였던 것이다.

훗날 이스라엘 백성은 가나안에 들어가 정착했음에도 불구하고 막연하게 모압 드림Moab Dream을 꿈꾸었다. 엘리멜렉도 예외는 아니었다. 그는 흉년을 핑계로 평소 동경해 오던 땅 모압으로 이주를 감행한 것이다. 모압에 가기만 하면 대반전을 꾀할 수 있으리라는 환상을 품고 미련 없이 베들레헴을 떠났다. 그러나 모압 드림이 엘리멜렉을 기다리고 있었던가? "꽝" "꽈~앙 꽝" 하는 몇 번의 굉음과 함께 그가 의지하고 기댔던 모든 것이 그만 한줌의 재로 변하고 말았다.

엘리멜렉과 그의 두 아들, 이들의 죽음은 완전한 상실을 의미한다. 롯기라는 커튼을 젖히자마자 여기저기에 '죽음'이라는 단어가 널려 있다. 십여 년의 세월이 흐르는 과정에서 젊음, 미모, 재산, 의욕은 모두 연기가 되어 날아가 버렸다. 가슴속에 실낱같이 남아 있던 희망과 꿈도 물거품이 되었고, 재기의 발판이 될 만한 것이라곤 전혀 찾아볼 수 없는 텅 빈 공간만이 관객의 시야를 압도하고 있다.

롯기는 탁월한 작품성을 가졌다.
괴테 J.W.Goethe 는 롯기를 가리켜 "가장 사랑스럽고 완전한 작품"이라고 극찬했다. 슈뢰더 A. Schroder 는 "세상의 어느 작가도 이보다 아름다운 단편소설을 쓸 수 없을 것이다"라고 했다. 그러나 우리의 초점은 롯기의 작품성이 아니다. 그 절망의 현장에 사뿐히 내려와 꽂히는 '은혜'라는 씨앗을 주목한다. 이 조그마한 씨앗이 어

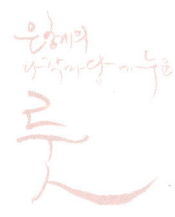

떻게 싹을 틔우고, 얼마나 기이하고 풍성한 열매를 맺는지 경이로운 눈으로 지켜보아야 한다. 비록 네 개의 장에 불과한 짧은 내용이요, '은혜'란 단어 또한 단 두 번밖에 나오지 않지만 그 메시지는 그 어떤 성경말씀보다 깊고 풍부하다룻 2:2, 10. 이런 룻기는 그야말로 '은혜의 보고'(寶庫)인 것이다.

　룻기의 탁월함은 단지 '은혜의 보고'로서 만족하지 않는다는 점이다. 룻기는 스토리를 가지고 은혜를 그려 나간다. 등장하는 네 명의 중심인물의 말, 행동, 몸짓, 고민, 심지어 문장구조와 행간을 통해서도 은혜를 실감나게 보여 주고 있다. 그런데 그 은혜는 우리가 일반적으로 생각하는 정적(靜的)인 그 무엇이 아니라 동적(動的)이다. 룻은 은혜를 간절히 사모한다. 하지만 그녀는 그 은혜가 나타나길 마냥 기다리지 않는다. 모압에서 베들레헴으로룻 1:16, 베들레헴에서 보리밭으로룻 2:2, 보리밭에서 타작마당으로룻 3:3, 타작

마당에서 보아스의 품으로 나아간다 룻 4:13. 시어머니 나오미의 말씀에 "예" 하고 순종하여 나아간다. 자신의 신분, 처한 현실 앞에서 자학하거나 좌절, 실망하지 않고 믿음으로 환경을 헤치며 나아간다. 그야말로 역동적이다. 과부요, 이방여인임에도 불구하고 전혀 주눅 들거나 주저하지 않고 타작마당에 잠든 보아스에게 나아가 "당신의 옷자락을 펴 당신의 여종을 덮으소서" 룻 3:9 하는 부분에 이르러서는 독자들에게 전율을 느끼게 한다. 이런 룻에게 헤세드 하나님은 은혜의 선물인 '오벳'을 안겨주신다 룻 4:17.

그래서 '은혜의 보고' 룻기는 독자의 가슴에 불을 붙인다. 자신도 모르는 사이에 눈물이 핑 돌고 주저앉았던 자리에서 벌떡 일어나는 경험을 하게 한다. 지금 현실은 상실의 현장이며, 텅 빈 밭이요, 주울 것은 보리이삭 밖에 없다. 하지만 그곳에 하나님의 은혜가 있음을 믿음으로써 그 자리를 훌훌 털고 일어나게 한다. 나처럼 보잘것없는 자를 사랑하사 하나님의 자녀로 부르시고 다시 한 번 기회를 주시는 하나님의 은혜를 믿기에 인내하며 기다리는 사람으로 탈바꿈하게 한다.

 2004년에 간행된 『하나님 앞에 무릎을 꿇은 사람 야곱』도 같은 맥락에서 접근한 책이다. '야곱'이 '이스라엘'이 된 것은 그가 잘나고 똑똑하며, 가진 것 많은 인물이었기 때문이 아니다. 그는 참으로 '약함' 투성이었다. 그런데 그런 그에게 쏟아 부어지는 하나님의 은혜가 있었다. 이 감당할 수 없는 부어주심 앞에 '지렁이 같은 야곱'사 41:14이 '두 떼'를 거느리는 축복의 주인공, 하나님을 이긴 이스라엘이 된 것이다창 32:10.

 야곱보다 더 약한 자, 더 큰 실패자로 모두의 뇌리에 각인되어 있는 사람이 바로 삼손이다삿 16:19. 그는 마크 애터베리Mark Atteberry

의 지적대로 '천박한 드라마'의 주인공에 불과했다. 그런 그가 아벨로부터 시작되는 믿음의 선진대열에서 보무당당하게 걸어가고 있다 히 11:32. 그는 '실패자'의 상징적 인물이 아니라 '승리자'의 모델이요, 믿음의 선배요, 멘토로 우뚝 서 있다. 누가 그를 이 영광스러운 자리에 세웠는가? 바로 하나님이시다. 더 정확히 말하면 '하나님의 은혜'였다. 그래서 『어처구니를 붙잡은 삼손』(국제제자훈련원, 2006년)은 힘들고 지치게 하고 유혹이 많은 삶의 현장에서 하루하루 치열하게 영적 전투에 임하고 있는 이 땅의 '남성'에게 위안과 격려, 승리의 지침이 되었으면 하는 바람으로 쓴 책이다.

언젠가부터 동일한 시선으로 한 여성을 주목하기 시작했다. 바로 이방 여인 룻이다. 그녀는 본질상 진노의 후예였다 창 19:37; 엡 2:3. 게다가 그녀 곁에 있는 사람은 '늙은 시어머니'뿐이었다 룻 1:5. 그

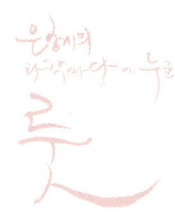

런데 그런 그녀에게 하나님의 은혜가 임하기 시작한다. 부담스러운 시어머니가 축복의 통로로 변했다1장. 텅 빈 밭에서 줍는 보리 이삭은 은혜의 선물이었다2장. 은혜의 맛을 본 그녀는 드디어 은혜의 타작마당에 벌렁 누워 버린다3장.

천년 로마 역사에서 둘째가라하면 서러울 명망 있는 문필가 베르길리우스Virgilius는 생의 황혼에 서서 지나온 삶의 여정을 놓고 "Vixiet quem dederat cursum fortuna peregi나는 다 살았노라. 운명이 부여한 인생행로를 다 달렸노라"고 외쳤다. 그런데 룻은 "운명은 단지 아직 씨앗에 불과하다"(로버트 루이스Robert Lewis)라고 외치며 그 타작마당에서 '은혜의 옷자락'으로 자신의 운명을 덮어 버린다. 이런 그녀가 드디어 온 이스라엘이 추앙하는 다윗을, "은혜 위의 은혜"인 예수를 탄생시킨다마 1:5; 요 1:16.

이 책은 당시 길1장, 보리밭2장, 타작마당3장에서 만났던 하나님

머리말 | 11

을 '충정 강단'에서 사랑하는 성도들과 함께 나눈 것이다. 문자화하다 보니 현장감이 생생하게 전달되지는 않겠지만, 시간마다 임하셨던 '타작마당의 은혜'가 독자에게도 전달되었으면 하는 바람이 간절하다. 특히 룻처럼 힘들고 어려운 삶의 현장일지라도 꿈을 잃지 않고 하루하루 '보리이삭'을 줍는 이 땅의 신실한 여성에게 다소나마 희망과 격려가 되었으면 한다.

룻의 해피엔딩에는 나오미가 등장한다.
그녀는 늙고 가진 것 없고 기력도 쇠해 버린 '마라'룻 1:20였지만, 룻에게는 언제나 든든한 후견인이자 격려자였으며 기도의 중보자이자 축복의 통로였다. 이 책을 출간하며 제일 먼저 나오미와 같은 두 사람이 생각났다. 제분선 권사님과 변경숙 권사님이다. 일생 자식들을 위해 눈물로 밤을 지새우시는 두 분께 이 책을 올려

드리고 싶다. 아울러 기꺼이 출간에 응해 주신 국제제자훈련원의 원장 옥한흠 목사님을 위시한 직원들과 원고 교정에 정성을 보탠 부교역자들과 직원들에게도 깊은 감사와 따뜻한 사랑을 전한다.

변함없이 함께 사역의 길을 걷고 있는 아내에게도 룻에게 주셨던 타작마당의 은혜가 임했으면 한다. 어느 틈엔가 훌쩍 커서 진심으로 아빠의 건강을 염려해 주는 사랑하는 주리와 찬영, 너희에게도 '하나님의 신발 소리'가 들리길 바란다.

주후 2008년 6월 15일

옥성석

머리말 은혜의 타작마당에 누워서 _4

1부 인생에 찾아온 흉년 _17

    1장 모압 드림은 없다 _18

    2장 흉년이 들었을 때 _33

    3장 말보다 더 강한 말 _49

    4장 은혜의 씨앗 _66

    5장 하나님의 신발 소리 _81

    6장 베들레헴으로 가는 길 _96

    7장 상실 후의 은혜 _110

2부 순종으로 들어간 은혜의 타작마당 _125

    8장 '우연'과 '마침'의 만남 _126

    9장 딸아, 밭으로 갈지어다 _140

차례_

10장 축복의 통로, 밭 _154

11장 말을 타고 들어오는 또 하나의 축복 _168

12장 주 날개 밑으로 피하면 _183

13장 '헤세드'를 붙잡으라 _198

3부 축복의 계보 _213

14장 내가 다 행하리이다 _214

15장 룻의 맥추감사 _232

16장 안식할 곳 _248

17장 그분은 쉬지 않으신다 _262

18장 에브랏에서 들리는 소리 _276

19장 어머니로부터의 꿈 Dreams from My Mother _291

1부
인생에 찾아온 흉년

당신은 지금 무엇을 상실했는가? 사랑하는 가족을 잃었는가? 사업에 실패했는가?
건강과 꿈과 명예를 잃었는가? 그래서 더 이상 살아갈 이유를 발견하지 못한 채 탄식하고 있는가?
'돌아오는 방법'은 한 가지밖에 없다. 떡집으로 돌아오는 것이다.
하나님은 돌아올 때 반전의 기회를 허락하여 주신다.
하나님은 상실 후에 은혜를 베푸시는 분이다.

-1장-

모압 드림은 없다

· · ·

"사사들이 치리하던 때에 그 땅에 흉년이 드니라 유다 베들레헴에 한 사람이 그의 아내와 두 아들을 데리고 모압 지방에 가서 거류하였는데 그 사람의 이름은 엘리멜렉이요 그의 아내의 이름은 나오미요 그의 두 아들의 이름은 말론과 기룐이니 유다 베들레헴 에브랏 사람들이더라 그들이 모압 지방에 들어가서 거기 살더니 나오미의 남편 엘리멜렉이 죽고 나오미와 그의 두 아들이 남았으며 그들은 모압 여자 중에서 그들의 아내를 맞이하였는데 하나의 이름은 오르바요 하나의 이름은 룻이더라 그들이 거기 거주한 지 십 년쯤에 말론과 기룐 두 사람이 다 죽고 그 여인은 두 아들과 남편의 뒤에 남았더라."

—룻기 1:1-5

힘을 숭상하는 사람 대 은혜를 사모하는 사람

이 세상에는 두 종류의 사람이 있다. 힘을 숭상하는 사람과 은혜를 사모하는 사람이다. 여기서 힘이란 젊음, 건강, 물질, 직장, 권력 그리고 가족을 비롯해 우리 주변에 포진해 있는 모든 것을 총칭한다. 이런 것들을 '나의 힘'으로 생각하고 의지하는 사람은 해 아래 세계에 항상 관심을 가지고 그것들을 사랑하다 못해 집착하게 된다 전 1:9. 그러나 은혜를 사모하는 사람은 해 위의 세계를 바라본다. 은혜가 위에서 내려온다는 사실을 잘 알기 때문이다.

힘을 숭상하는 사람은 교만해질 수밖에 없다. 자신이 가진 힘의 요소를 은근히 자랑하고 뽐내려 하기 때문이다. 그러나 은혜를 사모하는 사람은 늘 겸손하다. 하나님은 겸손한 사람에게 은혜 베풀어 주시는 분임을 믿기 때문이다. 당신은 힘을 숭상하는 사람인가, 아니면 은혜를 사모하는 사람인가?

여호수아는 이스라엘 백성에게 "너희가 섬길 자를 오늘 택하라"수 24:15고 촉구한 적이 있다. 엘리야는 자기 백성을 향하여 "너희가 어느 때까지 둘 사이에서 머뭇머뭇 하려느냐"왕상 18:21라고 꾸짖었다. 하나님은 미지근한 것을 대단히 싫어하신다. 회색지대에 머물러 있으면서 카멜레온처럼 그때그때 상황에 따라서 옷을 갈아입는 태도에 진절머리를 내신다. 현대 교회를 상징하는 라오디게아 교회를 향한 하나님의 경고를 들어 보자.

"네가 이같이 미지근하여 뜨겁지도 아니하고 차지도 아니하니 내 입에서 너를 토하여 버리리라"계 3:16.

우리는 세상이면 세상, 하나님이면 하나님, 힘이면 힘, 은혜면 은혜, 분명한 태도를 보여야 한다. 힘을 의지하고 숭상할 것인가, 아니면 하나님의 은혜를 붙잡을 것인가? 여기서 세상의 힘은 눈에 보이지만 찰나적인 반면에 하나님의 은혜는 눈에 보이지 않지만 영원하다. 또한 하나님의 은혜는 힘없는 사람을 강하게 하는 놀라운 능력이 있어 지혜로운 사람은 예외 없이 그 은혜를 붙잡는다. 하나님의 은혜를 붙잡는 사람은 결코 망하지 않는다.

은혜의 보고

그렇다면 은혜란 도대체 무엇인가?

이 시대 크리스천에게 많은 영향력을 미치고 있는 작가들 중 필립 얀시는 은혜를 "우리 시대 최고의 마지막 단어다"라고 말했다. 또한 금세기 최고의 신학자 C. S. 루이스는 "기독교를 규정짓는 유일한 단어는 '은혜'밖에 없다"고 말했다. 은혜가 구체적으로 무엇인지 살펴보자. 은혜란 단어의 어원은 '카리스'karis인데 그 뜻을 보면 '기쁘다', '즐겁다'라는 설명이 나온다. 그러나 이 설명만으로는 은혜를 온전하게 이해할 수 없다.

은혜란 단어를 어떻게 해야 더 정확히 풀어낼 수 있을까? 『뉴 가톨릭 백과사전』New Catholic Encyclopedia은 은혜에 대해 무려 13페이지나 할애하여 깨알 같은 글씨로 그 뜻을 설명하고 있다. 이 설명을 읽고 난 사람들은 한결같이 "마치 파헤쳐진 개구리의 내장을 본 듯한 느낌을 받았다"는 화이트F. B. White의 말에 동의할 것이다. 은혜에 대한 뜻풀이를 정독했지만 그 개념에 대해서는 오히려 혼란스러워졌다는 뜻이다. 이처럼 은혜란 단어의 뜻을 개구리처럼 해부할 수는 있지만, 그렇게 하는 사이 그 단어는 생명력을 잃고 만다.

결국 우리가 여기서 확인할 수 있는 것은 무엇인가? 은혜를 한마디로 정의하거나, 어떤 문장을 동원해 설명할 수 없다는 것이다.

그렇다면 은혜의 의미를 이해할 수 있는 가장 좋은 방법은 무엇일까? 그것은 스토리를 가지고 접근하는 것이다. 단어의 뜻이나 한 문장의 설명으로는 은혜를 제대로 이해할 수 없지만, 스토리를 가지고 접근한다면 가능할 수도 있다. 성경에는 아브라함, 모세, 다윗에 관한 스토리가 기록되어 있다. 성경에 등장하는 이들과 관련된 내용은 예외 없이 은혜, 즉 지극하신 하나님의 은혜가 어떤 것인지를 설명한다. 한 문장으로 간단히 정의내릴 수 없는 깊은 의미를 스토리에 담아 이해하도록 도와준다.

은혜를 설명하는 여러 스토리의 중심에 바로 '룻기'가 자리 잡고 있다. 룻기는 하나님의 은혜가 어떠한지 가장 쉽고 그러면서도 실감 나게 설명한다. 넉 장에 불과한 짧은 내용이지만 은혜를 설명한다는 의미에서 볼 때 그 어떤 성경보다 깊고 풍부한 내용을 담고 있다. 룻기는 한마디로 '은혜의 보고'다.

룻기의 내용은 간단하고도 명료하다.

"한 남자가 흉년이 들자 가족을 이끌고 고향을 떠나 다른 곳으로 이주한다. 하지만 그는 그곳에서 세상을 떠난다. 뒤이어 두 아들마저 죽는다. 그러자 홀로된 그의 아내가 역시 홀로 된 며느리를 데리고 고향으로 돌아온다"는 내용이다. 룻기에는 네 명의 인물이 등장한다. 엘리멜렉, 나오미, 보아스, 그리고 룻이다.

처음에 가족을 이끌고 고향을 떠날 때 엘리멜렉이 리더였다. 그러나 남편이 세상을 떠나고 자신처럼 홀로된 며느리를 데리고 고향으로 되돌아올 때 리더는 나오미였다. 보아스는 베들레헴에 살고 있던 유력한 사람이다. 그리고 룻은 시어머니인 나오미를 따라 베들레헴에 온 이방 여인이다. 이들 중에서 룻기의 주인공이 누구라고 생각하는가?

대부분 룻기의 주인공을 '모압 여인 룻'이라고 단정한다. 왜냐하면 책의 이름이 룻기이기 때문이다. 그러나 주인공은 룻이 아니다. 물론 엘리멜렉, 나오미, 보아스도 주인공이 아니다. 룻기의 주인공은 처음부터 끝까지 하나님이시다. 그분이 보일 듯 말 듯 계속해서 등장하신다. 하나님은 이런저런 방법으로 등장인물을 컨트롤 하신다. 그러므로 룻기라는 무대를 주시하는 사람들은 보이지는 않지만 주인공이신 하나님께 시선을 고정하고 그분의 일거수일투족에 집중해야 한다. 오직 한 분, 하나님만이 룻기의 연출자이자 주인공이시기 때문이다.

그렇다면 이 룻기의 주제는 무엇인가?

어떤 사람은 이 책의 주제가 페미니즘 feminism이라고 말한다. 또 어떤 사람은 효를 강조할 때 이 책을 펴 든다. 물론 이 책에는 페미니즘도 있고 효(孝)를 강조하는 내용도 있다. 그러나 룻기의 중심 주제는 이것들이 아니다. 이 책은 처음부터 끝까지 '은혜'(恩惠)가 주제다. '하나님의 은혜'가 강물이 되어 룻기 전편에 도도히 흐르고 있다.

사실 룻기에는 '은혜'란 단어가 두 번밖에 언급되지 않는다 룻 2:2, 10. 그러나 스토리를 통해 하나님의 은혜가 어떤지를 생동감 있게 전달한다. 등장인물들의 말이나 행동, 몸짓, 고민, 심지어 문장 구조와 배경을 통해 하나님의 은혜가 가슴과 피부에 전달된다. 그래서 '은혜의 보고'인 룻기를 읽다 보면 가슴이 뜨거워지는 경험을 한다. 자신도 모르는 사이에 눈물이 핑 돌고 주저앉았던 자리에서 벌떡 일어나는 경험을 한다. 비록 우리의 현실은 텅 빈 밭이요, 주울 것은 보잘것없는 보리이삭밖에 없지만 하나님이 베풀어 주시는 은혜로 자리를 훌훌 털고 일어나게 된다. 자신처럼 보잘것없는 사람을 사랑하시고 한없는 소망을 주시는 하나님의 은혜 때문에 눈물을 흘리게 된다. 룻기 속에는 그렇게도 갈망하는 '은혜'라는 천혜의 값진 보석이 곳곳에 숨어 있다.

무대의 커튼을 열어젖히다

이제부터는 함께 괭이를 들고 "감추인 보화 같은 밭"마 13:44으로 들어가 은혜의 보화를 한번 캐 보도록 하자. 룻기란 무대의 커튼을 열어젖히니 이런 자막이 올라가고 있다.

"사사들이 치리하던 때에 그 땅에 흉년이 드니라 유다 베들레헴에 한 사람이 그의 아내와 두 아들을 데리고 모압 지방에 가서 거류하였는데"룻 1:1.

룻기는 총 4장, 85절로 이루어진 짧은 내용으로, 등장하는 인물도 단출하다. 그러나 이들을 통해 우리 자신이 과연 어떤 존재인지, 지금 어디에 서 있는지, 이런 우리에게 하나님이 무엇이라고 말씀하시는지 온몸으로 느끼게 된다. 그곳에서 나오미와 룻을 만나 주셨던 하나님은 우리도 만나 주실 것이다. 우리도 은혜의 깊이와 넓이와 길이와 높이가 어떠한지 깨닫게 되는 희열을 맛볼 수 있다.

먼저, 이 책이 기록된 시기에 대해 여러 가지 견해가 있다. 그중 가장 유력한 견해는 에드워드 영Edward, J. Young의 주장이다. 룻기 4장 17절의 족보에 보면 다윗의 이름은 나오는데 솔로몬의 이름이 빠진 것을 볼 수 있다. 따라서 룻기를 다윗 시대에 기록된 것으로 본다. 참고로 다윗은 기원전 1010~970년에 이스라엘을 다스렸다. 설령 룻기가 다윗 시대에 기록되었다고 해도 그 역사적 배경은 사사시대다. 룻기의 저자는 이 역사적 배경을 의도적으로 부각시켰다. 그래서 "사사들이 치리하던 때에"라는 자막을 제일 먼저 올리고 있다.

그렇다면 "사사들이 치리하던 때"는 언제이며, 그 시대상은 어떠했는가? 사사들이 치리하던 때를 사사시대라고 한다. 이 시대는 모세의 인도로 애굽에서 나온 이스라엘 백성이 여호수아를 중심으로 가나안 땅을 정복하고 난 이후부터 왕정 시대에 들어가기 전까지를 말하는데, 기간으로 따지면 대략 350년이다. 성경은 이 시대의 특징을 한마디로 이렇게 표현한다.

"그때에 이스라엘에 왕이 없으므로 사람이 각기 자기의 소견에 옳은 대로 행하였더라" 삿 17:6, 21:25.

이 말씀이 두 번이나 반복되는데, 그 이유는 무엇일까? 이는 사사기의 구조 때문이다. 사사기는 특이하게 서론이 둘, 결론이 둘인 문장 구조를 가진다. 그러므로 결론이 17장과 21장이다. 물론 이런 문장 구조 때문이기도 하지만, 더 중요한 것은 이 반복이 강조의 의미를 담고 있다는 점이다.

여기서 왕은 누구를 가리키는가? 일차적으로 이스라엘의 왕을 가리킨다고 볼 수 있다. 그러나 단지 이스라엘 왕만을 가리키는 것이 아니라 이 땅에 오실 '메시아', 즉 예수 그리스도를 가리킨다. 이스라엘 백성은 형식적으로는 하나님의 백성이었지만 그들은 더 이상 하나님을 왕으로 인정하지 않았다. 그들의 마음속에 하나님 두기를 싫어했다 롬 1:28. 그들은 한결같이 각자 자기의 소견대로 행하기를 원했다. 그들은 왜 이렇게 변질되고 말았을까? 가나안 땅에 들어오기 직전, 하나님은 자기 백성에게 이렇게 신신당부하셨다.

"내가 네 경계를 홍해에서부터 블레셋 바다까지, 광야에서부터 강까지 정하고 그 땅의 주민을 네 손에 넘기리니 네가 그들을 네 앞에서 쫓아낼지라 너는 그들과 그들의 신들과 언약하지 말라 그들이 네 땅에 머무르지 못할 것은 그들이 너를 내게 범죄하게 할까 두려움이라 네가 그 신들을 섬기면 그것이 너의 올무가 되리라"출 23:31-33.

하나님은 가나안 주민을 "쫓아내라"고 명령하셨다. 그런데 그들은 어떻게 했는가? 사사기를 열자마자 "쫓아내지 못하더라"는 말씀을 수없이 발견하게 된다삿 1:27, 29, 30, 31, 33. 그들이 쫓아내지 않은 가나안 주민은 "옆구리에 가시"삿 2:3가 되었고, 그들에게 올무가 되었다. 처음에는 아무 일도 없는 듯했다. 원주민인 저들과 함께 도움을 주고받으며 잘 살아가는 것처럼 보였다. 그러나 이스라엘 백성은 점점 가나안 거민의 생활 풍습과 삶의 태도를 닮아가기 시작했다. 가나안 주민이 하나님을 인정하지 않는 것처럼 그분을 인정하지 않게 되었다. "범사에 그를 인정하라"잠 3:6는 말씀대로 행하지 않았다. 가나안 주민이 죄악에 물든 생활을 하는 것처럼 이스라엘 백성도 서서히 그렇게 변했다. 결국 하나님 없이 자기 기분과 소견대로 행하는 사람이 되어 버린 것이다.

자기의 소견대로 행하면 모압 드림

이런 시대의 흐름을 대표하는 한 인물이 등장한다. 바로 엘리멜렉이다. 룻기 저자는 막을 올리자마자 '엘리멜렉'을 집중적으로 부각시킨다. 그를 지칭하는 대명사를 여섯 번이나 반복적으로 사용한다. 그 이유가 무엇인가? 이는 엘리멜렉의 위치와 영향력이 어떠했는지를 강조하기 위해서다. 그가 베들레헴을 떠나 모압으로 이주하는 모든 과정의 리더로서 결정권자였음을 암시한다. 원래 엘리멜렉이란 이름은 "하나님은 나의 왕이시다"라는 뜻이다. 그러나 그 또한 당시 이스라엘 백성과 마찬가지로 자신의 마음에 하나님 두기를 싫어했다롬 1:28. 하나님 대신 자신이 왕이 되고 신이 되어서 자기 소견에 좋을 대로 가족을 이끌고 아무런 미련 없이 베들레헴, 즉 신앙의 터전을 버리고 떠났다.

엘리멜렉이 취한 이 같은 행동에서 몇 가지 중요한 문제점이 발견된다.

첫째, 그는 중요한 결정을 앞두고 왕이신 하나님께 묻지 않았다. 엘리멜렉은 '자기 생각대로' 가족을 이끌고 자신만만하게 모압으로 내려갔다. 지금도 마찬가지지만 3천 년 전 당시 국경을 넘어 이주한다는 것이 얼마나 큰일인가! 그럼에도 그는 자기 기분과 생각대로 이 중요한 일을 즉흥적으로 결정했다. 그 결과 자기도 죽고 자식들까지 죽었으며 가졌던 재산마저 모두 날려 버리고 말았다. 믿음의 사람은 어떤 일을 결정할 때 먼저 여호와께 물어야 한다. 사울 왕의 결정적인 실수가 무엇이었는가? 여호와께 묻지 않은 것이었다.

> "여호와께 묻지 아니하였으므로 여호와께서 그를 죽이시고 그 나라를 이새의 아들 다윗에게 넘겨 주셨더라"대상 10:14.

여호와께 묻지 않은 결과가 어떻게 되었는가? 하는 일마다 뒤죽박죽이었다. 결국 왕의 자리에서 비참하게 폐위당하고 말았다. 여호수아도 이 같은 경험을 했다. 그는 이스라엘 백성을 이끌고 요단 강을 건너 크고 견고한 성 여리고를 점령했다. 그런데 이 여리고 성과는 비교도 되지 않게 작은 아이 성에서 참패하고 말았다. 아간의 범죄 때문이었다_{수 7:10-12}. 그러나 그것은 결정적인 이유가 아니었다. 그들이 아이 성에서 패퇴한 이유는 여호와께 묻지 않았기 때문이다. 만약 여리고 성을 칠 때와 마찬가지로 계속하여 하나님께 물었다면 아이 성에서 결코 실패하지 않았을 것이다. 여호수아가 여호와께 묻지 않았기에 그들은 기브온 거민에게도 감쪽같이 속아 넘어갔다_{수 9:14}.

이처럼 자기 소견대로 행한다면 엘리멜렉처럼 된다. 혼자 고생하고 그것으로 끝나는 것이 아니라 순간의 잘못된 결정으로 자신을 따르는 가족들까지 두고두고 가슴 칠 일을 겪게 된다. 그러므로 하나님의 사람들은 하나님께 묻고 또 물어야 하며, 시시때때로 긍휼과 자비를 구해야 한다_{잠 16:1, 9 참조}.

> "그러므로 우리는 긍휼하심을 받고 때를 따라 돕는 은혜를 얻기 위하여 은혜의 보좌 앞에 담대히 나아갈 것이니라"_{히 4:16}.

둘째, 그는 너무 성급하게 결정하고 행동했다.

베들레헴은 하나님이 약속하신 땅이었다. 그 땅에 들어가기 위해 무려 40년간 광야에서 선조들이 온갖 고생을 했다. 또한 그 땅을 정복하기 위해 얼마나 많은 사람이 피를 흘렸던가! 엘리멜렉은 그 약속의 땅을 배정받았다. 특히 그가 살던 지역은 떡을 만드는 집이 많아서 '떡집'이라는 이름이 붙여졌다. 그만큼 비옥했다는 뜻이다. 그런데 그는 잠시 흉년이 찾아왔다고 해서 '베들레헴', 즉 하나님의 약속과 선물, 기대를 헌신짝처럼 버리고 모압으로 가 버린 것이다.

그렇다면 엘리멜렉은 왜 기도도 하지 않고 성급하게 모압으로 간 것일까? 그것은 그가 '모압 드림'Moab Dream을 꿈꾸었기 때문이다. 모압으로 가기만 하면 모든 일이 형통하고 잘될 것이라는 기대감으로 미련 없이 베들레헴을 떠났다. 우리 주변에도 많은 사람이 이런저런 일로 '아메리칸 드림'을 꿈꾸며 자신들의 미래를 위해 이곳저곳으로 떠난다. 어떤 사람은 사업 실패로, 어떤 사람은 자녀 교육을 위해, 어떤 사람은 자기발전 등을 이유로 새로운 땅을 찾아 떠난다. 그렇게 떠나는 것이 무조건 잘못된 일이라고 말할 수는 없다.

그러나 '모압 드림'은 잘못된 것이었다. 엘리멜렉이 베들레헴을 떠나 모압으로 갔다는 사실은 단지 '이곳'에서 '저곳'으로 장소만 이동한 것이 아니기 때문이다. 여기에는 중요한 의미가 있다. 그것은 엘리멜렉이 자신의 신앙을 포기하고 하나님의 약속과 축복으로부터 떠났다는 것을 의미한다. 즉 엘리멜렉은 하나님의 은혜를 저버리고 육신의 영달을 위해 떠난 것이다. 세상적인 힘을 숭상함으로써 그 모든 약속과 축복을 미련 없이 버리고 베들레헴을 떠났다.

하지만 '모압 드림'은 없었다. 흉년을 피해 가나안에서 애굽으로 내려갔던 아브라함에게 '애굽 드림'은 없었다^{창 12:10-20}. 사명을 피해 욥바에서 다시스로 도망쳤던 요나에게 '다시스 드림'은 없었다^{욘 1:1-10}. 예루살렘에서 여리고로 미련 없이 내려갔던 '강도 만난 자'에게 '여리고 드림'은 없었다^{눅 10:30}. 아버지 집이 싫증 난다고 먼 나라로 떠났던 탕자에게 '먼 나라 드림'은 없었다^{눅 15:11-20}. 그들에게 돌아온 것은 과연 무엇인가? 손가락질과 조소, 풍랑, 강도였다. 결국 그들은 원래의 자리로 돌아올 수밖에 없었다.

그러므로 하나님을 믿는 하나님의 자녀들에게 '모압 드림'이란 존재하지 않는다. 우리는 '모압 드림'을 꿈꾸는 자가 되어선 안 된다. '모압 드림'을 꿈꾸고 있다면 지금 이 순간 모두 버려야 한다. 이는 결코 하나님이 넣어 주시는 꿈이 아니다. 사탄이 밤에 우리의 심령에 찾아와 뿌린 가라지일 뿐이다. 우리는 지금 자신이 처한 삶의 현장을 바라보면서 다윗처럼 고백할 수 있어야 한다.

> "내게 줄로 재어 준 구역은 아름다운 곳에 있음이여 나의 기업이 실로 아름답도다"^{시 16:6}.

이 고백을 할 당시 다윗은 매우 어려운 상황에 처해 있었다. 그러나 하나님이 그 고백을 받으시고 그에게 아름다운 기업을 주셨던 것을 보게 된다. 삶의 현장에 흉년이 들거나 폭풍이 휘몰아친 다 할지라도 이렇게 고백하며 찬양하길 바란다.

> 주 품에 품으소서 능력의 팔로 덮으소서.
> 주님 안에 나 거하리 주 능력 나 잠잠히 믿네.
> 거친 파도 날 향해 와도 주와 함께 날아오르리.
> 폭풍 가운데 나의 영혼 잠잠하게 주를 보리라.

지금 당신의 베들레헴에 흉년이 들었는가? 그래서 '모압 드림'을 꿈꾸며 베들레헴, 즉 신앙의 터전인 하나님이 주신 축복의 땅을 떠나고 싶은 유혹을 받고 있는가? 말씀과 헌신과 봉사의 자리를 떠나고 싶은가? 다시 한 번 강조하지만 하나님을 믿는 믿음의 사람들에게 '모압 드림'은 없다. 그것은 허상이고 신기루일 뿐이다. 설령 지금 우리의 베들레헴이 사막과 같을지라도 그곳을 떠나지 말고 거기에 한 알의 겨자씨를 심어 보라. 그러면 바로 그 현장에 천국이 이루어지는 은혜를 맛보게 될 것이다. 천국은 자기 밭에 겨자씨 한 알을 심는 데서부터 출발한다 마 13:31-32.

– 2장 –

흉년이 들었을 때

. . .

"사사들이 치리하던 때에 그 땅에 흉년이 드니라 유다 베들레헴에 한 사람이 그의 아내와 두 아들을 데리고 모압 지방에 가서 거류하였는데 그 사람의 이름은 엘리멜렉이요 그의 아내의 이름은 나오미요 그의 두 아들의 이름은 말론과 기룐이니 유다 베들레헴 에브랏 사람들이더라 그들이 모압 지방에 들어가서 거기 살더니 나오미의 남편 엘리멜렉이 죽고 나오미와 그의 두 아들이 남았으며 그들은 모압 여자 중에서 그들의 아내를 맞이하였는데 하나의 이름은 오르바요 하나의 이름은 룻이더라 그들이 거기에 거주한 지 십 년쯤에 말론과 기룐 두 사람이 다 죽고 그 여인은 두 아들과 남편의 뒤에 남았더라."

— 룻기 1:1–5

두 부류의 행렬

성경을 보면 나인 성을 중심으로 대단히 인상 깊은 두 행렬이 소개되고 있다 눅 7:11-16. 한 행렬은 나인 성에서 공동묘지를 향해 나아가고 있다. 그 행렬은 썩은 시체를 선봉에 두고 많은 사람이 울면서 따라가고 있다. 그런데 또 다른 행렬이 있었다. 이 행렬에는 길이요, 진리요, 생명이 되신 예수님이 선봉에 서서 나인 성을 향하여 들어가고 있다. 그 뒤로는 제자들이 환희에 찬 모습으로 따라가고 있다. 그들은 병든 자가 고침받는 것을 보았고, 바다가 잠잠해지는 것을 보았다. 심지어 죽은 사람도 다시 살아나는 기적을 체험했다. 북한의 김일성과 김정일을 보라. 우리는 그들 부자의 통치 하에서 수많은 사람이 얼마나 많은 고통을 당하면서 힘겹게 살아가고 있는지 너무 잘 알고 있지 않은가!

그러나 중동의 배꼽, 페르시안 걸프에 위치한 두바이를 보라. 우리나라 제주도의 2배에 불과한 두바이는 불과 20여 년 전만 해도 세계인의 주목을 받지 못했다. 지금도 아랍 에미리트연합UAE의 일부분에 불과하다. 국토의 90퍼센트가 사막이고 연평균 기온이 40도를 오르내린다. 그런데 오늘의 두바이는 세계의 주목을 한 몸에 받고 있다. 어떤 사람은 두바이의 발전이 빛의 속도보다 빠르다고 혀를 내두른다. 2026년이면 두바이의 석유가 고갈된다고 한다. 그 전에 더 이상 석유에 의존하지 않는 나라로 만들겠다는 강한 의지를 갖고 이 나라를 이끌고 있는 사람이 있다. 바로 세이크 모하메드다. 두바이는 이 국왕을 중심으로 온 국민이 똘똘 뭉쳐 사막의 기적을 일으키고 있다. 이제 두바이는 아시아의 관문을 넘어 '세계의 허브'로 자리 잡고 있다. 세계 최대라는 수식어가 붙는 호텔, 랜드, 실내 스키장과 300여 개의 섬을 세계지도 모양으로 만드는 '더 월드'가 추진되고 있다. 오늘의 두바이는 그야말로 상상 속의 보물섬과 같다.

귀신을 따라가던 2천 마리의 돼지 떼는 한순간에 바다에 빠져 몰사하고 말았다 막 5:11. 그러나 모세를 따라가던 60만 명의 이스라엘 백성은 그보다 훨씬 넓고 깊은 바다 속으로 들어갔으나 오히려 바다가 갈라지는 기적을 체험했다 출 14:21.

당신은 지금 누구의 뒤를 따라가고 있는가? 당신의 인생 행렬에서 선봉에 선 이는 누구인가? 당신을 이끌고 있는 그 리더는 진정 믿을 만한 사람인가? 이것은 우리의 인생에서 대단히 중요한 의미를 지닌다. 혹시 당신이 리더의 자리에 서 있는가? 지금 그 공동체를 어떻게 이끌어 가고 있는가? 그들을 제대로 이끌어 가고 있다고 생각하는가? 이 시점에서 점검해 보길 바란다.

실패한 리더, 엘리멜렉

본문에 한 사람이 등장하고 있는데, 그의 이름은 엘리멜렉이다. 룻기를 쓴 사람이 누구인지 정확히 모르지만 저자는 1절에서 의도적으로 '그'라는 대명사를 사용한다. 2-3절에 걸쳐서 이 대명사가 무려 여섯 번이나 나온다. '그의 아내' '그의 아들들'이라고 표현함으로써 아내도 자식도 모두 '엘리멜렉'의 소유물인 것처럼 묘사했다. 이는 엘리멜렉이 그 공동체에서 큰 영향력을 발휘하고 있는 사람임을 부각시키기 위해서다. 한마디로 그가 리더요, 주체임을 보여 준다.

이 엘리멜렉은 적어도 룻기 1장 1-5절에서 자타가 공인하는 주인공으로 등장한다. 그래서 아내 나오미와 두 아들은 이 막강한 리더십에 묵묵히 따를 수밖에 없었다. '그'라는 단어가 바로 이런 점을 강조하고 있다. 그렇다면 그는 리더로서 자신에게 속한 공동체를 어떻게 이끌고 있는가?

베들레헴에 흉년이 들자 그는 가족을 이끌고 그곳을 떠나야 한다는 중요한 결정을 내린다. 그는 언제 이런 결정을 내린 것일까? 성경을 보면 "사사들이 치리하던 때에 그 땅에 흉년이 드니라"룻 1:1고 말씀하는데, 이때는 사사시대를 가리킨다. 그렇다면 구체적으로 사사시대의 언제쯤에 내린 결정일까? 다음 구절에서 그 단서를 찾을 수 있다.

"살몬은 라합에게서 보아스를 낳고……"마 1:5.

룻기에 등장하는 보아스는 라합의 아들이다.

여기서 라합이 누구인가? 여호수아 2장을 보면 여리고 성에 거주하는 기생 라합이 등장한다. 그의 아들이 바로 보아스다. 이렇게 볼 때 흉년이 든 때는 가나안 정복전쟁 초기라는 사실을 짐작해 볼 수 있고, 따라서 엘리멜렉이 베들레헴을 떠나야겠다고 결심한 때는 사사시대 초기임을 알 수 있다. 그는 천신만고 끝에 가나안에 들어왔고 땅을 분배받았다. 그 긴 여정을 끝내고 이제 막 정착생활을 시작하려는 그때에 흉년이 든 것이다. 그러자 엘리멜렉은 가족을 재촉하여 자리를 털고 일어나면서 "가자, 이곳은 살 곳이 못 된다. 떠나자"라며 베들레헴을 떠날 것을 결정한다.

그의 결정은 성급했고, 지극히 감정적인 것이었다. 좀 더 진지하게 생각하고, 고뇌해 볼 수는 없었을까? 그는 약속의 백성이 아니었던가! 약속의 말씀을 붙잡고 있던 사람이 아니었던가! 무엇보다 이 땅은 하나님이 허락하신 축복의 땅이 아닌가! 그 땅에 흉년이 들었다면 '왜, 흉년이 들었을까? 어떻게 대처하는 것이 가장 현명한 방법일까? 하나님의 뜻은 과연 어디에 있는 것일까?'라는 고민을 했어야 한다. 그런데 그는 흉년에 대한 진지한 고민 없이 가족까지 대동하고 그냥 자리를 훌훌 털고 일어나 평소 막연하게 동경하고 그리워하던 곳을 향해 떠났다. 그러나 그 결과는 참으로 처참했다.

리더의 조건: 시기, 방향, 목적

한 공동체를 이끄는 리더의 역할은 대단히 중요하다. 우리는 엘리멜렉을 통해 리더가 갖추어야 할 중요한 자격 요건이 무엇인지 배울 수 있다.

첫째, 리더의 생명은 시기다. 리더는 때를 잘 분별해야 한다는 말이다. 모든 일에는 적합한 때가 있게 마련이다.

> "범사가 기한이 있고 천하 만사가 다 때가 있나니 날 때가 있고 죽을 때가 있으며 심을 때가 있고 심은 것을 뽑을 때가 있으며 죽일 때가 있고 치료할 때가 있으며 헐 때가 있고 세울 때가 있으며 울 때가 있고 웃을 때가 있으며 슬퍼할 때가 있고 춤출 때가 있으며 돌을 던져 버릴 때가 있고 돌을 거둘 때가 있으며 안을 때가 있고 안는 일을 멀리 할 때가 있으며"전 3:1-5.

리더는 때를 잘 잡아야 한다. 그런데 엘리멜렉은 때를 판단하는 데 있어 실패했다. 흉년이 찾아오자 그는 모압으로 갔다. 베들레헴에서 모압까지의 거리는 대략 70킬로미터밖에 안 된다. 서울에서 천안 정도의 거리다. 베들레헴에 흉년이 들었는데 모압 지방이라고 풍년이 들었을까? 아니다. 절대 그렇지 않다. 모압도 베들레헴처럼 똑같이 흉년으로 쩔쩔매고 있었을 것이다. 그러나 사람은 누구나 자신이 속한 땅에 흉년이 들 때면 다른 땅은 풍년일 것이라고 생각한다. 남의 떡이 더 커 보이고, 남들은 다 행복해 보이고 어려움이나 문제가 없다는 생각을 갖고 있다. 그래서 그런 사람을 부러워하고, 그 사람의 환경을 동경하게 된다. 결국 이런 생각에 동요하다 보면 상황을 제대로 분별하지 못하게 된다. 엘리멜렉은 시기를 분별하는 지혜가 부족해 성급하고 경솔하게 행동했다.

둘째, 리더의 생명은 방향이다. 이는 방향을 잘 잡아 주어야 한다는 뜻이다. 방향만 제대로 잡아 주면 만사가 잘 풀리게 된다. 엘리멜렉을 주목하라. 그는 가족을 이끌고 모압으로 갔는데, 여기서 모압은 어떤 땅인가? 창세기 19장을 보면 모압 족속의 태동에 관하여 상세히 기록하고 있다. 아브라함의 조카 롯이 소돔과 고모라 성이 멸망한 뒤 어느 산에 머물고 있을 때의 일이다. 그의 두 딸이 아버지에게 술을 먹이고 차례로 아버지와 동침한다. 그래서 태어난 아들이 바로 모압과 암몬이다. 이처럼 모압 족속은 이방인을 의미하며, 죄의 쓴 뿌리를 상징한다. 하나님께서 가나안에 사는 모압 족속을 모두 내어 쫓으라 하신 이유가 바로 여기에 있다.

그러면 엘리멜렉이 가족을 이끌고 모압 땅 어디로 갔을까?

"또 여호수아가 아침에 일찍이 일어나서 그와 모든 이스라엘 자손들과 더불어 싯딤에서 떠나 요단에 이르러 건너가기 전에 거기서 유숙하니라" 수 3:1.

엘리멜렉은 모압을 떠올리면서 막연하게 '싯딤'이라는 곳을 생각했을 것이다. 연고가 있고 친숙한 동네여서 그곳으로 갔을 것이다. 그렇다면 '싯딤'은 어떤 곳인가?

"이스라엘이 싯딤에 머물러 있더니 그 백성이 모압 여자들과 음행하기를 시작하니라 그 여자들이 자기 신들에게 제사할 때에 이스라엘 백성을 청하매 백성이 먹고 그들의 신들에게 절하므로 이스라엘이 바알브올에게 가담한지라 여호와께서 이스라엘에게 진노하시니라" 민 25:1-3.

'싯딤'은 하나님을 모르고 음행과 우상숭배가 성행하던 곳이었다. 그런데 그런 곳으로 가족을 이끌고 간 것이다. 가서는 안 되는 곳으로 방향을 잡았다. 이처럼 엘리멜렉은 결정적인 실수를 저질렀다. 그는 모압 땅으로 가서 살되 한번 멋지게 살아 보려고 그곳으로 갔다. 가족을 자신이 책임지겠다는 각오로, 행복하게 해주겠다는 생각으로 자신만만하게 가족을 데리고 떠났다. 그러나 하나님이 그 생명을 불러 가시니 그는 그곳에 가족을 남겨두고 제일 먼저 죽고 말았다. 이처럼 리더가 방향을 잘못 잡으면 어려움에 처할 수밖에 없다.

> "그러므로 나는 달음질하기를 향방 없는 것 같이 아니하고 싸우기를 허공을 치는 것 같이 아니하며" 고전 9:26.

세 번째, 리더의 생명은 목표다. 이는 공동체에 올바른 목표를 제시해야 한다는 뜻이다. 엘리멜렉은 어떤 목표를 가지고 공동체를 이끌었는가? 예전에는 '거류' 룻 1:1 라는 단어를 쓰지 않고 '우거'라는 단어를 썼다는 사실에 주목하라. '우거'라는 단어는 고어인데, 새 성경에는 '거류'라는 단어를 쓴다. 우거는 그곳에 '머문다'라는 뜻으로, 이민이란 단어와 유사한 의미를 가진다. 이 단어에도 리더 엘리멜렉의 의지가 담겨 있음을 알 수 있다. 처음 엘리멜렉의 머릿속에는 모압 땅에 정착하려는 생각이 없었는지도 모른다. 그러나 4절을 보면 "십 년쯤에" 4절 와 "그들은 모압 여자 중에서 아내를 맞이하였는데"라는 표현이 눈에 띈다. 무슨 말인가? 결혼을 했다는 말이다. 또한 "엘리멜렉이 죽고" 3절 라는 구절이 눈에 띄는데, 그곳에서 그는 죽고 말았다. 처음에는 잠시 머물다 돌아오리라 생각했던 것이 시간이 흐르면서 아예 그곳에서 자식들까지 결혼시키면서 죽을 때까지 눌러앉아 버린 것이다. 육신의 편

안함이 어느새 그의 목표가 되고 말았다.

그의 본래 목표는 무엇인가? 하나님은 이스라엘 백성에게 가나안 거민을 다 쫓아내라는 목표를 주셨다. 그런데 그 목표를 잊어버리고 지극히 세상적인 것에만 관심을 두고 그곳에 머물렀다. 이것은 하나님의 백성이 취해야 할 태도가 아니다. 그의 목표 설정은 분명히 잘못되었다. 리더는 목표가 뚜렷해야 하고, 가치 있고 의미 있는 목표를 제시해야 한다. 이렇게 볼 때 엘리멜렉은 시기, 방향, 목표 등 세 가지 부분에서 다 실패했다.

> "그때에 이스라엘에 왕이 없으므로 사람이 각기 자기의 소견에 옳은 대로 행하였더라" 삿 21:25.

잠깐 동안의 흉년을 이기지 못하고 기분과 감정에 따라 미련 없이 자기 소견대로 행했던 이들의 결과는 참으로 비참하기 그지없다. 그들은 시기와 방향, 목표를 잘못 잡은 결과가 이렇게 나타나리라고는 전혀 생각지 못했을 것이다. 엘리멜렉이 실패할 수밖에 없었던 데는 그 나름의 원인이 있다. 그는 첫째, 육신의 문제를 우선시했고, 둘째, 하나님보다 세상을 더 사랑했으며, 셋째, 고난의 가치와 의미를 잘 이해하지 못했다.

이 모든 책임은 누구에게 있는가? 그 공동체의 리더였던 엘리멜렉에게 있었다. 하나님을 왕으로 삼아야 할 그가 스스로 왕이 되고 주인이 되었다. 그리고는 모든 결정을 스스로 내렸다. 시기도, 방향도, 목표도 스스로 결정했다. 그 결과가 이렇게 비참하게 나타났다. 여기서 리더가 지녀야 할 요건이 무엇인지 다시 한 번 정리해 보자.

리더의 생명은 첫째는 시기이고, 둘째는 방향이고, 셋째는 목표다.

지혜로운 리더의 자세

이처럼 어려운 상황, 특별히 흉년이 들었을 때 훌륭한 리더라면 어떻게 하는 것이 가장 지혜로운 판단인가? 그것은 '자신의 리더십을 이양하는 것'이다. 훌륭한 리더라면 이런 판단을 내릴 것이다. 그렇다면 누구에게 이양한단 말인가? 저 위에 계시는 분에게 자신의 리더십을 맡겨야 한다. 그분이야말로 시기, 방향, 목표를 정확히 꿰뚫고 계시며, 그분이야말로 우리가 속한 공동체를 올바로 인도하실 수 있는 분이기 때문이다. 그러므로 진정한 리더는 언제나 자신보다 위대한 리더가 있음을 인식해야 할 뿐만 아니라 따르는 공동체에도 그 사실을 일깨워 주어야 한다. 이것은 하나님 앞에 매우 중요한 자세다.

누가복음 12장을 보면 어리석은 부자가 등장한다. 그는 말끝마다 '내가'를 네 번이나 반복한다. 자신이 주인이요, 리더다. 이런 사람을 향해 생명의 주관자이신 하나님은 무엇이라고 말씀하시는가?

"하나님은 이르시되 어리석은 자여 오늘 밤에 네 영혼을 도로 찾으리니 그러면 네 준비한 것이 누구의 것이 되겠느냐 하셨으니"눅 12:20.

어리석은 부자와 달리 바울은 철저하게 자신을 부인한다. 즉 '나'를 부인하고 있다.

"그러나 내가 나 된 것은 하나님의 은혜로 된 것이니 내게 주신 그의 은혜가 헛되지 아니하여 내가 모든 사도보다 더 많이 수고하였으나 내가 한 것이 아니요 오직 나와 함께하신 하나님의 은혜로라"고전 15:10.

그는 자기 자신을 전적으로 부정한다. 하나님은 이런 사람에게 더 풍성한 은혜를 베풀기 원하시며 복 주기 원하신다. 삶 속에서 하나님을 의식하며 사느냐, 살지 않느냐가 명품 신앙과 짝퉁 신앙으로 판가름하는 기준이 된다.

"내가 여호와를 항상 내 앞에 모심이여 그가 나의 오른쪽에 계시므로 내가 흔들리지 아니하리로다 이러므로 나의 마음이 기쁘고 나의 영광도 즐거워하며 내 육체도 안전히 살리니"시 16:8-9.

어떤 일이 있어도, 아무리 사소한 일이라도 하나님을 흘깃흘깃 바라보며 끊임없이 그분을 의식하는 것이 명품 신앙이다. 먼 곳에서든 가까운 곳에서든 하나님을 의식하며 모든 것을 주관하시는 그분 앞에 겸손하게 엎드리는 모습을 보이는 사람은 명품 신앙을 가졌다. 이런 신앙을 가진 사람이 가장 위대한 리더다.

지금 막강한 블레셋 군대 앞에서 이스라엘 군대의 전열이 흐트러지고 있다. 그런데 어찌 된 일인지 선지자 사무엘의 도착이 자꾸 늦어진다. 급한 마음에 사울 왕은 직접 번제를 드리고 만다 삼상 13:8-12. 그 결과가 어떻게 나타났는가? 다윗은 사울 왕과 달랐다. 절체절명의 순간에도 하나님을 의지하며 하나님께 여쭈었다. 아말렉 사람들이 급습하여 그를 쫓던 부하들의 처자를 사로잡아 갔다. 그러자 부하들이 다윗을 돌로 치려 하는 급박한 상황이 벌어졌다. 이 같은 절체절명의 순간에도 다윗은 하나님을 전심으로 의지했다.

"백성들이 자녀들 때문에 마음이 슬퍼서 다윗을 돌로 치자 하니 다윗이 크게 다급하였으나 그의 하나님 여호와를 힘입고 용기를 얻었더라 다윗이 아히멜렉의 아들 제사장 아비아달에게 이르되 원하건대 에봇을 내게로 가져오라 아비아달이 에봇을 다윗에게로 가져가매 다윗이 여호와께 묻자와 이르되 내가 이 군대를 추격하면 따라잡겠나이까 하니 여호와께서 그에게 대답하시되 그를 쫓아가라 네가 반드시 따라잡고 도로 찾으리라" 삼상 30:6-8.

급한 마음에 하나님께 묻지 않고 행동했던 사울은 결국 자충수를 두고 말았다. 그러나 다윗은 막다른 골목에서도 하나님에 대한 믿음을 가졌기에 여유를 되찾았고, 결국 오고 오는 세대에 추앙받는 인물이 되었다.

"너는 마음을 다하여 여호와를 신뢰하고 네 명철을 의지하지 말라 너는 범사에 그를 인정하라 그리하면 네 길을 지도하시리라" 잠 3:5-6

흉년의 위기 앞에서도 하나님께 리더십을 이양할 수 있어야 한다. 그런데 아브라함은 흉년이 들었을 때 어떻게 했는가?

"그 땅에 기근이 들었으므로 아브람이 애굽에 거류하려고 그리로 내려갔으니 이는 그 땅에 기근이 심하였음이라" 창 12:10.

아브라함은 리더로서 시기, 방향, 목표를 다 잘못 잡았다. 그가 가나안 땅에 들어온 지 얼마 되지 않았을 때 흉년이 닥쳤다. 그러자 그는 아내를 데리고 즉시 애굽으로 내려가 버렸다. 애굽은 아브라함이 가야 할 곳이 아니었다 사 31:1. 애굽으로 내려간 결과가 어떻게 나타났는가? 아내에게 두고두고 씻을 수 없는 깊은 상처를 안겨 주었다. 또한 믿지 않는 이방인들에게 비웃음과 꾸지람을 듣고 돌아오고 말았다. 그는 너무 성급하게 결정을 내렸다. 방향도 잘못 잡았다. 이런 그에게 나타난 하나님의 징계는 무엇이었는가? 그것은 '하나님의 침묵'이었다.

하나님의 진노 가운데 가장 무서운 것이 바로 '침묵'이다. 그냥 내버려 두시는 것이다롬 1:24, 26, 28. 그냥 내버려 두시는 진노의 침묵이 골고다 십자가상에 나타나지 않았던가! 하나님은 아브라함이 애굽에서 나올 때까지 침묵하셨다창 13:1.

반대로 그의 아들 이삭은 흉년이 들었을 때 어떻게 했는가?

"아브라함 때에 첫 흉년이 들었더니 그 땅에 또 흉년이 들매 이삭이 그랄로 가서 블레셋 왕 아비멜렉에게 이르렀더니 여호와께서 이삭에게 나타나 이르시되 애굽으로 내려가지 말고 내가 네게 지시하는 땅에 거주하라 이 땅에 거류하면 내가 너와 함께 있어 네게 복을 주고 내가 이 모든 땅을 너와 네 자손에게 주리라"창 26:1-3.

이삭 역시 마음이 흔들려 가나안 남쪽까지 내려갔다. 그런데 그에게 하나님의 말씀이 임하자 그는 그 말씀을 붙잡고 그곳에 머물기로 결심했다. 말씀에 순종하여 흉년이 든 그 해에 농사를 지은 결과 하나님의 축복을 받는 주인공이 되었다.

"이삭이 그 땅에서 농사하여 그 해에 백 배나 얻었고 여호와께서 복을 주시므로 그 사람이 창대하고 왕성하여 마침내 거부가 되어 양과 소가 떼를 이루고 종이 심히 많으므로"창 26:12-14.

흉년이 들었을 때 이를 극복할 수 있는 방법이 바로 여기에 있다. 우리는 너나 할 것 없이 모두 리더라고 할 수 있다. 때문에 우리의 결정은 자신뿐 아니라 우리가 속해 있는 공동체의 운명을 결정짓는다. 그러므로 리더가 어떤 결정을 내리는가 하는 문제는 대단히 중요하다. 아무리 흉년이 들었어도 당황하거나 조급해하지 말고 무엇보다도 시기와 방향과 목표를 정확히 꿰뚫고 계신 하나님께 물어보고, 자신의 리더십을 그분께 맡겨 드려야만 한다. 그렇게 할 때 그 모든 것을 주관하고 계시는 하나님께서 때가 이르면 놀라운 축복의 주인공으로 세워 주시는 은혜를 맛보게 될 것이다.

"귀인들을 의지하지 말며 도울 힘이 없는 인생도 의지하지 말지니 그의 호흡이 끊어지면 흙으로 돌아가서 그날에 그의 생각이 소멸하리로다 야곱의 하나님을 자기의 도움으로 삼으며 여호와 자기 하나님에게 자기의 소망을 두는 자는 복이 있도다" 시 146:3-5.

−3장−

말보다 더 강한 말

. . .

"사사들이 치리하던 때에 그 땅에 흉년이 드니라 유다 베들레헴에 한 사람이 그의 아내와 두 아들을 데리고 모압 지방에 가서 거류하였는데 그 사람의 이름은 엘리멜렉이요 그의 아내의 이름은 나오미요 그의 두 아들의 이름은 말론과 기룐이니 유다 베들레헴 에브랏 사람들이더라 그들이 모압 지방에 들어가서 거기 살더니 나오미의 남편 엘리멜렉이 죽고 나오미와 그의 두 아들이 남았으며 그들은 모압 여자 중에서 그들의 아내를 맞이하였는데 하나의 이름은 오르바요 하나의 이름은 룻이더라 그들이 거기에 거주한 지 십 년쯤에 말론과 기룐 두 사람이 다 죽고 그 여인은 두 아들과 남편의 뒤에 남았더라 그 여인이 모압 지방에서 여호와께서 자기 백성을 돌보시사 그들에게 양식을 주셨다 함을 듣고 이에 두 며느리와 함께 일어나 모압 지방에서 돌아오려 하여 있던 곳에서 나오고 두 며느리도 그와 함께하여 유다 땅으로 돌아오려고 길을 가다가."

−룻기 1:1–7

문학 형식과 메시지

고려 말에 요동정벌을 두고 고려의 조정은 의견이 둘로 갈라졌다. 최영 장군을 중심으로 한 요동정벌 찬성파와 이성계를 중심으로 한 반대파가 팽팽하게 맞섰다. 우여곡절 끝에 고려는 요동정벌에 나섰으나 이를 반대하던 이성계는 위화도에서 군사를 돌려 개성으로 돌아와 정치적 실권을 장악했다. 여기서 한 걸음 더 나아가 그는 스스로 왕이 되려는 야심을 품었다. 당시 이성계에게 가장 큰 걸림돌은 임금과 백성의 절대적 신임과 지지를 받던 정몽주였다. 그를 회유하는 책임을 이성계의 아들 이방원이 맡았다. 그는 정몽주를 회유하기 위해 시조 "하여가"何如歌 한 수를 지어 보내며 이렇게 말했다.

이런들 어떠하며 저런들 어떠하리

만수산(萬壽山) 드렁칡이 얽어진들 어떠하리

우리도 이같이 얽어져 백 년(百年)까지 누리리라.

이 시조를 읽고 정몽주는 "단심가"丹心歌 로 답했다.

이 몸이 죽고 죽어 일백 번 고쳐 죽어

백골(白骨)이 진토(塵土)되어 넋이라도 있고 없고

임 향한 일편단심(一片丹心)이야 가실 줄이 있으랴.

"단심가"를 받아든 이방원의 얼굴이 일그러졌다. 결국 정몽주는 선죽교에서 이방원의 심복인 조영규에게 살해당하고 만다. 이 시조는 3행 45자 내외에 불과한 짧은 글이다. 그런데 한번 읽으면 긴 여운이 남는다. 무엇보다도 작자의 뜻이 깊이 전달된다. 단순하게 그 내용 때문일까? 그렇지 않다. 시조는 3.4.3.4의 정형률과 단어의 반복을 통해 그 의미를 더 강하게 전달한다. 이 정형률의 장점은 외우기 쉽고 낭송하는 맛을 돋아 준다는 것이다. 이처럼 우리 조상은 단순히 단어와 문장뿐 아니라 정형률, 즉 시조의 구조와 틀을 통해 강한 메시지를 전달하는 지혜를 가졌다. 이런 잘 짜인 형식이 시너지 효과를 내면서 내용의 의미를 더 깊고 강하고 인상 깊게 전달하는 것이다.

고대 히브리인도 마찬가지였다. 그들도 문자로 혹은 직설적 표현으로 나타내지 못하는 자신의 의도와 뜻을 더 효과적으로 담아내기 위해 나름대로 특유의 문학적 스타일과 문법적 장치를 이용했다. 그것은 일정한 문장 구조의 틀을 가지고 단어를 배열함으로써 더욱 효과적으로 뜻을 전달하는 기법이었다. 특별히 성경 기자들이 이런 기법을 많이 사용한 흔적을 엿볼 수 있다.삼상 1장 참조.

그들은 왜 이런 문장의 구조와 틀까지 이용하여 메시지를 전하려고 했을까? 그것은 하나님의 뜻을 문장으로, 혹은 말로는 다 드러낼 수 없었기 때문이다. 어떻게 창조주이신 하나님의 뜻이 한갓 피조물에 불과한 인간이 사용하는 문장과 단어로 다 표현될 수 있단 말인가! 그래서 하나님은 다양한 방법을 동원하여 당신의 뜻을 드러내신 것이다. 즉 성경의 단어나 문장을 통해서 뿐 아니라 문장의 구조, 배열, 분위기 등을 통해 더 강력하고 중요한 메시지를 말씀하실 때가 있다. 나는 이것을 '행간을 통한 메시지'라고 부른다.

룻기 속 '행간을 통한 메시지' 읽기

룻기를 읽으면서 우리는 표면에 드러난 스토리와 함께 문장과 단어를 통해 은혜를 받는다. 독일의 천재시인 괴테는 룻기를 "가장 사랑스럽고 완전한 작품이다"라고 극찬했고, 슈뢰더는 "세상의 어느 작가도 이보다 더 아름다운 단편소설을 쓸 수 없다"고 하지 않았던가!

룻기의 강점은 여기서 그치지 않는다. 문장의 구조를 통해 하나님이 우리에게 전달하시려는 또 다른 메시지가 있다. 즉 행간을 통한 메시지, 말보다 더 강한 의미가 내포되어 있음을 놓치지 말아야 한다.

행간을 통한 메시지를 발견하기 위해 룻기를 다시 한 번 유심히 살펴보자. 본문이 서로 짝을 이루고 있음을 발견하게 된다. 어떻게 짝을 이루고 있는가? 이해하기 쉽게 룻기 1장 1절과 2절을 A로, 6절과 7절을 A′로 놓자. 다시 3절을 B로, 5절을 B′로 놓고, 4절을 C로 놓고 본문을 보자. 그러면 기가 막히게 A와 A′, B와 B′가 짝이 되어 대구를 이루는 것을 발견할 수 있다.

A 룻 1:1-2 사사들이 치리하던 때에 그 땅에 흉년이 드니라 유다 베들레헴에 한 사람이 그의 아내와 두 아들을 데리고 모압 지방에 가서 거류하였는데 그 사람의 이름은 엘리멜렉이요 그의 아내의 이름은 나오미요 그의 두 아들의 이름은 말론과 기룐이니 유다 베들레헴 에브랏 사람들이더라 그들이 모압 지방에 들어가서 거기서 살더니.

B 룻 1:3 나오미의 남편 엘리멜렉이 죽고 나오미와 그의 두 아들이 남았으며.

C 룻 1:4 그들은 모압 여자 중에서 그들의 아내를 맞이하였는데 하

나의 이름은 오르바요 하나의 이름은 룻이더라 그들이 거기에 거주한 지 십 년쯤에.

B′ 룻 1:5 말론과 기룐 두 사람이 다 죽고 그 여인은 두 아들과 남편의 뒤에 남았더라.

A′ 룻 1:6-7 그 여인이 모압 지방에서 여호와께서 자기 백성을 돌보시사 그들에게 양식을 주셨다 함을 듣고 이에 두 며느리와 함께 일어나 모압 지방에서 돌아오려 하여 있던 곳에서 나오고 두 며느리도 그와 함께하여 유다 땅으로 돌아오려고 길을 가다가.

먼저 A 1절, 2절와 A′ 6절, 7절가 대구를 이루어 짝이 되는데, '유다'와 '모압'이라는 단어가 대구를 이룬다. A에서는 한 공동체가 유다에서 모압으로 들어갔다. A′에서는 그 공동체가 모압에서 유다로 다시 들어간다. 유다에서 모압으로 가는 길에는 '두 아들'과 함께였고, 모압에서 유다로 가는 길에는 '두 며느리'가 함께한다. A에서는 남편 엘리멜렉이 리더였는데 A′에서는 아내 나오미가 리더가 된다. 엘리멜렉이 리더였을 때는 그 공동체가 내리막길로 접어들었으나, 나오미가 리더가 되었을 때는 회복을 뜻하는 상승곡선을 타게 된다.

B 3절와 B′ 5절도 역시 대구를 이루어 짝이 되는데, '죽다'와 '남다'라는 단어가 대구를 이룬다. B는 남편의 죽음, B′는 두 아들의

죽음을 그린다. B에서는 두 아들이 남았고, B′에서는 나오미가 남았다. B는 두 아들, B′는 두 사람이다.

이렇게 볼 때 C, 즉 4절이 이 사건의 중심에 위치해 있다는 사실을 발견하게 된다.

A(1, 2절) 유다 → 모압
B(3절) 죽다, 남다
C(4절) 결혼
B′(5절) 죽다, 남다
A′(6, 7절) 모압 → 유다

바깥의 말씀이 이렇게 서로 짝을 이루면서 중앙으로 몰려 들어가는 히브리 식의 문학 구조를 가리켜 '중앙집중식 교차 대구' Concentric Structure라고 부른다. 이런 구조를 통해 말과 문장을 갖고 직접적으로 표현할 수 없는 또 다른 메시지를 전달한다. 룻기 1장 1-7절까지 한 절 한 절이 다 중요하지만 그중 4절이 가장 중앙에 배치되는 것으로 볼 때 이 말씀을 그냥 흘려버려서는 안 된다.

그러면 C, 즉 4절의 내용을 다시 한 번 살펴보자.

"그들은 모압 여자 중에서 그들의 아내를 맞이하였는데 하나의 이름은 오르바요 하나의 이름은 룻이더라 그들이 거기에 거주한 지 십 년쯤에" 룻 1:4.

1부 | 인생에 찾아온 흉년 | 55

두 아들은 모압 여인들과 결혼했고, 그들과 결혼한 두 여인의 이름은 오르바와 룻이었다. 그리고 그들은 10년 정도 그곳에 살았다. 이 구절은 간략한 내용을 담고 있으며, 아무런 평가 또한 내리지 않는다. 그러나 평이해 보이는 이 문장 구조 속에 강력한 메시지가 담겨 있다. 이 구조를 통해 하나님은 "이것이야말로 내가 정말 말하고 싶은 말이다"라고 자신의 뜻을 전하고 계신다.

그렇다면 이 구조를 통해 말씀하시려는 메시지는 무엇인가? 우선 내용을 정리하면 이렇다. 유대 땅에 흉년이 들었다. 그때 베들레헴에 살고 있던 한 남자가 어떤 행동을 취한다.

1. 그를 따르는 공동체를 이끌고 모압 지방으로 가서 거류했다1절.
2. 그를 따르는 가족들이 모압 지방으로 들어갔다2절.
3. 그들이 거기 살았다2절.
4. 리더 격인 엘리멜렉이 그곳에서 죽었다3절.

그 다음 우리가 살펴보고 있는 4절이 나온다. 무언가 머릿속에 그려지는 것이 없는가? 엘리멜렉은 영향력이 대단한 사람이었다. 무려 여섯 번이나 사용되는 대명사가 이를 증명해 준다. 그런 그가 가족을 이끌고 다른 곳도 아닌 모압 지방으로 갔다. 처음에는 단순히 흉년을 핑계 삼아 갔다. 그런데 '가다', '들어가다', '거류하다'의 표현에서 나타나듯이 모압에서의 거주가 점점 굳어져 가고, 그곳에 점점 더 깊이 뿌리내렸음을 알 수 있다.

시편 1편은 복 있는 사람이 어떤 자인지 잘 보여 준다.

"복 있는 사람은 악인들의 꾀를 따르지 아니하며 죄인들의 길에 서지 아니하며 오만한 자들의 자리에 앉지 아니하고 오직 여호와의 율법을 즐거워하여 그의 율법을 주야로 묵상하는도다"시 1:1-2.

복 있는 사람은 따르고walking, 서고standing, 앉고sitting를 잘한다. 반대로 복을 받지 못할 사람은 악인의 꾀를 따르고walking, 따르다가 서고standing, 서다가는 아예 주저앉는다sitting. 엘리멜렉이 이 같은 행동을 취했다. 그러자 고난이 닥쳐왔다. 온 가족이 그만 믿고 의지하고 있는데 갑자기 죽음을 맞이하게 된 것이다3절. 그렇다면 이제 이 충격적인 사건 앞에서 그 공동체는 어떤 태도를 취해야 할까?

"고난 당하기 전에는 내가 그릇 행하였더니 이제는 주의 말씀을 지키나이다"시 119:67.

우선, 깨달음이 있어야 했다. 3절은 깨달음의 기회였는데, 4절에 나타난 그들의 태도는 어떤가? 그들은 이방 여인과 결혼을 한다. 결혼을 한다는 것은 그곳에 아예 눌러앉겠다는 의지의 표현이다. 이것은 단순히 쫓고, 서고, 앉는 것에서 그치는 것이 아니라 아예 누워버리는lying 것이다시 1:1-2; 삿 16:19. 어딘가 여행을 가서 그곳 여성과 결혼하는 경우가 있는가? 모압 여인과 결혼한다는 것은 그쪽 사람들과 하나가 되고, 서로 피를 나누겠다는 뜻이다.

문맥을 다시 한 번 간단히 정리해 보자.

모압으로 갔다 1절, 들어갔다 2절, 살았다 3절, 사건이 터졌다 3절, 그럼에도 결혼을 했다 4절. 결국 이 4절은 무엇을 뜻하는가? 하나님 앞에서 계속 고집피우고 있음을 뜻한다. 일이 터지든 말든, 남편 혹은 사랑하고 의지했던 아버지가 죽든 말든, 가정의 대들보가 무너지든 말든 이에 상관하지 않고 자기 고집대로, 자기 기분대로 행하겠다는 고집불통 현장이 바로 4절이다.

이것은 무서운 반항이다. 하나님을 향한 무모한 대항이다. 그야말로 계란으로 바위를 치는 격이다. 지금까지 리더였던 남편, 믿고 의지하고 따랐던 아버지가 죽었다. 그렇다면 당연히 그 자리에서 엎드려야 했다. 곰곰이 생각해 보아야 했다. 왜 이런 일이 일어났을까? 왜 갑자기 이런 시련이 닥쳤을까? "왜? 왜? 왜?" 하고 하나님 앞에 무릎 꿇고 엎드려 기도하면서 진지하게 직면한 현실의 의미를 물어보아야 했다. 그런데 남은 사람들, 즉 나오미와 두 아들은 막무가내였다. "하나님, 해볼 테면 해봅시다. 그래, 누가 이기나 한번 해봅시다"라고 하나님과 맞서면서 고집을 부렸다. 이들의 고집은 '하나님의 진노'를 쌓는 것과 다를 바가 없었다.

"다만 네 고집과 회개하지 아니한 마음을 따라 진노의 날 곧 하나님의 의로우신 심판이 나타나는 그날에 임할 진노를 네게 쌓는도다"롬 2:5.

이들이 계속 고집을 피우면서 하나님을 향하여 "하나님, 어디 해볼 테면 해봅시다"라는 식으로 대하니 어떤 일이 일어났겠는가? 그것이 5절이다.

"말론과 기룐 두 사람이 다 죽고 그 여인은 두 아들과 남편의 뒤에 남았더라"룻 1:5.

만약 이들이 남편의 죽음에서 깨달음을 얻고, 아버지의 갑작스러운 죽음 앞에서 하나님이 원하시는 뜻이 무엇인지를 발견했다면 5절은 분명 다른 내용으로 기록되었을 것이다. 때로는 말보다 더 강한 것이 있다. 하나님은 구조와 단어의 배열, 반복, 암시 등을 통해 더 중요한 메시지를 전달하신다. "고집 피우지 마라. 하나님과 맞서지 마라. 하나님 앞에서 겸손하라." 우리는 하나님 앞에서 자신의 고집을 계속 관철하려고 해서는 안 된다.

주님의 메시지 앞에서 어떤 결단을 내리겠는가

성경의 역사를 보라. 하나님을 이기려고 한 자들 가운데 성공한 자가 있는가? 애굽의 바로 왕, 그는 하나님 앞에서 계속 고집을 피웠다. 몇 번의 재앙 앞에서도 하나님께 대항했다. 그러다가 결국 자기 아들, 장자가 죽고 나서야 손을 들지 않았던가. 가룟 유다도 계속 고집을 피웠다. 주님은 이런 유다를 향해 자주 그 마음속에 있는 교만과 남을 정죄하고 비판하는 마음, 남을 얕보는 태도를 지적하셨다. 그러나 그는 주님의 충고를 귓가로 흘렸다. 그의 관심사는 오직 '어디, 문제 삼을 일이 없나? 남을 코너에 몰아넣을 일 없나?'였다. 이런 가룟 유다에게 주님은 드디어 충격요법을 사용하신다. "너희 중의 한 사람이 나를 팔리라." 그런데도 가룟 유다는 그 버릇을 고치지 않았다. 드디어 최후의 만찬에서 주님은 또 사인을 보내셨다.

> "네가 말했도다 하시니라" 마 26:25.
> "너희 중의 한 사람이 나를 팔리라" 마 26:21.
> "나와 함께 그릇에 손을 넣는 그가 나를 팔리라" 마 26:23.
> "네가 입맞춤으로 인자를 파느냐" 눅 22:48.

주님이 주시는 마지막 메시지를 듣고도 그는 고집을 꺾지 않았다. 그 결과 그는 비참한 결말을 맞게 되었다.

> "너희가 어찌하여 매를 더 맞으려고 패역을 거듭하느냐" 사 1:5.

그러나 고집을 피우다가도 하나님 앞에 항복한 사람은 너나 할 것 없이 놀라운 은혜를 입었다. 열왕기상 19장을 보면 로뎀나무 아래 쓰러져 있는 엘리야를 발견하게 된다. 하나님 앞에서 그는 죽겠다고, 자살하겠다고 떼를 쓴다. 하나님은 그런 그를 어르신다. 떡과 물을 가져다주시고 어루만지면서 "일어나 먹으라" 하며 손을 잡아 일으키신다. 엘리야는 마지못해 먹고서는 또 쓰러진다. 그러고는 산속의 굴로 들어가 버린다 왕상 19:9. 하나님은 이런 그를 계속해서 좋은 말로 타이르신다. 그래도 그는 막무가내다. 이런 그에게 하나님이 말씀하셨다.

> "너는 또 님시의 아들 예후에게 기름을 부어 이스라엘의 왕이 되게 하고… 사밧의 아들 엘리사에게 기름을 부어 너를 대신하여 선지자가 되게 하라" 왕상 19:16.

이 말씀 앞에 엘리야는 마치 충격을 받은 것처럼 벌떡 일어났다. 그리고 그분의 말씀에 순종했다. 지금까지 떼쓰고 억지부리던 모습과는 전혀 다르게 행동했다. 그 이유가 무엇인가? 바로 행간을 통해 주시는 하나님의 메시지를 읽었기 때문이다. 귀에 들리는 말씀은 아니었지만 행간을 통해 하나님의 음성을 들은 것이다.

그렇다면 엘리야가 행간을 통해 들은 음성은 과연 무엇이었을까? "나는 너에게 얽매이지 않아!" "너 아니라도 하나님의 일을 할 사람은 얼마든지 있어!" 그는 지금까지 자신이 아니면 하나님이 아무 일도 못 하실 줄 알고 교만을 부렸다. 그런데 행간을 통해 "야, 웃기지 마. 너뿐인 줄 아니? 착각하지 마"라는 무언의 경고를 듣고는 벌떡 일어나 말씀에 순종하여 광야로 달려갔다. 그런 엘리야를 하나님은 어떻게 대하셨는가? 죽음을 맛보지 않고도 천국에 올라가는 축복을 주셨다왕하 2:11.

모세도 마찬가지다. 떨기나무 불꽃 앞에서 모세는 하나님의 뜻에 따르지 않고 이런저런 핑계를 대면서 고집을 피웠다.

"모세가 여호와께 아뢰되 오 주여 나는 본래 말을 잘하지 못하는 자니이다 주께서 주의 종에게 명하신 후에도 역시 그러하니 나는 입이 뻣뻣하고 혀가 둔한 자니이다… 모세가 이르되 오 주여 보낼 만한 자를 보내소서"출 4:10, 13.

그러나 그는 "이제 가라"는 하나님의 단호한 말씀 앞에서 겸손하게 항복하고 그 명령에 순종했다. 그는 팔십이나 나이 먹었지만 자신의 성격, 생각, 태도, 이성, 경험을 모두 그분 앞에 내려놓고 오로지 순종하기로 결심했다. 이런 그를 통해 어떤 역사가 일어났는가? 홍해가 갈라지고 반석에서 샘물이 나며 하늘에서 만나와 메추라기가 떨어지는 놀라운 기적이 일어났다. 그가 손을 들면 적군은 패했다출 17:11. 그런데 마지막에 아무도 그의 묘를 발견하지 못했다. 그런데 마태복음 17장의 변화산에서 죽음을 맛보지 않고 천국에 올라간 엘리야와 함께 모세가 예수님 앞에 나타난 것을 보면 그의 마지막까지도 놀라운 은혜 가운데 책임져 주셨음을 알 수 있다.

제2차 세계대전 말 미군이 독일의 아헨 성을 겹겹이 포위했다. 그러고는 나치 사령관에게 최후통첩을 보내면서 수천 장의 전단지를 성 전체에 뿌렸다.

"아헨은 겹겹이 포위되었다. 이제 명예롭게 항복할 시간이다. 무고한 시민과의 전쟁을 원하지 않는다. 그러나 끝까지 항전을 고집한다면 어쩔 수 없이 공격할 수밖에 없다. 더 이상 지체할 시간이 없다. 서둘러 행동하라. 내일이면 늦는다. 항복이냐, 완전한 파괴냐? 하나의 선택만 있을 뿐이다."

그러나 나치와 16만 5천 명의 아헨 성 시민은 고집을 피웠다. 그들은 결국 항복하지 않아 무자비한 파멸을 자초하고 말았다.

당신은 지금 어디에 서 있는가? 환란과 고난이 닥쳤지만 여전히 고집을 피우고 있지는 않은가? 나의 모압에 유혹되어 지금 베들레헴을 떠나고 있지는 않은가? 그래서 모압으로 가고, 들어가고, 유하고 있지 않은가? 그러고는 지금 4절과 같은 행동을 하고 있지 않은가?

모압은 우리의 일상 속에 이런저런 모양으로 잠재해 있으면서 우리의 평범한 의식 속에 언제나 꿈틀거린다. 하나님을 의식하지 않은 채 돈을 벌고 쾌락을 즐기고 세상의 것으로 공허함을 채우려는 이 모든 현장이 모압이다. 허영심과 허탄한 마음, 하나님의 백성임을 숨긴 채 머물고 있는 어둠의 현장이 모압이다. 하나님은 우리에게 말씀하신다.

> "도움을 구하러 애굽으로 내려가는 자들은 화 있을진저 그들은 말을 의지하며 병거의 많음과 마병의 심히 강함을 의지하고 이스라엘의 거룩하신 이를 앙모하지 아니하며 여호와를 구하지 아니하나니 여호와께서도 지혜로우신즉 재앙을 내리실 것이라" 사 31:1-2.

우리의 삶을 채우는 것은 우리 손에 달려 있지 않다. 모든 것은 그분의 장중에 있다. 그러므로 하나님의 백성이 영적 베들레헴을 떠나서는 결코 행복할 수 없다. 공허와 상실만 주어질 뿐이다. 하나님의 백성은 약속의 땅에서 만족하고 기뻐하며 무엇보다도 기다릴 줄 알아야 한다.

물론 연약하고 부족하기 때문에 자주 모압이 눈앞에 어른거릴 때가 있다. '다시스'가 혹은 '먼 나라'가 유혹할 때도 있다 욘 1:3; 눅 15:13. 그곳에 가면 성공하고 잘살 수 있을 것 같다. 그래서 간다, 갈 수도 있다. 들어간다, 들어갈 수도 있다. 유한다, 유할 수도 있다. 그런데 그 다음이 문제다. 하나님이 어떤 일련의 일을 통해 메시지를 보내실 때, 우리는 그 시점에서 결단해야 한다. 더 깊이 빠져들 것인가, 아니면 돌아설 것인가를 결단해야 한다.

오늘 우리 앞에 벌어지는 여러 사건을 두고 올바른 해석을 해야 한다. '설마 무슨 일이 생기기야 하겠어'라는 생각으로 하나님께 대항하며 죄에 깊이 빠져들 것인지, 하나님의 뜻을 따르기 위해 돌아설 것인지, 그 선택에 우리의 미래가 달려 있다.

우리는 하나님을 이길 수 없다. 그러므로 전능하고 완전하신 그분 앞에서 고집을 부려선 안 된다. 하나님 앞에서 항상 겸손해야 한다. 항복하고 하나님께로 돌아와야 한다. 하나님은 이유를 묻지 않으신다. 왜 늦었느냐고 야단을 치지도 않으신다. 그저 돌아오면 은혜를 베푸신다. 그러므로 돌아오는 것만이 우리의 살길이다. 그것만이 오늘의 위기를 극복할 수 있는 유일한 길이요, 은혜를 입을 수 있는 첩경이다. 따뜻한 가슴으로 안아 주시는 주님 품으로, 살진 송아지를 잡아 맞아 주시는 주님께로 돌아오라. 그리하면 예비된 놀라운 축복을 받아 누리게 될 것이다.

− 4장 −

은혜의 씨앗

. . .

"사사들이 치리하던 때에 그 땅에 흉년이 드니라 유다 베들레헴에 한 사람이 그의 아내와 두 아들을 데리고 모압 지방에 가서 거류하였는데 그 사람의 이름은 엘리멜렉이요 그의 아내의 이름은 나오미요 그의 두 아들의 이름은 말론과 기룐이니 유다 베들레헴 에브랏 사람들이더라 그들이 모압 지방에 들어가서 거기 살더니 나오미의 남편 엘리멜렉이 죽고 나오미와 그의 두 아들이 남았으며 그들은 모압 여자 중에서 그들의 아내를 맞이하였는데 하나의 이름은 오르바요 하나의 이름은 룻이더라 그들이 거기에 거주한 지 십 년쯤에 말론과 기룐 두 사람이 다 죽고 그 여인은 두 아들과 남편의 뒤에 남았더라."

−룻기 1:1−5

죽음 앞에서

우리 교회에는 제자훈련이란 프로그램이 있다. 작년 겨울 방학에 들어가면서 제자훈련을 받고 있는 형제들에게 방학 중 해야 할 몇 가지 과제물을 내주었다. 그중 하나가 '가상 유언장'을 작성하는 것이었다. 개학 첫날 저녁에 각자 작성해 온 유언장을 읽도록 했다.

"아빠의 시신은 가능하다면 건강하지 못한 사람에게 도움이 되었으면 좋겠다. 그리고 수목장을 하든지 화장을 하든지 엄마의 뜻에 따르고 남은 너희에게 서운함이 없도록 내 시신을 처리하여라."
"내가 죽거든 장례 절차와 예배는 충정교회 목사님께 부탁드리고, 평창 선산 아버지 옆에 묻어 주었으면 한다. 이때 엄마의 자리도 같이 만들어 주렴. 동현이는 나의 추도예배를 주관해서 인도하도록 해라."

"사랑하는 아들들아! 다음에 너희와 다시 만나게 될 것이다. 너희의 곱고 따스한 마음을 간직하며 먼저 가 기다리고 있으마. 너희 엄마가 지치고 외롭지 않게 잘 보살펴 드려라. 몸이 성치 않음을 늘 기억하며 자주 안아 드려라. 사랑하는 여보, 그리고 아들들아. 너희가 있어 난 너무 고마웠다. 주님, 이제 내 영혼을 받아 주옵소서. 주님의 나라에 들어가도록 허락하여 주옵소서. 아멘."

어떤 형제는 "목사님, 유언장을 쓰고 나서 거의 탈진해 버리고 말았습니다. 한 자 한 자 쓰면서 얼마나 많이 울었는지 모릅니다"라고 고백했다. 그 시간의 분위기는 적막함, 진지함, 침울함 그 자체였다. 하나같이 뒤에 남은 아내와 자식들을 향한 간절한 마음이 담긴 유언을 남겼다. 아직 당면하지 않은 가상 상황임에도 분위기가 너무 진지하고 무거웠다. 숨소리조차 들리지 않을 정도였다. 실제로 유언장을 써서 공증한 다음 내게 맡긴 교우도 있었다.

한번 '가상 유언장'을 써 보라. 아니면 제삼자가 쓴 유언장을 읽어 보라. 『오늘은 내 남은 생의 첫날』(황금찬·도종환 외, 경덕출판사)은 오늘 이 시대를 대표하는 문인 101명이 '미리 쓴 유언장'이다. 이 책을 읽는 동안 많은 깨우침을 얻게 될 것이다.

"초상집에 가는 것이 잔칫집에 가는 것보다 나으니 모든 사람의 끝이 이와 같이 됨이라 산 자는 이것을 그의 마음에 둘지어다 … 지혜자의 마음은 초상집에 있으되 우매한 자의 마음은 혼인집에 있느니라" 전 7:2, 4.

룻기 1장은 세 사람의 죽음, 그것도 전혀 관계가 없는 사람들이 아니라 아버지와 두 아들의 죽음을 그리고 있다. 이들은 하나같이 살려고 몸부림쳤던 사람들이다. 살기 위해 할 수 있는 모든 수단과 방법을 다 동원했던 사람들이다. 그러던 어느 날 아버지가 갑자기 세상을 떠났다. 또 그 아버지의 뒤를 이어 두 아들마저 세상을 떠나고 말았다. 사고로 죽은 것인지 병에 걸려 죽은 것인지는 알 수 없지만, 두 아들은 젊은 나이에 죽었다. 두 아들은 결혼했지만 자식도 두지 못한 듯하다.

흉년이 든 들판은 텅 비어 있다. 허기진 사람들이 달구지를 끌고 고향을 떠나는데, 배가 등가죽에 붙어 있다. 말론과 기룐이라는 이름이 암시하듯 그들은 병들고 빼빼 말라 초췌하기 그지없는 사람들이다. 그들이 하나둘씩 세상을 떠났다. 그래서 룻기의 배경과 분위기는 어둡고 침울하다.

그러나 다시 한 번 본문을 살펴보면 말할 수 없는 위로와 소망을 얻게 된다. 아니 희열과 기쁨까지 맛보게 된다. 이 어둡고 침침한 분위기를 반전시키는 놀라운 사건이 일어나고 있기 때문이다. 그 사건이란 무엇인가?

먼저, 앞에서 살펴본 내용을 정리하고 넘어가자.

앞장에서 우리는 문장 구조를 통해 이 본문에서 가장 중요한 구절이 4절이라는 사실을 확인했다. 1–2절과 6–7절, 그리고 3절과 5절이 서로 대구를 이루면서 그 중심에 4절이 배열되어 있기 때문이다.

1–2절에서는 한 가족이 유다에서 모압으로 들어갔다. 6–7절에서는 반대로 그 가족이 모압에서 다시 유다로 들어간다. 그들이 유다에서 모압으로 갈 때에는 '두 아들'이 함께했으나, 모압에서 유다로 가는 길에는 '두 며느리'가 함께한다.

1–2절에서는 남편 엘리멜렉이 리더였지만, 6–7절에서는 아내 나오미가 리더다. 엘리멜렉이 리더였을 때 그들의 상황은 내리막길로 시련의 연속이었다. 그러나 나오미가 리더가 되는 순간부터 그 가정은 회복, 상승곡선을 그리게 된다. 서로 기가 막히게 대구형으로 짝을 이룬다.

3, 5절도 서로 대구를 이룬다. '죽다'와 '남다'라는 단어가 등장한다. 3절은 남편의 죽음, 5절은 두 아들의 죽음을 그린다. 3절은 두 아들이 남았고, 5절은 나오미가 남았다. 3절은 두 아들, 5절은 두 사람이다.

그래서 중심에 위치한 4절이 '고집의 현장'임을 확인할 수 있었다. 그 이유는 이 4절이 '가서'1절, '들어가서'2절, '살더니'2절의 연장선상에 있기 때문이다. 엘리멜렉의 이름은 "하나님은 나의 왕이시다"라는 뜻이다. 그럼에도 그는 제멋대로 행했다삿 21:25. 가서는 안 될 곳으로 갔다. 베들레헴을 버리고 자기 소견대로 모압 깊숙이 들어가 그곳에 유했다. 그는 점점 더 깊이 모압 땅, 그곳에 빠져들었다시 1:1-3.

그러자 그 가정에 무슨 일이 일어났는가? 엘리멜렉이 죽고 말았다. 그렇다면 그 사건 앞에서 그들은 깨달았어야 했다. 그를 통해 하나님이 주시는 메시지가 무엇인지 진지하게 생각했어야 했다. 그럼에도 그들은 한 걸음 더 나아갔다. 그것이 4절이다. 그들이 그곳 여인과 결혼했다는 것은 그곳에 정착하겠다는 의지의 표현이다. 이방인들과 동화되어 함께 살겠다고 고집부렸다. "하나님, 한번 할 테면 해봅시다. 누가 이기나 한번 해 보자고요." 이것이 4절 내용이다.

절망 가운데 심어진 은혜의 씨앗

4절은 하나님 앞에서 고집부리는 현장이다. 그들은 분명 잘못 행동하고 있다. 매 맞을 일을 하고 있다. 하나님의 뜻을 거스르고 있다. 그러다가 다시 한 번 매를 맞는다. 숨 쉴 틈도 없이 그 가정에 고난이 들이닥쳤다. 그런데 그렇게 고집부리는 현장 속에 은혜의 씨앗이 심겨져 있다는 사실을 발견하게 된다. 다시 한 번 4절을 살펴보자.

"그들은 모압 여자 중에서 그들의 아내를 맞이하였는데 하나의 이름은 오르바요 하나의 이름은 룻이더라"룻 1:4.

여기서 드디어 룻이라는 모압 여인이 등장한다. 물론 오르바라는 여인도 함께 등장한다. 그러나 오르바는 잠시 후 역사의 현장에서 사라져 버린다. 오직 룻만이 뚜렷한 행적을 보인다. 그러므로 우리는 룻에게 주목해야 한다. 룻은 모압에서 태어난 모압 족속이다. 모압 족속은 앞서 말했듯이 소돔 성이 멸망할 때 구사일생으로 살아난 롯과 그의 두 딸 사이에 태어난 아들인 모압과 암몬의 후손이다. 그러므로 모압은 부도덕의 상징이요, 진노의 씨앗과 같은 존재다. 룻은 이 모압 족속에 속한, 진노의 심판 아래 놓여 있던 민족의 후예이자 더 이상 소망이 없는 여인이었다. 그런데 그 룻이 결혼을 통해 하나님의 백성이 되었다. 하나님의 백성이 되었다는 것은 구원받았다는 뜻이다.

그렇다면 룻만 은혜를 입었는가? 룻으로 말미암아 그녀가 속한 가정이 하나님의 은혜를 입는다. 룻은 베들레헴으로 돌아오는 시어머니와 함께한다. 고향으로 돌아와 열심히 밭에서 이삭을 주워 와서 시어머니를 봉양한다. 룻은 내리막길을 치달으며 쓰러져 망해 가는 가문을 다시 일으켜 세운다. 그 이름이 역사에 오르내리는 영광스러운 가문으로 만든다. 이것이야말로 엘리멜렉 가정에 나타난 은혜가 아니고 무엇이겠는가!

한 가정이 은혜를 입는 것으로 끝나지 않는다. 룻으로 말미암아 온 인류가 하나님의 은혜를 입는다. 베들레헴에서 룻은 보아스라는 사람과 결혼한다. 이 두 사람 사이에 태어난 아이가 오벳이요, 오벳의 아들이 이새, 이새의 아들이 다윗이며, 다윗의 후손으로 예수 그리스도가 탄생하신다룻 4:17. 룻으로 말미암아 예수 그리스도께서 탄생하신 것이다. 이 예수 그리스도로 말미암아 온 인류가 죄에서 자유함을 얻고, 구원받는 놀라운 역사가 일어난다.

중요한 것은 이 모든 일이 언제 일어났으며, 어떤 일을 기점으로 시작되었는가 하는 점이다. 그 답은 놀랍게도 바로 4절에 있다. 문제의 4절은 이들이 하나님의 말씀에 순종하며 믿음으로 살 때가 아니었다. 하나님 앞에서 고집피우며 곁길로 갈 때였다. 하나님의 뜻을 저버리고 대항해 고난과 시련을 당할 때였다. 지치고 쓰러져 있을 때다. 사랑하는 사람을 잃고 슬픔에 젖어 있을 때였다. 더 이상 소망과 꿈을 가질 수 없을 때였다.

바로 그 현장에 한 분이 나타나 '은혜의 씨앗'을 심고 계신다. 이 씨앗에서 자란 은혜는 그들의 허물과 죄악을 덮고도 남았다. 이 은혜는 그들의 실수, 부족함, 연약함을 감싸 안을 만큼 넉넉한 것이었다. 이 은혜의 씨앗으로 말미암아 모압 여인 룻은 은혜를 입고 나오미 집안도 은혜를 입는다. 나아가 온 인류가 은혜를 입게 된다.

남겨 두시는 하나님의 긍휼

그들은 곁길로 빠졌고 그로 인해 징계를 받고 완전히 멸망할 수

밖에 없는 자들이었지만, 하나님은 진노와 징계 중이라도 긍휼을 베풀어 일부를 남겨 두시는 은혜를 내리셨다. "엘리멜렉이 죽고… 남았으며"3절. "말론과 기룐은 두 사람이 다 죽고… 남았더라"5절. '남았더라'는 룻기 전체를 통해 볼 때 중요한 흐름을 차지한다. 이것이 룻기에 나타나는 은혜의 흐름이다.

> "그 여인이 모압 지방에서 여호와께서 자기 백성을 돌보시사 그들에게 양식을 주셨다 함을 듣고 이에 두 며느리와 함께 일어나 모압 지방에서 돌아오려 하여"룻 1:6.

베들레헴에 흉년이 들자 엘리멜렉 가족은 그곳을 미련 없이 떠났다. 그러나 하나님은 그곳을 떠나지 않고 '남은 자들'에게 양식을 주셨다룻 1:6. 남은 자들이 드디어 은혜를 입었다는 말이다. 그런데 은혜는 여기서 그치지 않았다.

> "또 그를 위하여 곡식 다발에서 조금씩 뽑아 버려서 그에게 줍게 하고 꾸짖지 말라 하니라"룻 2:16.

룻이 보리밭으로 나가자 보아스는 그녀가 주울 수 있도록 사환에게 보리이삭을 남겨 놓도록 한다.

> "그 기업 무를 자가 이르되 나는 내 기업에 손해가 있을까 하여 나

를 위하여 무르지 못하노니 내가 무를 것을 네가 무르라 나는 무르지
못하겠노라" 룻 4:6.

아무도 모압 여인 룻을 데려가려 하지 않았지만, 하나님은 한 사람을 남겨 놓으셨다. 그가 누구인가? 바로 보아스다. 엘리멜렉이 미련 없이 고향 베들레헴을 떠나 모압에 눌러앉아 정착하려고 했지만 하나님은 그 가족을 완전히 멸하지 않고 일부를 남겨 두셨다. 남편은 죽었지만 아내를 남겨 두시고, 아들은 죽었지만 며느리를 남겨 두셨다. 보리를 남겨 두시고, 기업 무를 자를 남겨 두셨다. 인간의 눈으로 볼 때 참으로 암담하고 절망적인 상황이었지만, 하나님은 '남았더라'를 통해 놀라운 일을 새롭게 계획하시며, 그 일을 이루어 가시는 분이다. 이것이 룻기 전체의 흐름이다.

하나님은 주의 자녀들이 연약하고 실패하고 범죄에 빠졌을 때조차 버리지 않으신다. 한 번 택한 백성은 절대 버리지 않는 분이 바로 우리 하나님이시다. 왜냐하면 하나님은 남겨 두시는 하나님이기 때문이다.

"밤나무와 상수리나무가 베임을 당하여도 그 그루터기는 남아 있는 것 같이 거룩한 씨가 이 땅의 그루터기니라" 사 6:13.

노아 시대에 세상은 죄악으로 가득 찼다. 그래서 홍수로 세상을 멸하지 않으면 안 되었다. 이때도 하나님은 그루터기를 남겨 두셨

다. 바로 노아와 그 가족이었다. 이들을 통해 하나님의 은혜가 다시 부어진 것이다창 7:1, 9:1.

신명기서는 모세의 유언장이다. 그가 죽음을 앞두고 지나온 나날을 회고하며 자기 백성에게 마지막으로 부탁하는 내용이 처음부터 끝까지 이어지고 있다. 그는 지나온 나날을 회고하면서 무엇이라고 말했는가?

"광야에서도 너희가 당하였거니와 사람이 자기의 아들을 안는 것 같이 너희의 하나님 여호와께서 너희가 걸어온 길에서 너희를 안으사 이곳까지 이르게 하셨느니라 하나 이 일에 너희가 너희의 하나님 여호와를 믿지 아니하였도다 그는 너희보다 먼저 그 길을 가시며 장막 칠 곳을 찾으시고 밤에는 불로, 낮에는 구름으로 너희가 갈 길을 지시하신 자이시니라"신 1:31-33.

여기에서 '너희'는 누구인가? 이스라엘 백성이다. 이들이 지난 40년간 하나님 앞에서 어떤 태도를 취했는가? 원망, 불평, 악담, 불신, 우상 숭배 등이 그들이 하나님 앞에 취한 태도의 전부였다. 언제 한번 제대로 감사한 적이 있던가? 하나님을 기쁘게 해드리며, 하나님의 마음을 시원하게 해드린 적이 있었는가?

그런데 하나님은 어떻게 하셨는가?

하나님은 자기 아들을 안아 주시는 것처럼 그들을 안아 주셨다. 그래서 여기 이곳까지 이르게 하셨다. 하나님을 믿지 않았을 때도 그들 앞에서 행하시고, 장막 칠 곳을 찾으시며, 낮에는 구름 기둥 밤에는 불기둥으로 인도하셨다. "죄가 더한 곳에 은혜가 더욱 넘쳤나니"롬 5:20라는 바울 사도의 말처럼 하나님의 은혜는 우리의 모든 허물과 죄, 부족함까지도 덮고 남음이 있는 그 무엇이라는 것이다. 바로 이것이 '남았더라'는 말 속에서 우리가 발견할 수 있는 진리다.

하나님은 절박하고 절망적인 상황 속에서도 '남았더라'의 은혜를 베푸신다. 철저하게 망하고 이젠 끝났다는 상황이 우리 앞에 펼쳐질지라도 하나님은 희망의 씨앗, 다시 소생할 수 있는 불씨, 다시 일어설 수 있는 그 무엇을 남겨 두신다.

하나님은 하갈을 위하여 '샘물'을 남겨 두셨다창 21:19. 하나님은 요나를 위하여 물고기를 남겨 두셨다욘 1:17. 하나님은 욥을 위해 아내를 남겨 놓으셨다욥 42:13. 그리고 하나님은 엘리야를 위하여 바알에게 무릎 꿇지 않은 칠천 명을 남겨 놓으셨다왕상 19:18.

하박국을 보라. 하박국은 자기 삶의 현장을 바라보며 하나님을 향하여 "왜? 왜? 왜?"라고 외치며 불평하던 사람이었다. 그런데 동에서, 서에서, 멀리서, 가까이서 일하시는 하나님을 만나면서 불평하던 그의 입에서 기쁨과 감사의 찬송이 터져 나왔다. 하나님께서 남겨 놓으신 것을 발견했기 때문이다.

"비록 무화과나무가 무성하지 못하며 포도나무에 열매가 없으며
감람나무에 소출이 없으며 밭에 먹을 것이 없으며 우리에 양이 없으며

> 외양간에 소가 없을지라도 나는 여호와로 말미암아 즐거워하며 나의 구원의 하나님으로 말미암아 기뻐하리로다 주 여호와는 나의 힘이시라 나의 발을 사슴과 같게 하사 나로 나의 높은 곳으로 다니게 하시리로다"합 3:17-19.

아무것도 없는 텅빈 현장이다. 그러나 자세히 보니 무화과나무, 포도나무, 감람나무, 밭, 우리, 외양간은 남아 있다. 더 자세히 보니 여호와 하나님이 내 곁에 계신다. 어찌 기뻐하지 않을 수 있겠는가! 나오미도 자신에게 남겨진 것을 발견했다. 남편이 죽었을 때는 두 아들이 남아 있었고3절, 그 두 아들마저 죽었을 때는 두 며느리가 남아 있었고, 그중 한 며느리가 떠났을 때는 또 한 며느리가 남아 있었고, 모압에서 철저히 망했을 때는 그래도 돌아갈 고향이 남아 있음을 발견했다. 우리에게도 남아 있는 것이 있다. 건강, 젊음, 친구, 자녀, 아내, 교회, 믿음, 그리고 하나님. 이것을 발견하는 은혜가 있길 바란다.

지금 당신은 어떤 처지에 놓여 있는가? 모든 것이 당신 곁에서 날아가 버렸는가, 떠나가 버렸는가? 그래서 아무것도 없는 허허벌판에 서서 생명을 끊어 그만 삶을 포기하고 싶은 심정인가? 당신 인생이 이젠 끝났다고 생각할 정도로 처절한 상황일지라도 절대 그것이 끝이 아니다.

> "스스로 이르기를 나의 힘과 여호와께 대한 내 소망이 끊어졌다 하

였도다 내 고초와 재난 곧 쑥과 담즙을 기억하소서 내 마음이 그것을 기억하고 내가 낙심이 되오나 이것을 내가 내 마음에 담아 두었더니 그것이 오히려 나의 소망이 되었사옴은 여호와의 인자와 긍휼이 무궁하시므로 우리가 진멸되지 아니함이니이다"애 3:18-22.

하나님께서 남겨 두신 것이 있다. 분명히 있다. 그분이 남겨 놓으신 것을 볼 수 있는 영적인 눈이 열리기를 기도한다. 지금 처절한 시련과 어려움 가운데 던져졌다 할지라도 하나님은 우리를 위해 무언가 남겨 두셨다. 새 싹이 돋아날 그 무엇인가를 남겨 두신다. 축복의 씨앗을 남겨 두신다. 하나님은 무궁한 사랑의 하나님이시기 때문이다엡 3:18-19. 하나님은 자기 백성을 절대로 진멸하게 버려두지 않으신다. 설령 죄를 지어 징계를 받는 현장에 있다 할지라도, 그래서 모든 것이 다 베임을 당했다 할지라도 '거룩한 터'는 남겨 두신다.

그러므로 남겨 놓으시는 하나님을 믿는다면 고난당하는 자 앞에서 우리는 침묵할 수 있어야 한다. 쉽게 입을 열어서는 안 된다. 다른 사람이 당한 고난을 함부로 재단해서는 안 된다. 고난은 신비한 것이기 때문이다. 고난당하는 자 역시 결코 낙심해서는 안 된다. 하나님이 그 고난의 현장에 찾아오셔서 '은혜의 씨앗'을 심고 계시기 때문이다.

네 잎 클로버의 꽃말은 '행운'이다. 사람들은 어디엔가 숨어 있을 그 행운을 찾느라 세 잎 클로버를 짓밟고 다닌다. 그런데 세 잎 클로버의 꽃말은 '행복'이다. 행운 하나를 얻으려고 지천에 깔려 있는 행복을 짓이겨 놓는 것이 인간의 어리석음이자 불행이다. 사람들은 가까이 있는 행복을 내팽개친 채 행운을 찾아 헤매는 어리석음을 저지른다. 세 잎 클로버는 그 교훈을 깨우치기 위해 땅 위에 피워 낸 하나님의 소리다.

—5장—

하나님의 신발 소리

. . .

"그 여인이 모압 지방에서 여호와께서 자기 백성을 돌보시사 그들에게 양식을 주셨다 함을 듣고 이에 두 며느리와 함께 일어나 모압 지방에서 돌아오려 하여 있던 곳에서 나오고 두 며느리도 그와 함께하여 유다 땅으로 돌아오려고 길을 가다가 나오미가 두 며느리에게 이르되 너희는 각기 너희 어머니의 집으로 돌아가라 너희가 죽은 자들과 나를 선대한 것 같이 여호와께서 너희를 선대하시기를 원하며 여호와께서 너희에게 허락하사 각기 남편의 집에서 위로를 받게 하시기를 원하노라 하고 그들에게 입 맞추매 그들이 소리를 높여 울며 나오미에게 이르되 아니니이다 우리는 어머니와 함께 어머니의 백성에게로 돌아가겠나이다 하는지라 나오미가 이르되 내 딸들아 돌아가라 너희가 어찌 나와 함께 가려느냐 내 태중에 너희의 남편 될 아들들이 아직 있느냐 내 딸들아 되돌아 가라 나는 늙었으니 남편을 두지 못할지라 가령 내가 소망이 있다고 말한다든지 오늘 밤에 남편을 두어 아들들을 낳는다 하더라도 너희가 어찌 그들이 자라기를 기다리겠으며 어찌 남편 없이 지내겠다고 결심하겠느냐 내 딸들아 그렇지 아니하니라 여호와의 손이 나를 치셨으므로 나는 너희로 말미암아 더욱 마음이 아프도다 하매 그들이 소리를 높여 다시 울더니 오르바는 그의 시어머니에게 입 맞추되 룻은 그를 붙좇았더라."

—룻기 1:6–14

공동체를 살리는 리더

우리는 한 사람의 리더가 얼마나 중요한 역할을 하는지 삶의 현장에서 종종 경험한다. 어떤 분야든 리더는 자신뿐 아니라 그를 따르는 공동체의 운명에 결정적인 역할을 한다. 누가 핸들을 잡고 있느냐, 어떤 사람이 판단하고 결정을 내리느냐에 따라 그를 따르는 공동체의 운명이 결정된다.

얼마 전 뉴스를 통해 한 사건을 접했다. 승객 60여 명을 태운 일본ANA 여객기 한 대가 고치 공항에 착륙하려는 순간 기체에 중대한 고장이 있음을 발견했다. 뒷바퀴 두 개는 나왔지만 앞바퀴가 도무지 빠져나오지 않았다. 기장은 한 시간 가량 상공을 선회하면서 할 수 있는 방법을 다 동원해 보았지만 허사였다. 기내가 술렁

이기 시작하자 그는 있는 그대로 사실을 알리고 승객들을 안심시켰다. 그러고는 뒷바퀴가 활주로에 닿으면 그 충격으로 앞바퀴가 빠져나올 수 있다는 생각으로 착륙을 시도해 보기로 했다. 그러나 결과는 마찬가지였다. 그는 즉시 기수를 상공으로 꺾었다. 이제 남은 방법은 동체 착륙밖에 없었다. 비상 착륙을 결심한 기장은 동체를 가볍게 하고 화재를 막기 위해 기름을 바다에 버리기 시작했다. 기내는 다시 공포에 휩싸였다. 승객들은 마지막이 될지도 모른다는 생각에 유언을 남기기 시작했다. 그러나 기장은 침착하게 행동했다. "앞으로 연료가 10분밖에 남지 않았으므로 동체 착륙을 시도하겠습니다." 드디어 비행기의 뒷바퀴가 활주로에 닿았다. 그리고 10여 초 후 기장은 비행기의 기수를 앞으로 밀었다. 비행기의 앞부분 동체가 활주로에 부딪히자 불꽃이 일었다. 그러나 비행기는 착륙에 성공했다. 모두들 가슴을 쓸어내렸다. 이를 생중계하던 앵커는 흥분한 목소리로 "성공입니다! 성공입니다!"를 반복했다. 기장은 단 한 명의 사상자도 없이 무사히 비행기를 착륙시켰다.

다음 구절을 보면 사울과 다윗의 집 사이에 오랜 전쟁이 이어지고 있음을 알 수 있다.

"사울의 집과 다윗의 집 사이에 전쟁이 오래매 다윗은 점점 강하여 가고 사울의 집은 점점 약하여 가니라" 삼하 3:1.

그런데 사울의 가문은 점점 쇠하는 반면 다윗의 가문은 흥왕하여 간다. 이처럼 "누가 리더인가" 하는 것이 공동체의 운명을 결정짓는 가장 중요한 변수로 작용한다. 가정, 직장, 사업장 등 자신이 속한 공동체에서 우리는 모두 리더다. 우리는 크든 작든 알게 모르게 공동체 가운데 영향을 끼치고 있다.

당신은 어떻게 공동체를 이끌어 가고 있는가? 그 공동체는 사울의 공동체처럼 점점 쇠하고 있는가, 다윗의 공동체처럼 흥왕하여 가고 있는가? 지난 10여 년을 되돌아보기 바란다.

룻기에서는 두 사람의 리더가 등장한다. 한 사람은 엘리멜렉이고 또 한 사람은 나오미다. 두 사람 중 누가 훌륭한 리더의 자격을 갖추었다고 생각하는가? 당연히 엘리멜렉일 것이다. 그는 리더가 되어 모압으로 향할 때 혈기왕성한 남자였다. 또 그에게는 두 아들을 비롯해 식솔도 많았고 재산도 있었다. 이에 반해 베들레헴으로 돌아오는 나오미는 늙은 여자룻 1:12였고, 그를 따르는 자라고는 달랑 홀로된 여자 한 명뿐이었다. 게다가 빈털터리였다룻 1:21. 객관적으로 볼 때 리더로서 엘리멜렉이 훨씬 훌륭한 조건을 갖추고 있었다. 그런데 어찌하여 그가 리더였을 때 공동체는 어려움을 겪어야 했을까? 왜 그는 리더로서 시기, 방향, 목표 설정에 실패했던 걸까? 그를 따라가던 가족은 어찌 되었는가? 자신도 죽고, 아들들도 죽고, 재산은 다 날아가고, 나머지 가족은 죽을 고생을 해야 했다. 재기불능일 정도로 쑥대밭이 되고 말았다.

반대로 보잘것없는 나오미가 리더 자리에 있을 때 어떤 일이 벌어졌는가? 다시 서광이 비치기 시작했다. 대반전의 놀라운 일이 일어났다. 가문이 다시 일어나게 되고 두고두고 칭송받는 후손들을 배출하게 되었다. 이 모든 일이 리더가 교체되면서부터 일어났다. 똑같은 공동체라도 그 무리를 이끄는 사람에 따라 내리막길이 되기도 하고, 그 반대의 현상이 나타나기도 한다. 그러므로 리더 역할은 참으로 중요하다.

여기서 확인할 수 있는 중요한 한 가지 사실이 있다. 그것은 겉으로 드러난 리더의 객관적인 자격 기준이 결코 승패를 결정짓는 것이 아니라는 사실이다. 외견상으로 볼 때 모든 조건, 즉 학력, 집안, 배경, 건강, 젊음, 비전, 재력, 추진력, 판단력 등 리더가 갖추어야 할 모든 조건을 다 갖췄다 할지라도 그것만 갖고는 진정한 리더가 될 수 없다. 우리 주변에서도 좋은 조건과 요소를 고루 갖췄음에도 실패하는 사람이 있는가 하면, 뭔가 부족해 보이는데도 성공하는 사람이 있지 않은가!

하나님의 신발 소리를 따라가는 나오미

그렇다면 엘리멜렉과 나오미의 결정적인 차이점은 무엇인가?

"그 여인이 모압 지방에서 여호와께서 자기 백성을 돌보시사 그들에게 양식을 주셨다 함을 듣고 이에 두 며느리와 함께 일어나 모압 지방에서 돌아오려 하여"룻 1:6.

　　이 구절은 리더십이 교체되는 중요한 현장이다. 1-5절은 엘리멜렉이 리더였지만 6절부터 나오미가 리더다. 6절에는 중요한 두 단어가 나오는데 하나는 '듣고'요, 또 하나는 '돌아오려'다. 나오미의 귓전을 두드리는 소리가 있었다. 그것은 "여호와께서 자기 백성을 돌보시사 그들에게 양식을 주셨다"는 소문이었다. 이 소문이 바람을 타고 멀리 모압 땅 나오미의 귀에까지 들려왔다.

　　중요한 것은 단지 '소문'이었다는 점이다. 하나님이 직접 나타나서 말씀하신 것이 아니었다. 하나님이 그녀에게 가까이 다가오신 것도 아니었다. 지금 그녀는 남편을 잃고 자식들마저 잃고 탄식하고 있었다. 삶의 의욕을 잃고, 아니 삶 자체를 잃고 주저앉아 있었다. 그러나 하나님은 찾아오시지 않았다. 룻기가 쓰였던 시기는 하나님이 자기 백성에게 자주 나타나서 기적과 이적을 행하시던 시대였다삼상 3:4. 그러나 하나님은 나오미에게는 나타나지 않으셨다. 다만 '소문'이 그녀에게 들려왔을 뿐이다.

　　그런데 그녀는 소문에 불과한 그 소리에 관심을 기울이고 고향으로 돌아갈 것을 결심했다. 여기서 '들었다'는 단어와 '돌아왔다'라는 단어가 짝을 이루고 있다. 하나는 원인이요, 또 하나는 결과다. 하나는 동기요, 또 하나는 반응이다. 두 단어가 서로 밀접한 관계를 이루고 있다. 유다에 풍년이 들었다는 소문과 함께 "돌아오라"는 음성이 중복되어 계속 나오미의 귓전을 두드렸다. "돌아오라, 돌아오라, 돌아오라." 그녀의 육적인 귀에 들리는 것은 유다에 풍년이 들었다는 소문뿐이었다. 그러나 그녀의 귀에는 또 다른 세미한 소리가 들렸다. "슈브, 슈브, 슈브"하는 소리였다. '돌아오려(돌아오다)'란 단어는 히브리어로 동사 '슈브 turn back, return다. 이 단어가 1장 전체를 지배하고 있다. 그녀는 그 영적 소리를 듣고 그냥 앉아 있을 수가 없었다. 지금 자신의 몰골은 말이 아니었다. 돌아가면 손가락질과 비웃음의 대상이 될 게 뻔했다. 그러나 "슈브, 슈브, 슈브"하는 하나님의 신발 소리에 용기를 얻어 자리를 박차고 일어났다. 그리고 그 소리가 들리는 곳을 향하여, 아니 그 소리와 함께 가족을 이끌고 나아갔다.

이 구절을 다시 한번 천천히 읽어 보라. 나오미가 가는 행로에 계속 "슈브 슈브"하는 하나님의 신발 소리가 들리지 않는가? 6-12절에서는 '슈브'라는 단어가 여섯 번 나온다. 또한 22절까지 그 범위를 넓히면 이 단어가 무려 열두 번이나 나온다. 나는 이것을 "하나님의 신발 소리"라고 부르고 싶다. 아무런 말씀도 하지 않으시고 그저 "슈브, 슈브, 슈브"라고 하며 저쪽에서 일하시는 하나님의 신발 소리 말이다. 하나님은 그 소리가 국경을 넘어 모압까지 들리도록 하셨다. 그러므로 나오미는 자신이 앞장선 것이 아니라 오직 하나님의 신발 소리를 따라 걸어가고 있을 뿐이다. 그 하나님의 신발 소리를 따라 걸었더니 최종 종착지가 어디였는가?

"나오미가 모압 지방에서 그의 며느리 모압 여인 룻과 함께 돌아왔는데 그들이 보리 추수 시작할 때에 베들레헴에 이르렀더라"룻 1:22.

그곳은 바로 보리 추수를 시작하고 있는 베들레헴이었다. 룻기 1장의 결론인 22절에 '슈브'라는 단어가 두 번 등장한다. 바로 '돌아왔는데'와 '이르렀더라'다. '이르렀다'도 마찬가지로 '슈브(돌아왔다)'라는 동사를 쓴다. 결국 하나님의 신발 소리를 따라 걸어왔더니 가장 적절한 때에 베들레헴, 곧 떡집에 이르게 하셨다는 것이다. 이것이 나오미를 향한 하나님의 은혜요, 축복이다.

신발 소리를 내시는 하나님의 긍휼

여기서 한 가지 짚고 넘어가야 할 것이 있다. 하나님은 왜 남편을 믿고 모압까지 따라간 나오미에게 직접 나타나 말씀하시지 않고 소문만 들려주셨을까? 야단치시거나, 꾸짖음으로 깨우쳐 주시지 않았을까?

여기에 하나님의 깊은 뜻이 담겨 있다. 만약 하나님이 직접 나오미에게 나타나서 책망하셨다면 그녀의 마음속에는 기쁨이 없었을 것이다. 기쁨은커녕 죄책감에 몸 둘 바를 몰랐을 것이다. 그녀 자신도 그 동안 하나님 앞에서 얼마나 잘못했는지 이미 알고 있었다. 그런데 직접 꾸지람까지 듣는다면 더 이상 고개를 들 수 없었을 것이다. 하나님은 나오미의 마지막 자존심을 건드리지 않으시고 스스로 결단하고 돌아온 것처럼 분위기를 만들어 주셨다. 이것이 나오미를 향한 하나님의 은혜다.

우리는 때때로 하나님이 나타나시기를 기다릴 때가 있다. 그러나 하나님이 매번 나타나셔서 책망하신다면 두려워 살 수 있겠는가? 직접 나타나시지 않는 것도 은혜의 한 방편이다. 하나님은 이런 방법으로 당신의 자녀들을 다루실 때가 많다.

누가복음 15장에 나오는 탕자를 보라. 이 탕자는 먼 나라에 가서 모든 것을 잃어버리고 완전히 빈털터리가 되었다. 친구도 모두 떠나갔다. 그러나 그때 아버지는 찾아가지 않으신다. 문 밖에 서 있을 뿐 더 이상 나가지 않으신다. 그분은 아들이 어디에서 어떤 형편으로 살고 있는지 다 알지만, 가출한 자식을 찾아가서 잡아끌고 돌아오려 하지 않으신다. 아들을 사랑하므로 마지막 자존심을 지켜 주려고 기다리신다. 스스로 깨닫고 반성하고 돌아오게 만드신다. "내 아버지에게는 양식이 풍족한 품꾼이 얼마나 많은가 나는 여기서 주려 죽는구나 내가 일어나"라는 구절을 보면 탕자를 향한 아버지의 깊은 배려와 아들의 마지막 자존심을 건드리지 않으시려는 사랑이 담겨 있다.

하나님은 아담과 하와가 범죄했을 때도 같은 모습을 보여 주셨다.

"그들이 그날 바람이 불 때 동산에 거니시는 여호와 하나님의 소리를 듣고 아담과 그의 아내가 여호와 하나님의 낯을 피하여 동산 나무 사이에 숨은지라" 창 3:8.

하나님은 지금 느긋하게 산책을 즐기실 형편이 아니었다. 그들이 명령을 어기고 선악과를 따 먹지 않았는가! 그러나 마치 아무 일도 없는 것처럼 신발 소리를 내며 동산을 거닐고 계신다. 물론 그분의 마음속에는 한없는 실망과 분노가 담겨 있다. 그러나 하나님은 태연하게 마치 술래잡기 상대라도 찾는 것처럼 "아담아, 네가 어디 있느냐" 하면서 그들 스스로 하나님 앞에 무릎을 꿇도록 만드셨다 창 3:9..

하나님은 모압 땅에 사는 나오미에게 직접 찾아오실 수도 있었다. 그리고 "꼴좋다! 그래서 이 큰 시련과 어려움이 닥쳤느니라. 이제 깨달았느냐? 그렇다면 빨리 돌아오너라"고 말씀하시면서 책망하며 호통도 치실 수 있었다. 그러나 하나님은 그렇게 하지 않으신다. 나오미를 흘깃흘깃 보시며 바람결에 소문을 불어넣으신다. 여호와에 관한 소문, 유다에 관한 소문, 그리고 하나님이 얼마나 긍휼과 자비가 풍성한 분인지 소문을 통해 듣게 하신다. 그 소문을 듣고 나오미에게 스스로 결단하도록 하신다. 힐긋힐긋 지켜보며 기다리신다. 그리고 그녀 스스로가 결심하고 돌아왔기 때문에 결국 이런 은혜와 축복을 받게 되었다고 느끼도록 만드신다. 사실 작업은 하나님이 다해 놓으셨지만, 축복은 나오미가 받도록 하신 것이다. 하나님은 이런 분이시다.

믿음의 조상 아브라함이 하나님의 말씀에 순종하여 가나안으로 직행했는가? 아브라함만큼 하나님의 말씀 앞에서 머뭇거리며 엉뚱한 곳으로 간 사람도 드물다. 창세기 12장 5절을 보면 그는 '마침내' 가나안에 들어갔다. 이 '마침내'란 단어는 '어쩔 수 없어서'의 의미다. 하나님이 들어가지 않을 수 없게 밀어 넣자 어쩔 수 없이 들어간 것이다. 그러나 히브리서 11장에서 하나님은 이런 아브라함을 "믿음으로 말씀에 순종하여 믿음의 조상이 되었다"고 평가하신다히 11:8. 일은 하나님이 하시고 축복은 아브라함이 받도록 하셨다. 작업은 하나님이 하시고 상금은 아브라함이 받도록 하시는 분이 바로 우리의 하나님이시다.

하나님은 자주 이런 방법을 사용하신다. 직접 찾아오셔서 직접 음성을 들려 주시지 않는다. 대신 우리 주변에서 발걸음 소리를 내신다. 어느 때는 남편의 사업 실패를 통해, 어느 때는 자녀의 질병을 통해 우리 삶의 현장에서 하나님이 일하신 흔적을 남기며 뚜벅뚜벅 걸어가신다. 그때 그 발걸음 소리를 놓치지 말아야 한다. 그 발걸음 소리에 제대로 반응하기만 한다면 나오미처럼 회복되는 은혜를 맛보게 될 것이다.

하나님의 신발 소리에 반응한 사람들이 받는 축복

열두 해 동안 혈루증을 앓는 한 여성이 있었다. 많은 의원을 다니면서 재산까지 탕진했으나 아무 소용이 없었다. 소망을 잃고 절망하는 순간 그녀에게 예수에 관한 소문이 들려왔다. 예수님은 그녀에게 다가가지 않으시고 소문만 날려 보내셨다막 5:27. 그 소문을 듣고 여인은 '내가 저 예수의 옷자락만 만져도 병에서 나으리라'

는 생각을 갖게 되었다. 그리고 뒤쪽으로 가서 예수님의 옷자락을 잠깐 만졌다. 그 짧은 순간에 민감한 반응을 보인 분이 누구신가? 바로 예수님이시다. 예수님은 바로 그 여인을 주목하셨다. 그리고 그 여인이 믿음으로 옷자락을 만지자 그녀의 병을 고쳐 주셨다^{막 5:25-28}.

나면서부터 맹인이던 자가 길가에 앉아 구걸하고 있었다. 그에게 예수에 대한 소문이 들려왔다^{마 9:26}. 그리고 한참 후에 발걸음 소리가 났다. 지나가시던 예수님은 그의 반응을 떠 보기 위해 발걸음 소리를 더 크게 내셨다. 예수님이 지나가시는 발걸음 소리를 듣고 소경은 크게 "다윗의 자손 예수여, 나를 불쌍히 여기소서"라고 소리 질렀다. 옆에서 만류했지만 그는 개의치 않고 마구 소리를 질러 댔다. 예수님의 소리에 반응했을 때 그의 소원이 이루어졌다^{마 9:27}.

사무엘하 6장에 보면 다윗이 여호와의 궤를 옮기다가 웃사가 죽는 불상사가 일어났다. 그 궤를 가드 사람 오벧에돔의 집에 석 달을 모셨는데 하나님께서 그 온 집에 복을 주셨다는 소문이 들려왔다. 이때 다윗은 복을 받고자 하는 열망으로 즉시 일어나 그 궤를 오벧에돔의 집에서 다윗 성을 향해 기쁨으로 메고 올라갔다^{삼하 6:12-13}.

"예수께서 여리고로 들어가 지나가시더라"^{눅 19:1}.

예수님께서 삭개오를 위해 신발 소리를 내시면서 여리고 성을 지나가셨다. 예수님의 관심은 삭개오에게 집중되어 있었다. 드디어 그가 뽕나무에 올라가면서까지 주님을 향하여 반응을 보이자 "이 집에 구원이 이르렀다"고 말씀하셨다 눅 19:5.

중풍병자와 그의 식구들도 마찬가지다.

> "수 일 후에 예수께서 다시 가버나움에 들어가시니 집에 계시다는 소문이 들린지라 많은 사람이 모여서 문 앞까지도 들어설 자리가 없게 되었는데 예수께서 그들에게 도를 말씀하시더니 사람들이 한 중풍병자를 네 사람에게 메워 가지고 예수께로 올새 무리들 때문에 예수께 데려갈 수 없으므로 그 계신 곳의 지붕을 뜯어 구멍을 내고 중풍병자가 누운 상을 달아 내리니" 막 2:1-4.

이들은 어떤 말씀을 직접 들은 것이 아니었다. 소문, 그분이 일하시는 발걸음 소리를 듣고 마음에 감동을 받아 그대로 순종한 것뿐이다. 그 결과 놀라운 기적과 은혜를 맛보게 되었다.

지금 당신의 주위에서 어떤 일이 일어나고 있으며, 당신의 귀에는 어떤 소문이 들리는가? 그리고 그 소문에 어떤 반응을 보이고 있는가? 하나님의 신발 소리가 들리는가? 우리를 힐끗힐끗 쳐다보며 일하시는 하나님이 느껴지는가? "슈브, 슈브, 슈브" 하는 신발 소리 말이다. 이 발걸음 소리를 듣고 따라가기만 하면 떡집, 베들레헴에 이르게 된다. 그것도 추수 때, 즉 가장 적절한 시기에 도착하게 된다.

리더 엘리멜렉과 나오미의 차이점이 무엇이던가? 자신만만했던 엘리멜렉은 자신의 판단력과 결단력, 추진력을 믿었다. 하나님께 물어보지도 않고 그는 '자기 소견대로', '생각에 옳은 대로' 행동했다. 아니 자신의 마음에 하나님 두기를 싫어했다. 자기 자신이 왕, 곧 하나님이었다. 그래서 자신의 기분대로 자기 가족을 이끌고 모압으로 내려갔고, 들어갔고, 그곳에 유했다룻 1:1-2. 그러나 그 결과는 참담했다.

반면에 나오미는 반대였다. 일련의 시련을 거치면서 영적으로 민감해졌다. 무엇보다 그녀의 영적 귀가 열리기 시작했다. 그녀에게 어떤 직접적인 음성이 들린 것도 아니었다. 단지 소문이었다. 그야말로 하나님의 신발 소리에 불과했다. 그러나 그 신발 소리를 통해 결국 회복의 역사, 축복의 역사를 쓰기 시작한 것이다.

우리는 모두 예외없이 리더들이다. 그렇다면 엘리멜렉 형의 리더인가, 아니면 나오미 형의 리더인가? 자신의 의지와 생각, 기분, 판단력만 믿고 가족과 사업장, 회사를 이끌고 있는가? 아니면 하나님의 신발 소리를 들으며 그 소리를 뒤따라 걸어가고 있는가? 숙고해 보길 바란다.

어렸을 때 주일학교에서 배웠던 찬송이 떠오른다.

  1. 주의 발자취를 따름이 어찌 즐거운지 몰라요
     맘에 하늘 맑게 개이고 밝은 빛은 비치네.
  2. 주의 발자취를 따름이 어찌 행복한지 몰라요

나쁜 생각 모두 사라져 흐린 마음 명랑해.
　3. 주의 발자취를 따름이 어찌 든든한지 몰라요
　　　무서움의 그늘 걷히고 힘이 더욱 생기네.
　후렴: 발자취를 따라가자 함께 나아가자
　　　　발자취를 따라가자 노래하며 나가자

하나님의 음성을 듣기 위해 기도하면 귀를 기울이사 우리의 기도를 들어 주시며, 깊은 웅덩이와 수렁에서 우리를 끌어 올려 주시고, 우리의 발을 반석 위에 세우사 튼튼히 하시는 분이 바로 하나님이시다. "귀 있는 자는 성령이 교회들에게 하시는 말씀을 들을지어다"계 2: 11. 영적인 귀가 열릴 수 있기를 바란다. 그래서 하나님의 신발 소리, 하나님이 듣게 하시는 소문을 통해 그분의 뜻을 발견하는 은혜가 있기를 소원한다.

−6장−

베들레헴으로 가는 길

. . .

"그 여인이 모압 지방에서 여호와께서 자기 백성을 돌보시사 그들에게 양식을 주셨다 함을 듣고 이에 두 며느리와 함께 일어나 모압 지방에서 돌아오려 하여 있던 곳에서 나오고 두 며느리도 그와 함께하여 유다 땅으로 돌아오려고 길을 가다가 나오미가 두 며느리에게 이르되 너희는 각기 너희 어머니의 집으로 돌아가라 너희가 죽은 자들과 나를 선대한 것 같이 여호와께서 너희를 선대하시기를 원하며 여호와께서 너희에게 허락하사 각기 남편의 집에서 위로를 받게 하시기를 원하노라 하고 그들에게 입 맞추매 그들이 소리를 높여 울며 나오미에게 이르되 아니니이다 우리는 어머니와 함께 어머니의 백성에게로 돌아가겠나이다 하는지라 나오미가 이르되 내 딸들아 돌아가라 너희가 어찌 나와 함께 가려느냐 내 태중에 너희의 남편 될 아들들이 아직 있느냐 내 딸들아 되돌아 가라 나는 늙었으니 남편을 두지 못할지라 가령 내가 소망이 있다고 말한다든지 오늘 밤에 남편을 두어 아들들을 낳는다 하더라도 너희가 어찌 그들이 자라기를 기다리겠으며 어찌 남편 없이 지내겠다고 결심하겠느냐 내 딸들아 그렇지 아니하니라 여호와의 손이 나를 치셨으므로 나는 너희로 말미암아 더욱 마음이 아프도다 하매 그들이 소리를 높여 다시 울더니 오르바는 그의 시어머니에게 입 맞추되 룻은 그를 붙좇았더라."

−룻기 1:6-14

같은 길에 남긴 다른 발자취

어느 큰 건물에서 연합집회가 열렸다. 연합집회이니만큼 여러 교파의 교인이 모였는데, 갑자기 그 건물에 불이 났다. "불이야, 불이야!" 하는 소리를 들은 순간 그 자리에 있던 성도들은 갖가지 반응을 보였다.

감리교인은 즉시 한쪽 구석에 모여 기도했다.

침례교인은 "우리 침례교인은 즉시 물속으로!"라고 소리쳤다.

장로교인은 즉시 위원회를 구성해 이 문제를 검토한 후 다음 회의 때까지 서면으로 보고하자고 했다.

루터교인은 "불은 마귀의 장난이다"라는 공고문을 대문짝만하게 써서 붙였다.

순복음교인은 "불같은 성령의 역사!"라고 하면서 환호했다.

모라비안교인은 "이 불은 하나님의 뜻이다!"라고 말하며 그 현장에서 찬송을 불렀다.

성공회교인은 행렬을 이루어 질서정연하게 그곳을 빠져나갔다.

물론 이것은 유머다. 그러나 똑같이 하나님을 믿는 크리스천이지만 어떤 상황에 처했을 때 생각하고 판단하고 행동하는 방법이 이렇게 각양각색일 수 있다는 사실을 보여 준다.

룻기 전반부에는 엘리멜렉, 나오미, 룻, 오르바가 등장한다. 이들은 똑같은 장소에서 흉년을 만나 똑같은 형편과 처지에 놓이게 되었다. 또한 이들은 한 가족이고, 하나님의 백성이다. 그러나 똑같은 상황에서 이들이 길을 선택하는 방법은 전혀 다르게 나타났다. 우리는 이들의 행로를 통해 각기 다른 발자취를 남긴다는 사실을 볼 수 있다.

먼저 룻기에는 중요한 두 곳의 지명이 등장한다. 하나는 베들레헴이요, 또 하나는 모압이다. 두 장소는 서로 대조를 이룬다. 유다 베들레헴은 이름 그대로 떡집이다. 하나님의 집, 말씀의 집, 신앙의 고향, 하나님을 경외하는 장소, 가나안, 언젠가는 메시아가 탄생하실 축복의 땅으로 오늘날의 교회라고 할 수 있다. 반대로 모압은 어떤 곳인가? 이방 세계, 우상 숭배, 음란과 부도덕, 불신앙, 배교의 자리, 신앙에서 멀어지는 그 어떤 곳을 뜻한다.

베들레헴과 모압, 모압과 베들레헴 사이에는 좁다란 길이 펼쳐져 있다. 이것이 1장의 배경 화면이다. 물론 그 길의 좌우에는 흉년으로 바싹 마른 논과 밭이 펼쳐져 있다. 그런데 그 길을 따라서 한 가족이 베들레헴에서 모압으로 이주한다룻 1:1-5. 그러다가 얼마 후엔 바로 그 길을 따라 반대로 모압에서 베들레헴으로 다시 이동한다룻 1:6-22. 그들은 한 가족이요, 같은 길을 걷고 있지만 이동하는 과정 속에서 각각 다른 발자취를 남긴다. 그들이 남긴 발자취는 오늘날 인생의 길, 믿음의 길을 걸어가는 우리에게 중요한 표본이 된다. 이들이 남긴 발자취를 살펴보면서 자신은 어떤 길을 걸어가고 있는지 확인해 보는 기회가 되길 바란다.

먼저, 엘리멜렉을 살펴보자. 그는 어떤 발자취를 남기는가?

"사사들이 치리하던 때에 그 땅에 흉년이 드니라 유다 베들레헴에 한 사람이 그의 아내와 두 아들을 데리고 모압 지방에 가서 거류하였는데… 나오미의 남편 엘리멜렉이 죽고 나오미와 그의 두 아들이 남았으며"룻 1:1, 3.

엘리멜렉은 베들레헴에서 모압으로의 발자취를 남기고 그곳에서 인생을 마감했다. 그의 발자취는 모압에서 종지부를 찍었는데, 이는 베들레헴에서 모압으로의 직진이다.

두 번째, 오르바는 어떤 발자취를 남겼는지 살펴보자.

> "나오미가 또 이르되 보라 네 동서는 그의 백성과 그의 신들에게로 돌아가나니 너도 너의 동서를 따라 돌아가라" 룻 1:15.

오르바는 모압에서 출발하여 베들레헴으로 떠났지만 도중에 다시 모압으로 되돌아갔다. 모압에서 모압으로의 유턴이다. 잘 가다가 모압으로 되돌아간 것이다.

세 번째, 나오미는 어떤 발자취를 남겼는지 살펴보자.

> "이에 그 두 사람이 행하여 베들레헴까지 갔더라 베들레헴에 이를 때에 온 성읍이 그들로 말미암아 떠들며 이르기를 이이가 나오미냐 하는지라" 룻 1:19.

나오미는 베들레헴에서 모압으로, 모압에서 다시 베들레헴으로 간다. 즉 베들레헴에서 베들레헴으로의 발자취를 남긴다. 오르바와는 반대의 유턴이다. 사실 나오미가 베들레헴으로 돌아왔을 때 고향 사람들이 알아보지 못할 정도로 그녀의 행색은 말이 아니었다. 그녀는 늙고 초췌해졌지만, 자신의 처지와 상관없이 다시 베들레헴으로 돌아간 것이다.

마지막으로, 룻은 어떤 발자취를 남겼는지 살펴보자.

"나오미가 모압 지방에서 그의 며느리 모압 여인 룻과 함께 돌아왔는데 그들이 보리 추수 시작할 때에 베들레헴에 이르렀더라" 룻 1:22.

룻은 모압에서 베들레헴으로의 발자취를 남긴다. 그녀는 자신의 본토, 친척, 아비집인 모압을 떠나 베들레헴으로 향한다. 그녀는 베들레헴으로 향하면서 이리저리 한눈팔지 않고 직진한 것이다. 마치 법궤를 싣고 벧세메스로 향하던 암소처럼 삼상 6:12, 푯대를 향하여 믿음의 경주를 다했던 바울처럼 말이다 빌 3:14.

네 사람의 발자취를 살펴보면 엘리멜렉과 룻, 그리고 오르바와 나오미가 서로 대조를 이루고 있음을 발견하게 된다. 길은 하나다. 그런데 동일한 조건과 상황 속에서 그들은 제각기 서로 다른 발자취를 남겼다. 이것을 간단히 정리하면 다음과 같다.

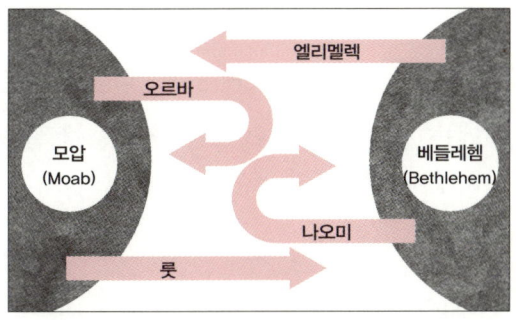

그렇다면 이들은 누구를 상징하는 것일까? 겉으로 볼 때 이들은 모두 하나님 믿는 사람들을 가리킨다. 구원받은 자라고 말할 수 있다. 엘리멜렉과 나오미가 하나님을 믿는 사람이라는 점은 인정하겠지만, 오르바와 룻은 이방 여인이 아닌가 하고 반문하는 사람이 있을 것이다. 그러나 구약성경을 보면 예전에는 이방인이었을지라도 할례를 받거나 일단 이스라엘 백성과 결혼하면 하나님의 백성으로 인정되었다. 그러므로 오르바와 룻, 이 두 여인은 모압 사람이었지만 결혼을 통해 하나님의 백성이 되었다. 따라서 이들 모두는 택한 백성, 곧 하나님의 자녀임에 틀림없다. 그런데 저들은 전혀 다른 발자취를 남겼다.

두 방향에서 들려오는 소리 '슈브'

왜 이렇게 한결같이 하나님의 자녀들이었음에도 불구하고 각각 다른 발자취를 남겼을까? 룻기 1장의 배경인 모압과 베들레헴, 베들레헴과 모압 사이를 잇는 이 길을 우리도 걸어가 보자. 세미한 소리가 들리지 않는가? "슈브, 슈브, 슈브" 하는 소리 말이다.

지금 이 길에는 '슈브(돌아간다)'라는 동사로 쫙 깔려 있는데, 1장에서 무려 열두 번이나 등장한다(6, 7, 8, 10, 11, 12, 15(2회), 16, 21, 22(2회)절). 어떤 의도성을 느낄 수 있다. 그런데 도대체 어디로 돌아가라는 말인가? 분별하기가 쉽지 않다. 본문을 자세히 살피면 이 동사가 모압과 관련하여 여섯 번, 베들레헴과 관련하여 여섯 번 사용되고 있기 때문이다. 더 정확하게 표현하자면 "모압으로 돌아가라"는 말이 여섯 번, "베들레헴으로 돌아가라"는 말이 여섯 번 사용되었다.

　이렇게 여섯 번씩 사용되고 있다는 것은 무엇을 의미하는가? 그것은 어디로 돌아가라는 것인지 분별하기가 쉽지 않다는 말이다. 이 말이 서로 섞여서 마치 스테레오처럼 행로에 있는 저들의 귓전을 두드리고 있다. 그래서 무척 혼돈스럽고 판단을 내리기가 어렵다. 여기에다 더욱 혼란스럽게 만드는 것은 두 며느리를 아끼고 사랑하는 나오미조차 오르바와 룻에게 모압으로 돌아가라고 말하고 있다는 점이다1-12절.

　나오미는 베들레헴으로 가겠다는 룻을 향해 동서를 따라 모압으로 돌아가라고 권한다15절. 물론 나오미는 며느리들을 사랑하는 마음에서 그렇게 말했을 것이다. 그러나 결과적으로 볼 때 나오미의 충고는 올바르지 못했다. 여기서 우리는 나를 진실로 아끼고 사랑하는 사람의 충고라고 해서 다 옳은 것이 아니라는 사실을 깨닫게 된다. 그의 판단이 잘못될 수도 있다는 말이다.

　우리 역시 언제나 그랬듯 인생의 길을 걸어간다. 그 길은 베들레헴과 모압, 모압과 베들레헴 사이에 펼쳐져 있다. 그런데 이 인생 노정은 '슈브'로 가득 차 있다. 그래서 우리의 귀에는 계속하여 "슈브", 즉 돌아가라는 음성이 들린다. 그런데 그 음성의 절반은 성령의 소리다. 우리가 사랑하는 사람, 정말 우리를 아껴 주는 사람, 우리의 장래를 걱정하는 사람의 소리일 수 있고, 나머지 절반은 사탄이 우리를 유혹하면서 "슈브, 슈브"라고 말하는 것일 수도 있다. 여섯 번씩 서로 팽팽하게 우리의 귀에 들려온다. 반은 "베들레헴으로 돌아가라" 하고 또 반은 "모압으로 돌아가라"고 유혹한다. 그러므로 우리는 잘 들어야 한다. 누가 하는 말인지, 어디로 돌아가라는 말인지 잘 분별하여 판단해야 한다.

그리스 신화에 보면 상반신은 아름다운 여성이고 하반신은 새의 형상을 한 사이렌siren이라는 바다 괴물이 나온다. 사이렌은 매혹적인 노랫소리로 뱃사람들을 유혹해 배를 난파시켰다. 그런데 그 해역을 오디세우스Odysseus가 지나가게 되었다. 그는 자신의 몸을 돛대에 묶어 놓고 부하들의 귀는 밀랍으로 막았다. 드디어 사이렌이 뱃사람들을 유혹하기 시작하자 오디세우스는 그 즉시 노래로 대항하며 무사히 그 해역을 통과했다. 그러자 오디세우스를 유혹하는 데 실패한 사이렌들은 자존심이 상해 스스로 바위에 몸을 던져 자살하고 만다.

우리 안에도 이런 소리가 계속하여 들린다. 한편에서는 베들레헴으로, 은혜의 자리로, 축복의 자리로, 신앙의 자리로, 하나님을 두려워하는 자리로, 말씀의 자리로, 주일성수와 예배의 자리로, 하나님 자녀의 자리로 돌아가라는 소리가 들린다. 또 한편에서는 모압으로 돌아가라는 유혹의 메시지, 음란, 방탕, 불신앙, 세속, 우상 숭배, 돈 숭배, 세상적인 즐김, 야유회, 동창회, 골프, 말씀을 떠나는 자리로 돌아가라는 속삭임이 들린다.

어떤 소리를 들을 것인가

'슈브'는 에덴동산에서 저 멀리 골고다 언덕까지 팽팽하게 이어지고 있다. 하나는 이리로 가라 하고, 또 하나는 저리로 가라 한다.

"선악을 알게 하는 나무의 열매는 먹지 말라 네가 먹는 날에는 반드시 죽으리라" 창 2:17.
"하나님이 참으로 너희에게 동산 모든 나무의 열매를 먹지 말라 하시더냐" 창 3:1.

에덴동산에서 하나님의 소리와 사탄의 소리가 함께 들렸다. 그때 아담과 하와는 누구의 소리를 더 귀담아들었는가? 그들은 뱀의 소리인 "모압으로 돌아가라"는 뜻의 '슈브'를 들었다. 예수 십자가 사건을 앞에 놓고 빌라도가 재판정에 앉아 있다. 그 현장에 그의 아내가 사람을 급히 보내 이렇게 충고한다.

"저 옳은 사람에게 아무 상관도 하지 마옵소서 오늘 꿈에 내가 그 사람으로 인하여 애를 많이 태웠나이다 하더라" 마 27:19.

그러나 빌라도는 아내의 충고를 듣지 않고 누구의 소리를 들었는가?

"그들이 큰 소리로 재촉하여 십자가에 못 박기를 구하니 그들의 소리가 이긴지라" 눅 23:23.

빌라도 역시 "모압으로 돌아가라"는 소리를 들었다. 그때 주님은 사형 언도를 내리는 빌라도에게 의미심장한 한 말씀을 던지신다.

"무릇 진리에 속한 자는 내 음성을 듣느니라" 요 18:37.

성경을 자세히 살펴보자. 성경에 등장하는 모든 인물은 예외 없이 그들의 인생 행로에서 "슈브"라는 소리를 듣고 있다. 그런데 그 소리는 언제나 한 방향으로 '돌아오라'는 것이 아니라 서로 정반대의 방향으로 돌아오라고 말한다. 이때 어느 방향을 선택하고, 그로 인해 어떤 발자취를 남기느냐에 따라 바로 룻기에 등장하는 네 사람이 남긴 발자취 중 하나를 남기게 된다. "슈브", 즉 돌아가라는 음성 앞에서 각자 판단하고 결정 내린 길을 걷기 시작한다. 엘리멜렉은 베들레헴에서 모압으로 돌아갔고, 오르바는 모압에서 다시 모압으로 돌아갔다. 나오미는 베들레헴에서 모압으로 왔으나 다시 베들레헴으로 돌아갔고, 룻은 모압에서 베들레헴으로 돌아갔다.

한 번뿐인 인생길에서 어떤 길을 선택하며 걸어가느냐는 대단히 중요한 일이다. 학생 시절 영어 교과서에 실린 로버트 프로스트Robert Frost의 "가지 못한 길"을 읽었던 기억이 새롭다.

노랗게 물든 숲속의 두 갈래 길

몸 하나로 두 길 갈 수 없어

아쉬운 마음으로 그곳에 서서

덤불 속으로 굽어든 한쪽 길을

끝까지 한참을 바라보았다.

그러고는 다른 쪽 길을 택했다.

똑같이 아름답지만 그 길이 더 나을 법하기에.

하, 먼저 길은 나중에 가리라 생각했는데!

하지만 길은 또 다른 길로 이어지는 법.

다시 돌아오지 못할 것을 알고 있었다.

지금으로부터 먼먼 훗날 어디에선가

나는 한숨 쉬며 이렇게 말할 것이다.

어느 숲속에서 두 갈래 길 만나 나는-

나는 사람이 적게 다닌 길을 택했노라고,

그리고 그것 때문에 모든 게 달라졌다고.

그렇다. 우리는 지금 노중에 있다. 우리 앞에 두 갈래의 길이 펼쳐져 있다. 그중 어떤 길이 정말 가치 있고 나를 위한 길인지 알 수 없다. 길은 또 다른 길로 이어지기에 때때로 엉뚱한 길로 빠지기도 한다. 지금 삶의 뒤안길에 서서 생각하면 마음속에 그때 가지 못한 길에 대한 회한이 가득하다. 차라리 그때 그 길로 갔더라면….

그럼 어떻게 해야 후회 없는 발자취를 남길 수 있을까? 방법은 한 가지다. 길이요, 진리요, 생명이신 예수 그리스도께 우리를 의탁하는 것이다. 길 자체이신 주님께 내 모든 것을 맡길 때 주님이 진리로 우리를 이끄실 것이다.

"예수께서 이르시되 내가 곧 길이요 진리요 생명이니 나로 말미암지 않고는 아버지께로 올 자가 없느니라" 요 14:6.

주님은 길일 뿐 아니라 말씀 자체이시다.

"태초에 말씀이 계시니라 이 말씀이 하나님과 함께 계셨으니 이 말씀은 곧 하나님이시니라" 요 1:1.
"말씀이 육신이 되어 우리 가운데 거하시매 우리가 그의 영광을 보니 아버지의 독생자의 영광이요 은혜와 진리가 충만하더라" 요 1:14.

말씀이신 주님의 음성을 듣고 그분만 따라간다면 결코 후회하지 않는 삶을 살게 될 것이다.

"자기 양을 다 내놓은 후에 앞서 가면 양들이 그의 음성을 아는 고로 따라오되" 요 10:4.

그분의 음성을 들으려 할 때 갈 길을 인도해 주시고 분명하게 판단할 수 있는 지혜를 허락하여 주실 줄 믿는다.

당신은 지금 어떤 모양의 발자취를 남기고 있는가? 어디에서 출발하여 어디를 향해 나아가고 있는가? 혹시 엘리멜렉과 같은 발자취를 남기고 있지는 않은가? 오르바와 같이 부름을 받았음에도 되돌아가고 있지는 않은가? 룻과 같이 모압에서 베들레헴으로 향하는 발자취를 남기길 바란다. 그게 아니라도 늦지 않았다. 나오미처럼 다시 베들레헴으로 돌아가는 발자취의 주인공이 될 수 있기를 소원한다. 엘리멜렉과 오르바는 모압으로 돌아서는 순간 역사에서 그들의 이름은 사라지고 말았다. 그러나 룻과 같이 비록 좁고 협착하여 미래가 보장되지 않는다 할지라도 그 진리의 길을 선택하며 걸어간다면 하나님은 반드시 나로 하여금 '은혜의 타작마당'에 이르게 하실 것이다.

-7장-

상실 후의 은혜

. . .

"이에 그 두 사람이 베들레헴까지 갔더라 베들레헴에 이를 때에 온 성읍이 그들로 말미암아 떠들며 이르기를 이이가 나오미냐 하는지라 나오미가 그들에게 이르되 나를 나오미라 부르지 말고 나를 마라라 부르라 이는 전능자가 나를 심히 괴롭게 하셨음이니라 내가 풍족하게 나갔더니 여호와께서 내게 비어 돌아오게 하셨느니라 여호와께서 나를 징벌하셨고 전능자가 나를 괴롭게 하셨거늘 너희가 어찌 나를 나오미라 부르느냐 하니라 나오미가 모압 지방에서 그의 며느리 모압 여인 룻과 함께 돌아왔는데 그들이 보리 추수 시작할 때에 베들레헴에 이르렀더라."

−룻기 1:19−22

산산이 부서진 모압 드림

'아메리칸 드림'American dream, 즉 미국이 모든 사람에게 성공의 기회를 준다는 이 말은 기회 균등이 보장된 미국 사회에서 능력을 발휘해 돈과 명예를 얻어 보겠다는 의미다. 한국인에게 이 말은 단순히 문자적 의미 이상의 그 무엇인가가 있다. 현재 전 세계에서 미국으로 유학을 간 학생 수가 63만여 명인데, 그중 9만여 명이 한국 유학생이라고 한다. 이 숫자는 영주권자와 시민권자를 뺀 수치이므로 이들을 포함하면 그 수는 훨씬 늘어난다. 이 수치 하나만으로도 미국이 한국 사람에게 선망의 대상이라는 사실을 부정할 수 없다. 토플 접수 대란이 일어난 적이 있다. 비자 발급을 위해 늘어선 줄은 끝이 보이지 않을 정도다. 그렇다 보니 미국 대

사관 직원들은 고압적이며 사무적으로 사람을 대할 뿐 아니라 불친절할 때가 종종 있다. 그러나 모두들 그 앞에서 고분고분하게 말하고 행동하며 "OK"라는 이 한마디를 학수고대한다. 그렇다면 과연 아메리칸 드림은 실재하는가?

사사시대에 모압은 오늘의 미국과 같았다. 모든 것이 풍족했는데, 특히 땅이 비옥했다. 이 사실은 민수기 22장, 32장을 통해 알 수 있다. 출애굽을 한 이스라엘 백성이 드디어 요단강 동쪽 모압 땅에 이르렀다. 이제 조그마한 강 하나만 건너면 가나안 땅이다. 그런데 그들은 더 이상 앞으로 나아가려 하지 않고, 그곳에 눌러앉기를 바랐다. 그 땅을 기업으로 달라고 요청하는 지파까지 생겨났다. 그들은 모세가 죽을 때까지 그곳에 머물렀다. 홍해도 건넌 그들이 아니었던가! 홍해에 비하면 아무것도 아닌 요단강을 건너지 않고 그들은 그곳에 오랫동안 머물러 있었다. 그 이유가 무엇인가? 그들은 모압 땅을 기회의 땅, 매력적인 땅으로 생각했기 때문이다.

그래서 우여곡절 끝에 가나안 땅에 들어가 분배받은 땅에 살면서도 전에 맛보았던 모압을 포기하거나 잊지 않고 막연히 '모압 드림'을 꿈꾸었다. 엘리멜렉 가정도 예외는 아니었다. 그러던 중 흉년이 닥치자 기회다 싶어 가산을 정리하고 가나안 땅 베들레헴을 뒤로한 채 동경하던 땅 모압으로 이주했다. 그곳으로 가면 대반전을 꾀할 수 있으리라는 생각으로 미련 없이 떡집을 떠났다.

그러나 그들의 모압 드림은 산산이 부서지고 말았다. "꽝" 하는 순간 그렇게 자신만만했던 남편이 제일 먼저 "퍽" 하고 쓰러진다룻 1:3. "꽝꽝" 하니 믿었던 두 아들이 시야에서 연기처럼 사라져 버린다룻 1:5. 몇 번의 굉음과 함께 의지하고 기대했던 모든 것이 한 줌의 재로 변했다. 그야말로 모압 드림은 신기루에 불과했다.

나오미에게 남편과 두 아들의 죽음은 완전한 상실을 의미한다. 그래서 1장 곳곳에 죽음이라는 단어가 널려 있다. 남편과 두 아들만 사라진 것이 아니다. 십여 년의 세월이 흐르는 과정에서 젊음과 재산, 의욕도 모두 사라져 버렸다. 가슴속에 실낱같이 남아 있던 희망과 꿈까지 물거품이 되어 버렸다. 재기를 위한 그 어떤 것도 남아 있지 않은 빈털터리가 되고 말았다.

만약 당신이 오늘의 나오미라면 이 상황에서 어떻게 처신하겠는가? 믿고 의지했던 모든 것을 잃어버린 상태에서 어떻게 행동하겠는가? 많은 사람이 이런 절망적인 상황에서 자살을 시도하며 매일 40여 명의 사람이 목숨을 끊는다.

베들레헴으로 가는 좁은 길

이런 절망적인 상황에서 나오미는 어떻게 행동하는가?

나오미는 움직이기 시작한다. 직접 들은 것도 아닌 소문에 불과한 소리, 하나님의 신발 소리만 듣고 모압에서 일어나 떡집인 베들레헴으로 돌아가기로 결심했다. 사실 이것은 결코 쉬운 결정이 아니었다. 모압에는 남편과 두 아들의 무덤이 있고 십여 년간 흘린 그녀의 땀과 눈물이 배어 있다. 무엇보다도 빈손으로 돌아간다는 것은 자존심 상하는 일이었다. 출세해서 돌아가는 것도 아니고, 빈털터리가 되어 돌아가는 그녀의 모습을 보고 얼마나 많은 말을 하겠는가! 뒤에서 쑥덕거리는 소리를 듣는 것이 죽기보다 싫었을 것이다. 그러나 나오미는 이런 일을 감수하고서라도 돌아가기 위해 자리를 털고 일어났다.

자리를 털고 일어나긴 했지만 베들레헴으로 돌아오는 길이 결코 만만치 않았음을 짐작할 수 있다. 우선 자신의 마음을 추스르는 일이 결코 쉽지 않았다. 모압에 대한 미련이 계속 머리에 맴돌면서 '정말 잘한 결정인가' 하는 갈등과 회의가 그녀를 괴롭혔다. 이 사실을 어떻게 알 수 있는가?

첫째, 나오미가 두 며느리에게 하는 말을 통해 그 마음을 엿볼 수 있다.

> "나오미가 두 며느리에게 이르되 너희는 각기 너희 어머니의 집으로 돌아가라 너희가 죽은 자들과 나를 선대한 것 같이 여호와께서 너희를 선대하시기를 원하며"룻 1:8.

나오미는 두 며느리에게 돌아가라고 설득한다. 그러자 결국 한 며느리가 돌아갔다. 이제 그녀는 남은 또 한 명의 며느리 룻을 설득하기 시작한다.

> "나오미가 또 이르되 보라 네 동서는 그의 백성과 그의 신들에게로 돌아가나니 너도 동서를 따라 돌아가라"롯 1:15.

사실 이것은 갈팡질팡인 자신의 심정을 간접적으로 드러낸 것이다. 8절에는 "어머니의 집"이라고 말했지만 9절에서는 "남편의 집"이라고 말한다. 오르바와 룻의 남편 집은 누구의 집인가? 바로 나오미 자신의 집이다. 지금 그녀의 몸은 베들레헴을 향해 가고 있지만 그녀의 마음은 아직 모압에 대한 미련으로 가득 차 있다. 나오미가 두 며느리에게 한 말은 사실 자신에게 한 말이다.

둘째, 모압과 베들레헴 사이에 펼쳐진 길을 살펴보니 발자국이 하나같이 모압을 향해 찍혀 있었다. 모압으로 가는 길은 넓고, 베들레헴으로 향하는 길은 좁다마 7:13 5:12-13. 남자 셋과 여자 하나의 발자국이 모압으로 향하고 있다룻 1:1. 그리고 또 한 여자의 발자국이 다시 모압으로 향하고 있다룻 1:14. 베들레헴으로 향하는 발자국은 하나도 없다. 그래서 나오미는 혼란스러워하며 갈등한 것이다.

셋째, 그녀의 귀에 계속해서 "슈브"라는 소리가 귓전을 두드렸다. 베들레헴으로 돌아가라는 소리와 함께 모압으로 돌아가라는 소리도 들렸다. 그것도 여섯 번, 여섯 번씩 말이다. 서로 팽팽하게

1부 | 인생에 찾아온 흉년 | 115

이쪽저쪽에서 "돌아오라"고 그녀를 불렀다. 그러니 어느 장단에 맞춰 춤을 춰야 할지 알 수가 없었다. 어느 길이 옳은 길인지 분별하기가 힘들었다.

넷째, 무엇보다도 그녀를 괴롭고 힘들게 했던 것은 하나님에 대한 회의로 믿음이 흔들렸다는 점이다. 그들이 베들레헴에 이르렀을 때 사람들은 모두 놀라움을 금치 못하면서 한마디씩 던진다. "이이가 나오미냐?"라고 묻는 사람들에게 그녀는 "나를 나오미라 부르지 말고 마라라 부르라"고 대답했다. 그 다음 무슨 말이 이어지는가?

"이는 전능자가 나를 심히 괴롭게 하셨음이니라 내가 풍족하게 나갔더니 여호와께서 내게 비어 돌아오게 하셨느니라 여호와께서 나를 징벌하셨고 전능자가 나를 괴롭게 하셨거늘"룻 1:20-21.

이 말 속에서 무엇을 발견할 수 있는가? 남편이 죽고, 두 아들까지 가슴에 묻으면서 하나님에 대한 적개심과 분노가 그 마음속에 가득 찼을 것이다. "하나님, 왜 하필이면 접니까! 왜 저에게 이런 고통을 주십니까? 사랑의 하나님으로 알고 있는데 저에게 왜 이런 큰 괴로움을 안겨 주신답니까?"라고 하면서 마음속으로 '이런 하나님을 믿어야 한단 말인가?'라고 원망했을 것이다. 그녀는 지금 하나님을 믿는 신앙에서 떠나기 일보 직전이다. 덧붙여서 사탄까지 베들레헴으로 향하는 그녀의 마음을 흔들어 놓고 있다. 이렇게 떡집으로 가는 길은 순탄치 않았다.

베들레헴에 예비하신 축복

룻기 1장 19절을 보면 베들레헴이 두 번 나온다. 22절에는 모압이 동일하게 두 번 나온다. 그런데 22절에 무엇이 다시 한 번 언급되는가? 베들레헴이 한 번 더 언급된다. 이것은 극심한 갈등에도 그녀가 기어이 베들레헴에 이른 것을 말해 준다^{창 12:5}. 모든 것을 상실하고 그 마음속에 유혹과 갈등이 가득했지만 그녀는 '베들레헴으로 돌아가자, 다시 한 번 하나님을 붙잡자'라고 각오하며 고향으로 돌아왔다. 이렇게 돌아온 나오미를 위해 하나님은 놀라운 은혜와 축복을 예비해 놓고 계셨다. 그것이 무엇인가?

"나오미가 모압 지방에서 그의 며느리 모압 여인 룻과 함께 돌아왔는데 그들이 보리 추수 시작할 때에 베들레헴에 이르렀더라"룻 1:22.

여기에는 하나님이 예비하신 축복이 세 가지 나타난다. 사람, 때, 장소가 그것이다.

첫 번째 축복은 룻이 그녀와 함께하는 은혜다. 돌아오는 나오미 곁에 누가 함께하고 있는가? 룻이라는 모압 여인이다. 남편과 자식들, 오르바까지 모두 떠났다. 그런데 룻은 끝까지 나오미와 함께했다. 사실 이 여인은 보잘것없는 존재였다. 이방 여인이요, 역시 남편 없이 홀로된 여인이었다. 그런데 이 여인으로 말미암아 나오미가 복을 받기 시작했다. 큰 은혜를 입는다. 이 여인을 통해 가문이 다시 일어나고, 그 가문에서 다윗이 태어나고 예수 그리스도가 탄생하게 된다. 그리고 룻도 나오미로 말미암아 복을 받기 시작한다. 나오미가 축복의 통로가 되어 주었다. 베들레헴에 오기 전에는 그렇지 않았다. 그녀와 함께한 사람들은 하나같이 복을 받지 못했다. 그의 남편도 죽고 자식들도 죽었다. 그러나 이제는 아니다. 베들레헴으로 돌아오자 그녀와 함께한 자가 복을 받는 놀라운 역사가 시작되었다. 다시 말하면 나오미가 이제 축복의 통로가 되기 시작했다는 말이다. 이렇게 서로에게 축복의 통로가 되는 은혜를 하나님께서 허락하셨다.

욥의 아내를 생각해 보자. 우리가 욥의 아내에 대해 크게 오해하는 것이 있다. 욥은 모든 것을 잃어버렸다. 사랑하는 자식들, 그 많던 재산, 여기에 건강까지 잃어버렸다. 재 구덩이에 앉아 기왓장으로 헌 데를 긁어야 하는 기막힌 신세가 되었다. 그때 아내가 욥에게 무엇이라고 말하는가?

> "그의 아내가 그에게 이르되 당신이 그래도 자기의 온전함을 굳게 지키느냐 하나님을 욕하고 죽으라" 욥 2:9.

이처럼 욥의 아내는 듣기 민망한 말을 했다. 그러나 이 말을 하고 그의 아내가 떠났는가? 하나님을 욕하고 믿음에서 떠났는가? 욥의 아내는 욥을 떠나지 않았다. 욥기서 마지막을 보면 욥은 다시 아들 일곱과 딸 셋을 얻는다 욥 42:13. 누구를 통해 얻었을까? 바로 이 아내를 통해 얻었다. 그의 아내는 처참한 상황에서 말은 그렇게 했지만 남편 곁을 떠나지 않았다. 하나님을 떠나지 않았다. 욥은 참 좋은 아내를 두었다. 그는 이 아내 덕택에 다시 하나님의 은혜를 입는 자가 되었다.

요셉은 어떠한가? 그도 모든 것을 잃어버렸다. 겨우 얻었던 보디발 집의 총무 자리에서도 쫓겨난 채 깊은 감옥에 던져졌다. 내일을 기약할 수 없는 감옥에 말이다. 그런 그의 곁에 한 사람이 있었는데, 술 맡은 관원장이다. 이를 통해 하나님의 놀라운 기적이 나타났다 창 41:9-14.

나아만이라는 사람도 마찬가지다. 나아만은 건강을 잃었다. 그 당시에 나병은 불치병이요, 저주스러운 병이었다. 그런데 그 집 주방에 포로로 잡혀 온 한 어린 소녀가 있었다. 그녀는 하나님이 나아만에게 베푸신 은혜의 상징이었다.

"그의 여주인에게 이르되 우리 주인이 사마리아에 계신 선지자 앞에 계셨으면 좋겠나이다 그가 그 나병을 고치리이다" 왕하 5:3.

지금 당신 옆에 누가 있는가?

지금 만나게 하시고, 함께 인생의 길을 걸어가게 하는 바로 그 사람이 당신의 룻인지도 모른다. 하나님은 그를 통해 당신을 축복하길 원하신다. 축복의 통로로 그를 내 곁에 두신 것이다. 따라서 내 남편, 내 아내를 사랑해야 한다. 우리 곁에 있는 교우들을 사랑하고 교역자를 사랑해야 한다. 하나님은 은혜를 베푸시되 그 사람을 통해 은혜 베풀기를 원하고 계시기 때문이다.

하나님이 예비하신 두 번째 축복은 '보리 추수 시작할 때'의 은혜다. 이것은 대단히 상징적이다. 때를 주관하는 분은 하나님이시다. 그 하나님이 나오미에게 '보리 추수 시작할 때', 즉 가장 적절한 때에 돌아오도록 은혜를 허락하셨다. 때는 중요한 조건이다.

작년에 부동산이 한때 호황을 누렸다. 그야말로 미친 듯이 값이 올랐다. 그러나 작년 말 늦게 대출을 받아 부동산을 구입한 사람들은, 지금 죽을 고생을 한다. 후회막급이다. 주식이 오른다고 주식에 투자했다가 패가망신한 사람이 어디 한둘인가! 사업도 마찬가지다. 어떤 브랜드나 메뉴가 괜찮다는 소문을 듣고 퇴직금을 다 쏟아 부었다. 그런데 그게 막차였다. 때는 이처럼 중요한 조건이다.

> "그는 때와 계절을 바꾸시며 왕들을 폐하시고 왕들을 세우시며 지혜자에게 지혜를 주시고 총명한 자에게 지식을 주시는도다" 단 2:21.

하나님은 나오미에게 보리 추수 시작할 때, 가장 적절한 때에 돌아오게 하셨다. 누가 때를 주관하시는가? 하나님께서 듣게 하셨고, 일어나게 하셨고, 그리고 가장 적절한 때에 돌아오게 하셨다. 이것이 바로 은혜다.

세 번째 축복은 베들레헴에 이르게 하신 은혜다. 이는 제일 좋은 장소에 이르게 하셨다는 뜻이다. 그 베들레헴에서 이 가문은 회복되는 은혜를 맛보고 물질의 부요함도 맛본다. 더 나아가 이곳에서 다윗이 탄생하고, 인류의 구원자인 예수 그리스도가 탄생하시는 복된 장소가 되었다. 이 얼마나 놀라운 은혜인가!

상실 후에 베풀어 주시는 은혜

모든 것을 상실했지만 다시 돌아왔을 때 하나님은 '그 후의 은혜'를 예비해 놓고 허락해 주신다. 하나님은 나오미에게 꼭 필요한 사람을 붙여 주셨다. 하나님은 그녀에게 가장 적절한 때를 허락하셨다. 하나님은 그녀에게 축복의 장소에 이르게 하셨다.

당신은 지금 무엇을 상실했는가? 사랑하는 가족을 잃었는가? 사업에 실패했는가? 건강과 꿈과 명예를 잃었는가? 그래서 더 이상 살아갈 이유를 발견하지 못한 채 탄식하고 있는가? '돌아오는 방법' 한 가지밖에 없다. 떡집으로 돌아오는 것이다. 하나님은 돌아올 때 반전의 기회를 허락하여 주신다. 상실 후에 은혜를 베풀어 주신다.

다윗이 사랑하는 아들을 잃고 절망 중에 있을 때 하나님은 여디디야, 곧 솔로몬을 주셨다삼하 12:25. 아들을 간절히 기다리던 사라에게 경수가 끊어져 버렸다. 얼마나 상심했겠는가? 그러나 하나님은 그 후에 이삭을 은혜로 허락하셨다. 아담은 예기치 못한 상황에서 아벨을 잃었다. 상심한 그에게 하나님은 셋을 선물로 허락하셨다창 4:25. 모세는 모든 것을 상실한 채 팔십이 되어 하루하루 죽지 못해 살아가고 있었다. 그런 그에게 하나님은 이스라엘 역사상 가장 위대한 지도자가 되는 은혜를 베풀어 주셨다출 3:1-2. 모든 것을 상실한 사람들에게 하나님은 은혜를 베풀어 주신다.

모든 것을 잃어버린 자리에서 일어나 베들레헴으로 돌아오기만 하면, 아니 우리의 인생에 길이 되어 주시는 주님께 몸을 맡기고 그분을 따라가기만 하면 나오미에게 허락하신 은혜를 오늘 우리에게도 허락해 주신다. 우리가 꼭 만나야 할 사람을 우리의 인생 여정에 동행시켜 주시고, 우리에게 적절한 때를 허락하시며, 우리가 꼭 가야 할 장소에 이르게 해주실 것이다. 이처럼 상실 후에 베풀어 주시는 은혜를 체험하는 주인공이 되기를 바란다.

"나오미가 모압 지방에서

그의 며느리 모압 여인 룻과 함께 돌아왔는데

그들이 보리 추수 시작할 때에

베들레헴에 이르렀더라"

룻 1:22.

2부
순종으로 들어간 은혜의 타작마당

—

우리가 주님의 밭, 교회에 오게 된 것은 우연이 아니다. 예수를 만나게 된 것도 결코 우연이 아니다. 하나님의 특별한 섭리와 간섭이 있었기에 가능했다. 이젠 다른 밭으로 가지 말기를 바란다. 이 밭에서 생활하기를 바란다. 이 밭의 주인, 즉 우리 주님과 동행하기를 바란다. 그분은 '유력자'이고 '보호자'이고 '인도자'이시다. 또한 '자비로우신' 분이다.

- 8장 -

'우연'과 '마침'의 만남

. . .

"나오미의 남편 엘리멜렉의 친족으로 유력한 자가 있으니 그의 이름은 보아스더라 모압 여인 룻이 나오미에게 이르되 원하건대 내가 밭으로 가서 내가 누구에게 은혜를 입으면 그를 따라서 이삭을 줍겠나이다 하니 나오미가 그에게 이르되 내 딸아 갈지어다 하매 룻이 가서 베는 자를 따라 밭에서 이삭을 줍는데 우연히 엘리멜렉의 친족 보아스에게 속한 밭에 이르렀더라 마침 보아스가 베들레헴에서부터 와서 베는 자들에게 이르되 여호와께서 너희와 함께 하시기를 원하노라 하니 그들이 대답하되 여호와께서 당신에게 복 주시기를 원하나이다 하니라 보아스가 베는 자들을 거느린 사환에게 이르되 이는 누구의 소녀냐 하니 베는 자를 거느린 사환이 대답하여 이르되 이는 나오미와 함께 모압 지방에서 돌아온 모압 소녀인데 그의 말이 나로 베는 자를 따라 단 사이에서 이삭을 줍게 하소서 하였고 아침부터 와서는 잠시 집에서 쉰 외에 지금까지 계속하는 중이니이다."

― 룻기 2:1-7

나오미를 지배하는 율법적 사고

이스라엘 속담에 "아버지가 신 포도를 먹었으므로 아들의 이가 시다"겔 18:2라는 말이 있다. 이 속담의 뜻은 아버지가 죄를 지으면 자식이 그 죗값을 치러야 한다는 말이다. 즉 아버지의 행동이 아들에게 그대로 영향을 미친다는 의미다. 이 같은 공동체적, 집단적 숙명론은 사실 모세 율법에 그 기초를 두고 있다.

"나 네 하나님 여호와는 질투하는 하나님인즉 나를 미워하는 자의 죄를 갚되 아버지로부터 아들에게로 삼사 대까지 이르게 하거니와 나를 사랑하고 내 계명을 지키는 자에게는 천대까지 은혜를 베푸느니라"출 20:5-6.

우리는 집단적 숙명론을 뒷받침할 수 있는 사건을 구약성경 곳곳에서 발견한다. 대표적인 예로 아간이 범죄했을 때, 그뿐 아니라 그 가족 전체가 아골 골짜기에서 돌무더기가 되었다수 7:26. 다윗은 밧세바와 동침한 후 그 사실을 감추려고 우리아를 전쟁터에 보내 죽게 하는 파렴치한 행동을 했다. 그런데 그 뒤 어떤 일이 일어났는가? 다윗과 밧세바 사이에서 아이가 태어나자마자 중병으로 이레 만에 죽어 버린다삼하 12:18. 또한 다윗은 말년에 인구 조사를 강행했다. 이 일로 말미암아 죄 없는 백성 7만여 명이 전염병으로 죽었다삼하 24:15. 솔로몬이 우상 섬기는 범죄를 저지르자 그로 인해 아들 대에 이르러 나라가 둘로 나뉘고, 그때부터 이스라엘은 쇠퇴기에 접어든다.

이런 성경적 배경으로 그들은 개개인을 독립된 개체로 보기보다 어디까지나 공동체에 속한 구성원으로 간주함으로써 집단과 운명을 같이하는 것으로 이해하는 데 익숙해졌다. 그래서 아버지가 잘하면 아들이 자연적으로 복을 받고, 아버지가 잘못하면 자식들도 똑같이 벌을 받는다고 여겼다. 아버지가 구원받으면 자식은 마치 줄사탕처럼 같이 천국에 간다는 그런 사고가 지배적이었다. 이것을 '율법적 사고'라고 부른다.

나오미도 예외가 아니었다. 어떻게 그것을 알 수 있는가? 나오미는 지금 자신을 따라가겠다는 두 며느리를 극구 돌려보내려고 한다. 그것이 단지 인간적인 계산 때문이었을까? 물론 그런 이유도 없는 것은 아니지만, 더 결정적인 이유가 있다.

"나오미가 그들에게 이르되 나를 나오미라 부르지 말고 나를 마라라 부르라 이는 전능자가 나를 심히 괴롭게 하셨음이니라"룻 1:20.

이 말씀 속에 담겨진 뜻은 "하나님의 징계가 지금 이 집안에 임하고 있다. 남편이 죽고, 두 아들이 죽는 것을 보지 않았느냐. 재산을 모두 탕진하고, 대가 끊기는 현장을 목도하지 않았느냐? 지금 이 집안은 하나님의 심판을 받고 있다. 그러므로 너희가 이런 집안과 얽히는 것은 전혀 도움이 되지 않는다. 설령 너희가 아무 잘못이 없다 할지라도 이 집안 식구라는 이유 하나만으로 너희도 똑같이 징계와 심판을 받을 것이다. '아비의 죄는 적어도 삼사 대까지' 이르게 될 것이다. 그러니 돌아가라. 제발 우리하고 인연을 끊고 너희 어머니 집으로 돌아가라"는 것이다룻 1:8. 그녀의 머릿속은 도무지 깨뜨릴 수 없는 고정관념인 집단적·율법적 사고로 가득 차 있다.

룻이 품은 은혜적 사고

그런데 이 율법적 사고에 과감히 도전장을 내민 한 여인이 있었다. 바로 룻이란 모압 여인이다. 이런 룻에게 끈질기게 붙어 다니는 수식어가 하나 있다. 그것은 '모압'이란 단어다. "모압 여인", "모압에서 돌아온", "모압 소녀"룻 1:22, 2:2, 6. 마태에게 세리, 라합에게 기생이라는 수식어가 늘 따라다니며 괴롭게 했듯 룻에게 붙어 다니는 '모압'이란 단어는 하나의 멍에였다. 모압은 단순히 요단강 동쪽에 위치한 어떤 지명이나 이스라엘 백성이 아닌 이방인이라는 뜻만을 담고 있지 않다. 모압 속에는 '저주받은 민족'의 후예라는 뜻이 담겨 있다. 때문에 히브리 민족이 가진 집단적이고 율법적인 사고에 따르면 모압은 아무리 발버둥치고 애를 써도 축복받을 수 없고 구원받을 수 없는 자라는 뜻이다.

그런데 룻은 그들처럼 패배주의와 부정적인 고정관념에 사로잡혀 주저앉아 있지 않았다. 그녀의 입에서 "내가 누구에게 은혜를 입으면"룻 2:2이라는 놀라운 말이 터져 나온다. 그녀는 지금 은혜를 꽉 붙잡고 있다.

기독교는 은혜의 종교다. C. S. 루이스의 말대로 "은혜란 기독교를 규정짓는 가장 적합한 단어"인 것이다. 이는 집단적이지 않다. 이런 점에서 볼 때 『가계에 흐르는 저주를 이렇게 끊어라』(이윤호, 베다니출판사)라는 책 제목은 무척 선정적인 느낌을 준다. 가계에 과연 저주가 흐르고 있는 걸까?

룻은 은혜적 사고를 가슴에 품었다. 여기서 은혜적 사고란 무엇인가? 하나님은 아무리 많은 죄를 범했을지라도 용서해 주신다. 하나님은 결코 아버지의 죄를 자식에게 전가시키지 않으신다. 하나님은 아버지 때문에 자식이 피해 보는 일은 없게 하실 것이다. 부모가 잘 믿는다고 해서 자식이 자동적으로 천국에 가는 게 아니다. 구원은 철저히 개인적이다. 하나님과의 관계는 언제나 일대일의 관계다. 이것이 바로 은혜적 사고의 핵심이다.

룻의 이런 은혜적 사고는 나오미가 가졌던 율법적 사고와는 사뭇 다르다. 룻은 당시 지배적이었던 이런 부정적이고 율법적인 사고를 과감히 떨쳐 버리고 '은혜'란 단어 하나만 붙잡고 일어선다. 인간적인 계산을 했다면 그녀는 시어머니를 따라나서지 않았을 것이다. 나오미의 충고가 하나부터 열까지 다 옳았기 때문이다. 늙은 시어머니가 어떻게 아들을 낳겠는가? 설령 아들을 낳는다 할지라도 언제 그 아이가 커서 결혼하여 자식을 낳을 수 있단 말인가룻 1:12-13. 그러기에 만약 룻이 집단적이고 율법적인 사고에 젖어 있었다면 결코 시어머니를 따라나서지도 않았을 것이다. 하나님의 심판을 받고 있는 집안, '삼사 대까지 벌을 받는' 망해 가는 이 집안과 굳이 연결될 필요가 없다고 생각했을 것이다. 그러나 "내가 누구에게 은혜를 입으면"2절, 즉 내가 누구에게 은혜를 입기만 한다면 분명히 놀라운 역사가 자신이 처한 삶의 현장에 일어날 거라는 믿음이 있었다. 이것이 모압에서 일어나 베들레헴으로 향하게 했고, 어머니를 붙좇게 했다. 그리고 이 은혜가 그녀를 보리밭으로 가게 했다.

이처럼 룻을 룻 되게 한 원동력은 은혜다. 비록 자신의 형편과 처지가 절망적일지라도 은혜만 입으면 무엇이든 가능하다고 여겼다. 하나님의 은혜만 입으면 언제든지 상황은 반전될 수 있다고 믿었다. '어머니가 믿는 하나님은 율법의 하나님이신지 모르지만 내가 믿는 하나님은 은혜의 하나님이시다'. 바로 이런 생각이 룻을 강하게 지배했다. 하나님은 이런 룻을 실망시키지 않으시고, 놀라운 은혜로 찾아오신다.

하나님은 은혜의 하나님이시다. 우리에게 은혜 베풀기를 기뻐하신다. 이 은혜는 우리의 환경을 초월한다. 생각과 경험, 이성을 초월한다. 이 은혜는 대대로 내려오는 율법도 덮어 버린다. 룻은 이 은혜를 붙잡았다. 저주스러운 민족의 후예, 이방인, 과부, 징계 중에 있는 것처럼 보이는 집안의 며느리였지만 그녀는 하나님의 은혜를 의심하지 않고 믿었다.

'우연'과 '마침'을 통한 은혜

이런 룻에게 나타난 하나님의 은혜는 구체적으로 어떤 것이었는가?

> "룻이 가서 베는 자를 따라 밭에서 이삭을 줍는데 우연히 엘리멜렉의 친족 보아스에게 속한 밭에 이르렀더라" 룻 2:3.

여기서 '우연히'라는 단어를 놓치지 말라. 넓은 들판이 펼쳐져 있는 베들레헴은 무척 생소한 지역이었다. 그런데 그 넓은 보리밭 가운데 보아스의 밭으로 룻이 들어가게 된다. 성경은 이것을 '우연히'라고 표현한다. 정말 우연히 일어난 일일까? 이 구절은 '우연'이 아니라는 것을 강조하고 있다.

"마침 보아스가 베들레헴에서부터 와서 베는 자들에게 이르되 여호와께서 너희와 함께하시기를 원하노라 하니 그들이 대답하되 여호와께서 당신에게 복 주시기를 원하나이다 하니라"룻 2:4.

4절에서는 '마침'이라는 단어가 클로즈업된다. 룻이 넓게 펼쳐진 밭들 가운데 '우연히' 보아스의 밭으로 들어갔다. 그런데 그때 '마침' 보아스가 그 밭에 오게 된다. 이것을 과연 우연이라고 말할 수 있을까? 보아스는 1절에 소개된 대로 '유력한 자'다. 한마디로 보아스는 대단한 갑부 이상이다. 그런 사람이 추수하는 들녘에 무엇 때문에 친히 나오겠는가? 설령 나온다 할지라도 그 많은 밭 가운데서 하필이면 룻이 나와 있는 그날, 그 밭에 나온단 말인가? 마치 시계의 톱니바퀴보다 더 정교한 '마침'을 단지 '우연'이라고 지나쳐 버릴 수는 없다. 이것이 룻에게 나타난 은혜다.

'우연'과 '마침'의 절묘한 만남!
하나님은 룻의 '우연'과 보아스의 '마침'으로 그 보리밭에서 두 사람을 만나게 하셨다. 하나님의 은혜는 오늘도 이렇게 나타난다. 룻기를 보면 하나님은 한 번도 전면에 나타나지 않으셨다. 그러나 평범한 삶 속에서 하나님은 알 듯 모를 듯 은혜의 단비를 부어 주신다. '우연'과 '마침'이라는 단어를 적절히 사용하시면서 오늘도 전심으로 하나님을 찾는 사람에게 은혜를 베풀어 주신다. 하나님은 자연스럽게, 전혀 드러나지 않게 은혜의 손길을 펴신다.

어느 날 오후 6시 30분경, 1층 사무실 앞에 여러 명의 남자 교인이 서 있었다. 남성 중창단 연습을 막 마치고 귀가하는 중이었다. 한 집사님이 나에게 다가와 "목사님, 최창현 목사님이 안부 전하시던데요"라고 말했다. 익숙한 이름이 아니었다. "최창현 목사라고 전에 충정교회 이전할 때… 그분은 지금 신철원에 계세요." 그제야 7년 전 숨 가쁘게 돌아갔던 일이 주마등처럼 눈앞을 스쳐갔다.

1999년 9월 교회 이전을 결의하고 이곳 일산 땅을 계약했다. 그러나 사실 가진 돈이 없었다. 당시 예배 처소로 사용하던 건물을 처분해야만 잔금도 치르고 건축도 시작할 수 있었다. 그러나 그 일은 결코 만만치 않았다. 아니 거의 불가능해 보였다.

큰길에서 한참 떨어진 언덕배기, 골목길에 위치한 교회는 지은 지 너무 오래되어 계속 수리해야 하는 그것도 무허가 건물이었다. 게다가 주차장이라곤 차 한 대 겨우 주차할 수 있는 공간밖에 없었다. 그리고 교회 주변은 도심 공동화 현상으로 사람들이 빠져나가고 있는 상태였다. 여러모로 살펴봐도 유리한 조건이라고는 한 가지도 없는 이런 곳에 누가 들어와 10억이란 돈을 투자해 개척하겠으며, 기성 교회는 또 무엇 때문에 이런 곳에 들어오겠는가? 그러나 나는 기도했다. "하나님, 이 일을 해결해 주실 줄 믿습니다. 지금까지 예배드리던 이 건물이 예배 처소로 계속해서 남게 해 주십시오."

그러던 어느 날 감색 양복을 입고 흰 모자를 쓴 사람이 교회 안으로 들어왔다. "혹시 이 건물을 내놓으셨습니까? 학원으로 사용할 수 있는지 보려고 왔습니다." 나는 기도 제목과 맞지 않았지만 정성껏 교회 내부를 안내했다. 건물을 살펴보고 돌아간 후 그 다음 날 다시 와서 그는 자초지종을 털어놓았다. "사실은 제가 목삽니다." 알고 보니 그렇게 멀지 않은 곳에 위치한 감리교회 목사님이셨다. 그 목사님이 섬기는 교회는 경기대학교 옆에 있는데 학교가 캠퍼스를 확장하면서 교회 주변을 다 사들였다. 그러다 보니 그 교회만 외딴섬처럼 남게 되었고, 교인들이 예배를 드리려면 대학교 캠퍼스를 지나가야 하는 상황이 되고 말았다. 어쩔 수 없이 교회를 처분하지 않으면 안 되는 상황에 이르자 교회를 매각하기로 한 것이다. 그래서 급하게 예배 처소를 마련하기 위해 서울과 수도권을 다 찾아보았지만 이런저런 이유로 의견 조율이 되지 않았다고 한다. 결국 현재 교회 주변에다 예배 처소를 마련하기로 합의하고 장소를 찾던 중 충정교회에 관한 소문을 우연히 듣고 찾아오게 되었다고 했다.

그래서 나는 매각을 위한 몇 가지 이런저런 조건을 그 목사님께 제시했다.

"우리는 이 건물을 매각한다고 해도 이곳에서 일 년 더 예배를 드려야 합니다." "좋습니다." "우리는 십억을 생각하고 있습니다." "그것도 좋습니다." "지금 당장 잔금을 주실 수 있습니까?" "그것도 좋습니다."

도무지 믿기지 않을 정도로 모든 일이 일사천리로 풀려 나갔다. 이 일을 계기로 성도들이 하나님의 뜻을 깨닫고 마음을 하나로 모으게 되었다. 그때 그 모든 계약을 주도했던 사람이 바로 최창현 목사님이었다. 최 목사님은 그 일을 마친 다음 한 달 만에 다른 교회로 가셨다는 후문만 들었다. 이것이 과연 우연일까?

성경 속 '우연'과 '마침'의 만남

기도하는 요나에게 하나님이 나타나 말씀하셨다.

> "너는 일어나 저 큰 성읍 니느웨로 가서 그것을 향하여 외치라 그 악독이 내 앞에 상달되었음이니라 하시니라"욘 1:2.

요나는 이 말씀을 듣고 일어났지만, 니느웨로 가는 것이 두려웠다. 그래서 하나님 얼굴을 피하기 위해 욥바라는 항구로 내려갔다. 그때 '마침' 다시스로 가는 배를 만났다욘 1:3. 기원전 8세기 2,800년 전의 일이다. 다시스는 지금의 스페인으로, 이스라엘에서도 머나먼 이국땅이다. 그곳으로 가는 배가 한 달에 한 번 있었을까, 아니면 일 년에 한 번 있었을까? 그런데 요나가 욥바로 내려가니 '마침' 그곳에 다시스로 가는 배가 뱃고동을 울리고 있었다. 이 '마침'이 진정 우연이었을까?

열왕기상 22장에 보면 그 유명한 아합 왕이 등장한다. 이 왕도 유명하지만 왕후인 이세벨이 더 유명하다. 결혼하면서 자기 나라 우상을 가지고 들어와 온 이스라엘에 바알과 아세라 신을 섬기게 만든 장본인이 아닌가! 그 왕에 그 왕후였다. 마침 이 아합 왕은 아람 나라와 전쟁을 벌이려는 계획을 세웠는데, 전쟁에 앞서서 하나님께 그 뜻을 물어보고자 선지자들을 불렀다. 그러자 선지자 4백 명이 한결같이 "올라가소서 주께서 그 성읍을 왕의 손에 넘기시리이다"^{왕상 22:6}라고 말했다. 그러나 단 한 사람 미가야가 반대 의견을 내놓았다. 선지자 4백 명은 악한 신에 사로잡힌 거짓 선지자들이었던 것이다.

아합 왕은 4백 명의 의견을 받아들여 전쟁을 시작했다. 그러나 어쩐지 미가야의 예언이 자꾸 마음에 걸렸다. 그래서 아합은 변장을 한 후 왕이 아닌 것처럼 꾸미고 전쟁터에 나갔다. 그 전쟁터에서 한 사람이 '우연히' 활을 당겼다. 그런데 그 화살이 아합 왕에게 꽂혀 그는 그 자리에서 전사하고 말았다^{왕상 22:34}. 이것이 진정 우연일까?

저녁 무렵 아브라함은 그의 집 앞에서 길손을 만났는데, 잘 대접하고 싶다는 마음이 들었다. 아브라함이 정성을 다하여 대접하자 그들은 기쁜 마음으로 아브라함을 축복해 주었다^{창 18:10}. 그들의 축복대로 이듬해 이삭이 태어났다. 이것이 진정 우연일까?

당시 최고 권력자인 나아만이 일개 계집종을 만나 엘리사를 소개 받아 병 고침을 받게 된 것이 진정 우연일까?

결코 우연은 없다. '마침'도 없다. 모든 사건 속에는 하나님의 세밀하신 손길만 있을 뿐이다. 하나님의 은혜는 초자연적으로만 나타나는 것이 아니다. 하나님의 은혜는 우리 삶의 현장에서 보일

듯 말 듯, 그러면서도 무척 자연스럽게 나타난다. 하나님은 은혜의 하나님이시다. 하나님이 분명 은혜를 주시리라는 믿음으로 나아간다면 우리가 가는 곳이 바로 은혜의 장소가 된다. 우리가 만나는 사람은 은혜의 사람이 된다. 우리가 일하는 현장은 은혜의 현장이 된다. 우리가 서 있는 곳이 비록 떨어진 보리이삭을 주워야 하는 기막힌 현장이라 할지라도 그곳은 은혜가 된다. 이것을 믿는가?

지금 어떤 생각이 당신을 지배하고 있는가?

"우리가 하나님과 함께 일하는 자로서 너희를 권하노니 하나님의 은혜를 헛되이 받지 말라"고후 6:1.

혹시 우리에게도 나오미와 같은 인간적이고 율법적이고 집단적이며 숙명적이고 패배주의적 사고가 자리 잡고 있지는 않은가? 그렇다면 빨리 그 자리에서 벗어나길 바란다. 룻처럼 은혜적 사고의 주인공이 될 수 있길 바란다. 지금 당장 자리를 훌훌 털고 일어나 은혜의 밭으로 담대히 나아가라. 그래야 하나님의 축복을 체험할 수 있다.

은혜를 사모하며 모압을 떠나 베들레헴에 이른 룻에게 하나님은 하늘 문을 여시고 그냥 복을 쏟아 부어 주시지 않았다. 가만히 앉아 있는데 갑자기 호박이 넝쿨 채 굴러들어 오듯 축복이 부어진 것이 아니었다. 베들레헴이란 낯선 곳에 왔으나 그녀에게는 아무 일도 일어나지 않았다. 손에 쥔 것이 아무것도 없었다. 어떻게 해야 굶주림을 면할 수 있을지 고심해야 하는 나날을 보냈다. 그런 상황 속에서도 룻은 '은혜'라는 단어를 놓지 않았다. 이 단어를 붙잡고 낯선 들판, 외간 남자들이 있는 보리밭으로 나아갔다. "하나님은 분명 나에게 은혜를 내려 주실 것이다"라는 이 믿음 하나로 나아갔다. 이런 룻을 하나님은 실망시키지 않으셨다.

하나님은 은혜의 하나님이시다. 우리 안의 패배주의, 집단적 숙명주의를 날려 버리라. 생각의 전환은 곧 인생의 전환이다. 새로운 생각이 새로운 인생, 찬란한 미래를 열어 준다. 하나님의 은혜를 사모하라. 그리고 내일을 바라보며 묵묵히 삶의 현장에서 최선을 다하라. '우연'과 '마침'의 절묘한 만남이 우리 삶의 현장에서도 분명 일어날 줄 믿는다.

– 9장 –

딸아, 밭으로 갈지어다

. . .

"나오미의 남편 엘리멜렉의 친족으로 유력한 자가 있으니 그의 이름은 보아스더라 모압 여인 룻이 나오미에게 이르되 원하건대 내가 밭으로 가서 내가 누구에게 은혜를 입으면 그를 따라서 이삭을 줍겠나이다 하니 나오미가 그에게 이르되 내 딸아 갈지어다 하매 룻이 가서 베는 자를 따라 밭에서 이삭을 줍는데 우연히 엘리멜렉의 친족 보아스에게 속한 밭에 이르렀더라 마침 보아스가 베들레헴에서부터 와서 베는 자들에게 이르되 여호와께서 너희와 함께하시기를 원하노라 하니 그들이 대답하되 여호와께서 당신에게 복 주시기를 원하나이다 하니라 보아스가 베는 자들을 거느린 사환에게 이르되 이는 누구의 소녀냐 하니 베는 자를 거느린 사환이 대답하여 이르되 이는 나오미와 함께 모압 지방에서 돌아온 모압 소녀인데 그의 말이 나로 베는 자를 따라 단 사이에서 이삭을 줍게 하소서 하였고 아침부터 와서는 잠시 집에서 쉰 외에 지금까지 계속하는 중이니이다."

– 룻기 2:1-7

하늘 백성의 언어, 은혜

가정의 달인 5월은 하나님이 우리에게 주신 가족을 생각하는 달이다. 그중에서 첫 번째 주일은 어린이주일로 지킨다. 평소 자녀들은 주일학교에서, 부모들은 본당에서 예배를 드린다. 그러나 그날은 자녀들과 함께 온 가족이 나란히 앉아 예배를 드리니 참 보기가 좋다. 하나님도 이 모습을 기쁘게 보시며 우리의 예배를 받으실 줄 확신한다.

천지 창조를 마치신 하나님은 마지막 날 하나님의 형상과 모양대로 인간을 창조하셨다. 그리고 가정이라는 제도를 친히 만들어 우리에게 주셨다.

"여호와 하나님이 이르시되 사람이 혼자 사는 것이 좋지 아니하니 내가 그를 위하여 돕는 배필을 지으리라 하시니라" 창 2:18.

이 가정의 열매가 바로 자녀 아닌가! 자식이야말로 하나님이 우리에게 주신 기업이요, 태의 열매는 하나님이 주신 상급이다 시 127:3. 그러므로 가정의 3대 축인 남편, 아내, 그리고 자녀가 함께 드리는 이 예배를 하나님이 흐뭇해하며 받으실 줄 믿는다.

그러나 이런저런 사정으로 자녀를 두지 못한 가정, 자녀가 있지만 해외에 거주하거나 군 복무, 질병, 불신 등으로 예배를 함께 드리지 못하는 가정이 있을 것이다. 이런 가정을 위한 하나님의 특별한 위로가 있기를 소원한다.

"그때에 제자들이 예수께 나아와 이르되 천국에서는 누가 크니이까 예수께서 한 어린 아이를 불러 그들 가운데 세우시고 이르시되 진실로 너희에게 이르노니 너희가 돌이켜 어린 아이들과 같이 되지 아니하면 결단코 천국에 들어가지 못하리라 그러므로 누구든지 이 어린 아이와 같이 자기를 낮추는 사람이 천국에서 큰 자니라." 마 18:1-4.

그러므로 어린이주일 하루만이라도 우리 모두 하나님 앞에서 어린아이가 되었으면 한다. 하나님 앞에서 모두가 어린아이의 모습으로 예배드렸으면 좋겠다. 우리 모두 손을 머리에 올려 두 손으로 하트 모양을 만들어 보자. 그리고 하나님을 향하여, 곁에 있는 우리 가족을 향하여 이렇게 말해 보자.

"사랑합니다! 감사합니다! 고맙습니다! 축복합니다!"

한 조사기관에서 어린이날 어떤 선물을 받았으며, 어떤 선물을 받고 싶은가를 조사했다.

남자 아이가 갖고 싶은 어린이날 선물 베스트 5!!
1. 비디오 게임기
2. 휴대전화
3. 외식
4. 놀이동산 가기
5. 장난감

여자 아이가 갖고 싶은 어린이날 선물 베스트 5!!
1. 휴대전화
2. 비디오 게임기
3. 옷
4. 강아지
5. 액세서리 혹은 마론 인형

당신이 부모라면 자녀들에게 어떤 선물을 주고 싶은가?

많은 것, 좋은 것을 주고 싶다는 생각은 어쩌면 당연하다. 그러면 이 세상에서 어떤 것이 가장 귀한 선물이라고 생각하는가? 금,

은, 보석, 높은 지위, 부동산, 건강, 장수 등은 다 귀한 것들이다. 그러나 가장 귀한 것은 아니다. 그렇다면 가장 귀한 것은 무엇일까?

나오미가 드디어 베들레헴에 도착했다. 남편과 함께 베들레헴을 떠날 때는 그런대로 풍족했다. 또한 평소 자신도 동경하던 모압이었기에 못 이기는 체하며 남편을 따라 그곳으로 내려갔다. 그러나 그 결과는 참담했다. 가정의 대들보라고 할 수 있는 남편이 죽고, 이어서 두 아들마저 세상을 떠났다. 물론 가지고 갔던 재산도 그 와중에 다 날리고 말았다. 열두 해 동안 혈루증을 앓던 여인이 "가진 것을 다 허비"했듯이 말이다막 5:26. 이제 나오미의 곳간에는 사람도, 재물도, 희망도 텅 비어 버렸다. 텅 빈 집에 남은 것이라곤 며느리 룻뿐이었다. 이 룻과 함께 나오미가 베들레헴으로 돌아온 것이다.

그런데 룻의 입에서 뜻밖의 말이 튀어나왔다. 룻이 밭으로 나가 이삭을 줍겠다고 말한 것이다. 룻에게 베들레헴은 어떤 곳인가? 이방인인 룻에게는 그야말로 낯선 땅이었다. 여기에 저들 소유의 추수할 땅이 한 떼기라도 있는가? 자신을 반겨 줄 사람이 한 사람이라도 있는가? 자신과 교제를 나눈 친구가 한 사람이라도 있는가? 아무것도 없었다. 그야말로 "Nothing"이었다. 그런데 낯선 그곳에 도착하자마자 룻은 밭으로 가겠다고 나선다.

그녀는 자기 자신을 자학하거나, 다른 사람을 원망하지 않았다. 왜 나는 이런 기막힌 신세가 되었는가? 부모는 왜 이렇게 지지리도 못났는가? 나는 왜 이리도 박복한가? 이 집안은 왜 이렇게 되는 게 없는가? 왜 이렇게 찢어질 듯 가난한가? 얼마든지 이런 생각을 할 수 있는 처지였다. 하지만 그녀는 원망하거나 좌절하지 않았다. 오히려 정반대의 행동을 취했다. 밭으로 나가겠다고 허락을 구했다룻 2:2.

자기 소유의 밭 한 평도 없는 그 현장에서 그녀는 남들이 추수한 뒤 남겨진 보리이삭, 여기저기 뜨문뜨문 있는 그 보리이삭을 줍는다. 이 얼마나 한심하고 초라하기 그지없는 모습인가! 줍는 것도 변변치 않고 얼마나 자존심 상하는 볼품없는 모습인가! 그럼에도 그녀는 그 일에 최선을 다한다. 일꾼들이 추수한 다음 어쩌다 떨어뜨린 이삭을 줍는 일이었지만 그 일에 혼신의 힘을 쏟는다룻 2:7.

최근 우리나라에도 국제결혼이 일반화되어 가고 있다. 그중에서도 농촌 청년들이 베트남 혹은 필리핀 등의 동남아 여성과 결혼하는 경우가 빈번하다. 물론 결혼하여 행복한 가정을 꾸려 나가는 가정도 많다. 그러나 이런저런 씁쓰레한 뒷이야기도 무성하다.

한국 농촌 총각과 결혼한 한 베트남 여성을 예로 들어 보겠다. 남편이 결혼 후 얼마 지나지 않아 세상을 떠났다. 너무 갑자기 세상을 떠났기에 자식도 얻지 못했다. 그런 가운데 이 여성은 늙은 시어머니를 모시고 낯설고 물설은 이국땅에서 모진 삶을 살아야 하는 신세가 되었다. 배경이라고는 아무것도 없고 가진 것도 변변찮았다. 밭 한 떼기 논 한 뼘도 없었다. 말도 통하지 않았고 풍습도 낯설기 그지없었다. 그런 가운데 매일 밭에 나가 남정네들의 이상야릇한 눈초리를 의식하며 그들의 뒤꽁무니를 따라다니면서 이삭을 주워야만 연명할 수 있는 처지였다. 이 얼마나 딱한 노릇인가!

지금 룻은 이런 기막힌 신세가 된 것이다. 그러나 그녀는 불평하지 않고 자신에게 펼쳐진 그 삶의 현장에서 최선을 다해 부지런히 일했다. 룻이 이렇게 할 수 있었던 힘은 도대체 어디에서 나온 것일까? 자신도, 남도, 환경도 탓하지 않고 주어진 현실에 묵묵히 최선을 다하는 그 힘 말이다. 그녀의 입에서 나온 말을 들어 보자.

"내가 밭으로 가서 내가 누구에게 은혜를 입으면 그를 따라서 이삭을 줍겠나이다" 룻 2:2.

여기서 우리가 놓치지 말아야 할 중요한 단어가 있다. 그것은 '은혜'다. 이 은혜란 단어는 도대체 누구와 연관이 있는가? 페르시아의 수산 궁에서 술 맡은 관원장으로 일하던 느헤미야가 조국의 소식을 접하고 하나님 앞에 엎드려 울며 금식하고 간절히 기도하면서 이렇게 부르짖었다.

"주여 구하오니 귀를 기울이사 종의 기도와 주의 이름을 경외하기를 기뻐하는 종들의 기도를 들으시고 오늘 종이 형통하여 이 사람들 앞에서 은혜를 입게 하옵소서" 느 1:11.

요셉과 정혼한 마리아가 어느 날 천사로부터 아이를 낳게 될 것이라는 청천벽력 같은 말을 들었다. 이 말에 마리아는 깜짝 놀라 어찌할 바를 몰랐다. 그때 천사가 이렇게 말했다.

"마리아여 무서워하지 말라 네가 하나님께 은혜를 입었느니라"눅 1:30.

이처럼 '은혜'란 언제나 하나님과 연관지어 쓰임으로써 하나님을 떠올리게 하는 독특한 단어다. 이 말은 하나님을 믿고 신뢰하는 믿음의 사람 입에서만 나올 수 있는 단어다. 그런데 그 말이 지금 '모압 여인 룻'의 입에서 터져 나왔다. 그녀는 가슴 깊숙한 곳에 무엇을 간직하고 있는가? 그렇다. 믿음이다. 하나님을 신뢰하고 의지하는 믿음이다. 이 믿음이 있었기에 그녀는 묵묵히 여기까지 달려올 수 있었다. 이 믿음이 있었기에 세상의 여러 조건에 눈을 감을 수 있었다. 이 믿음이 있었기에 낯선 남의 땅, 보리밭에 나가겠다고 말할 수 있었다.

그렇다면 룻은 이 믿음을 누구로부터 물려받았는가?
지금 그녀 곁에 있는 늙은 나오미다. 가진 것 없고 쇠약해져 부양하지 않으면 한 끼 밥도 제대로 챙겨 먹을 수 없는 바로 어머니로부터 물려받았다. 나오미를 통해 룻은 금보다 귀한 믿음의 유산을 이어받았다.

이 사실을 알기에 이처럼 어렵고 힘든 처지에 던져져 절망할 수밖에 없는 상황에서도 결코 자신을 자학하거나, 삶을 포기하지 않을 수 있었다. 부모가 무언가 물려주거나 해준 것이 없지만 그 부모에 대해 원망하지 않았던 이유가 여기에 있다. 룻이 가장 소중하게 생각했던 것이 무엇인지 알 수 있다.

룻이 가장 귀하게 생각했던 것은 바로 '믿음'이었다. 나오미는 베들레헴으로 돌아오는 도중 두 며느리에게 돌아가라고 몇 번이나 강권했다. 그런데 그때 룻은 무엇이라고 말했는가?

"내게 어머니를 떠나며 어머니를 따르지 말고 돌아가라 강권하지 마옵소서 어머니께서 가시는 곳에 나도 가고 어머니께서 머무시는 곳에서 나도 머물겠나이다 어머니의 백성이 나의 백성이 되고 어머니의 하나님이 나의 하나님이 되시리니" 룻 1:16.

이 고백을 통해 룻의 마음을 읽을 수 있다.

그녀가 기어이 어머니를 따르겠다고 우기는 이유가 무엇인가? 그녀는 세상적인 어떤 유산도 기대하지 않았다. 그곳에 가면 백마 탄 어떤 왕자가 자신을 데려갈 것이라고 기대하지 않았다. 베들레헴에 가서 팔자 한번 고쳐 보리라 생각하지 않았다. 룻이 시어머니를 따라가겠다고 고집한 단 하나의 이유는 믿음이었다. 그녀는 시어머니로부터 물려받은 믿음의 유산을 가장 귀하게 생각했다. 시어머니로부터 물려받은 이 믿음이 그녀를 담대하게 만들었다.

어떤 상황에도 굴하지 않고 당당하게 행동하도록 만들었다. 이 믿음의 힘이 그녀를 낯선 밭으로 나갈 수 있게 했다.

가장 귀한 선물, 신앙의 유산

많은 일화를 남긴 세계 최고의 부자, 존 데이비슨 록펠러_{John Davison Rockefeller, 1839~1937}는 평생 많은 학교와 교회를 세웠다. 노벨상 수상자를 52명이나 배출한 시카고 대학교의 설립자이기도 한 그는 이 대학 교정에 하늘나라로 먼저 간 아내를 기념해 교회를 건축하여 헌당했다. 헌당 예배에서 《시카고트리뷴》의 한 기자가 노부호에게 물었다.

"록펠러 씨, 당신이 세계 제일의 부를 누리는 비결은 무엇입니까?"
"우리 어머니로부터 엄청난 유산을 상속받았기 때문입니다."
"유산을 얼마나 많이 받으셨는데요?"
"내가 받은 것은 물질적인 유산이 아니라 신앙의 유산입니다. 나는 너무 가난한 집에 태어나서 먹고 살기도 힘들었고 원하는 만큼 공부도 할 수 없었습니다. 하지만 어머니는 내게 중요한 것을 가르쳐 주셨지요. 내가 여섯 살 되던 해 어느 날 어머니는 '이제 네 발로 걸어 교회에 다니거라'고 하시면서 난생 처음 2달러의 용돈을 내 손에 쥐어 주셨습니다. 나는 너무 기뻐 냉큼 호주머니에 넣었습니다. 그랬더니 어머니는 '록펠러, 2달러는 너에게 준 것이지만 써서는 안 될 돈이 그 안에 있단다. 바로 십일조다. 너에게 생기는 수입에서 먼저 하나님께 드릴 십일조를 떼어야 한다'고 말씀하셨습니다. 그러고는 20센트를 따로 헌금 봉투에 담아 주셨지요. 이것이 가장 큰 유산이 되었습니다. '항상 십일조를 하나님 앞에 바쳐야 한다. 그러면 땅 위에 사는 동안 복받을 것이다.' 이것이 어머니께서 내게 가르쳐 주신 첫 번째 교훈이었습니다. 둘째 교훈은 '교회에서 예배드릴 때는 언제나 앞자리에 앉으라'는 것이었습니다. 셋째 교훈은 '교회에 가면 절대 목사님 말씀에 순종하라'는 것이었고, 마지막 교훈은 '교회에서 봉사하라'는 것이었습니다. 나는 이 신앙의 유산을 소중하게 간직하며 일생을 그렇게 살아왔습니다."

이렇게 일생을 산 록펠러는 세 가지 기적의 주인공이 되었다. 첫 번째 기적은 역사상 가장 가난했던 사람이 가장 부유하게 된 것이다. 두 번째 기적은 역사상 가장 많은 돈을 다른 사람들에게 나누어 주었던 사람이 되었고, 세 번째 기적은 장수했다는 것이다. 그는 98세까지 장수했는데, 치아가 하나도 상하지 않은 채 건강하게 살았다. 사실 그는 53세 되던 해에 "당신은 일 년 이상 절대 살 수 없다"는 사형선고를 받은 적이 있다. 이 청천벽력 같은 소리에 정신이 번쩍 든 그는 어머니로부터 물려받은 성경을 가슴에 품고 홀로 칩거해 성경을 읽고 또 읽었다. 그러던 중에 다음 구절이 눈에 들어왔다.

"주라 그리하면 너희에게 줄 것이니 곧 후히 되어 누르고 흔들어 넘

치도록 하여 너희에게 안겨 주리라 너희가 헤아리는 그 헤아림으로 너
희도 헤아림을 도로 받을 것이니라"눅 6:38.

록펠러는 그때까지 '모으는 것'에만 열중하고 그것이 전부라고 생각하며 그 재미로 살았다. 그런데 하나님은 "주라"고 말씀하셨다. '어차피 죽을 텐데, 그래 주자'라고 생각한 그는 다른 사람들한테 베풀면서 일 년을 지냈다. 그는 살아남았고, 그 다음 해에도 주면서 또 일 년을 보냈다. 다음 해에도, 그 다음 해에도 주면서 그렇게 십 년, 이십 년, 삼십 년을 보냈다. 그렇게 살다 보니 무려 98세까지 건강하게 살 수 있었다.

에이브러햄 링컨Abraham Lincoln, 그도 어려서 어머니를 여의고 새어머니 밑에서 아주 힘들게 성장했다. 그러나 그는 어머니로부터 물려받은 성경책을 가장 귀한 유산으로 생각했다. 그의 생애는 결코 평탄치 않았다. 무려 52세까지 그야말로 실패의 연속이었다. 주의원, 하원의원, 상원의원에 도전했으나 단 한 번도 당선된 적이 없었다. 그때마다 그는 성경책을 펴 들곤 했다. 그가 성경책을 펴 들었다는 것은 곧 어머니로부터 물려받은 믿음을 놓치지 않았다는 뜻이다. 그는 드디어 53세에 대통령으로 당선되어 미국 역사상 가장 위대한 발자취를 남긴 인물이 되었다.

지금 당신은 어떤 처지에 놓여 있는가?
가정은 어떤 상태이며, 부모님은 어떤 분인가? 자녀가 원하는

것이면 무엇이든 척척 해줄 수 있는 능력 있는 부모인가? 세상적으로 내놓아도 그 누구에게도 뒤지지 않는 부모인가? 자녀에게 넉넉하게 한밑천 장만해 줄 수 있는 재력을 가진 부모인가? 자녀가 크게 노력하지 않아도 앞으로 얼마든지 떵떵거리며 살아갈 수 있는 유산을 남겨 줄 수 있는 부모인가? 우리 주변에서 이런 부모를 둔 자녀들을 더러 찾아볼 수 있다.

그러나 현실은 그렇지 못한 부모가 더 많다. 나의 부모는 마치 나오미처럼 넉넉지 못하고 배운 것도 자랑할 것도 별로 없다. 뭘 하나 하려고 해도 별로 도움이 되지 못한다. 부모 때문에 잘나가는 친구나 동료들을 보면 기가 죽고 주눅이 든다. 그래서 "내 부모는 왜 이런가? 왜 나는 이런 가정, 이런 환경에서 힘겹게 살아야만 하는가?"라고 원망하는 마음까지 가지고 있는가?

그러나 룻처럼 부모를 통해 신앙의 유산을 물려받았다면, 예수를 알게 되었다면 그것으로 감사하길 바란다. 믿음만큼 귀한 유산은 없다. 어느 날 보니 자신이 교회 안에 있고 하나님을 아바 아버지라 부르며, 그 아바 아버지를 찬양하며 경배하는 사람이 되었다면 그것은 부모님 덕분이다. 어려운 일이 있을 때 하나님 앞에 엎드려 기도하는 사람이 되어 있다. 하나님을 의지하는 신앙의 인물이 되어 있다. 그렇다면 이것은 감사의 가장 귀한 조건이 된다. 믿음은 금보다 귀한 것이기 때문이다 벧전 1:7, 찬 450.

요셉, 다윗, 다니엘, 모세 등을 보라. 이들이 부모로부터 물려받은 것이 있었던가? 성장 과정에서 이들이 처한 환경은 또 어떠했는가? 물려받은 것 없이 모두 힘든 삶을 살았다. 그러나 그들은 환경을 탓하거나, 부모를 원망하지 않았다. 오히려 그들은 부모로부터 물려받은 믿음을 가장 귀한 것으로 생각하고, 그 믿음으로 삶의 현장에서 최선을 다했다. 하나님은 그들을 결코 외면하지 않으셨다. 그야말로 놀라운 은혜와 축복으로 그들을 채워 주셨다.

부모를 탓하지 말자. 환경을 탓하지 말자. 비록 부모님이 자신에게 세상적인 유산을 남겨 주지 못했다 할지라도 믿음의 유산을 남겨 주셨다면, 그것만으로도 감사해야 한다. 그리고 담대히 자신 앞에 펼쳐지는 밭을 향하여 '은혜', 이 한 단어를 붙잡고 나아가 그 현장에서 최선을 다하자. 그러면 하나님은 분명 놀라운 은혜를 베풀어 주실 것이다.

-10장-
축복의 통로, 밭

. . .

"나오미의 남편 엘리멜렉의 친족으로 유력한 자가 있으니 그의 이름은 보아스더라 모압 여인 룻이 나오미에게 이르되 원하건대 내가 밭으로 가서 내가 누구에게 은혜를 입으면 그를 따라서 이삭을 줍겠나이다 하니 나오미가 그에게 이르되 내 딸아 갈지어다 하매 룻이 가서 베는 자를 따라 밭에서 이삭을 줍는데 우연히 엘리멜렉의 친족 보아스에게 속한 밭에 이르렀더라 마침 보아스가 베들레헴에서부터 와서 베는 자들에게 이르되 여호와께서 너희와 함께하시기를 원하노라 하니 그들이 대답하되 여호와께서 당신에게 복 주시기를 원하나이다 하니라 보아스가 베는 자들을 거느린 사환에게 이르되 이는 누구의 소녀냐 하니 베는 자를 거느린 사환이 대답하여 이르되 이는 나오미와 함께 모압 지방에서 돌아온 모압 소녀인데 그의 말이 나로 베는 자를 따라 단 사이에서 이삭을 줍게 하소서 하였고 아침부터 와서는 잠시 집에서 쉰 외에 지금까지 계속하는 중이니이다."

-룻기 2:1-7

어버이주일에 다시 읽는 룻기

예배 강단을 지킨 지도 벌써 20년 가까이 된다. 그러나 일 년 52주, 매번 강단에 설 때마다 긴장과 부담감이 사라지지 않는다. 그중에서 가장 큰 부담감을 느끼며 강단에 설 때가 어버이주일이다. 이날을 앞에 놓고 끙끙 앓는다. 나 역시 두 자녀의 아버지이지만 한편에는 홀로되신 어머니, 또 한편에는 졸지에 사랑하는 아들을 잃고 눈물로 밤낮을 지새우는 장인, 장모님이 계신다. 물론 목사인 자식을 하나님께 드렸다고 생각하지만 이제 주변의 도움을 필요로 하는 입장에 있기 때문에 늘 가슴 깊숙한 곳에 무거운 쇳덩이가 자리 잡고 있는 것 같다.

그렇다 보니 효에 대한 말씀을 전할 때마다 무척 부담스럽다.

"나는 바담 풍 하지만 너는 바람 풍 하라." "나는 옆으로 걷지만 너는 똑바로 걸어라." 하지만 목사는 그렇게 할 수 없다. 한때 "너나 잘하세요"라는 유행어가 돌기도 했는데, 설교는 삶이 수반되지 않으면 안 된다. 부담이 생기지 않을 수 없다.

그러나 룻기를 통해 하나님이 나에게, 또 우리 모두에게 주시는 말씀으로 다시 한 번 힘을 얻었으면 한다. 룻기는 분량도 적고 줄거리도 단순하다. 한 가정에 관한 이야기가 전부다. 그렇다 보니 다 아는 내용이라고 가볍게 생각할 수도 있지만 백지 상태로 이 말씀을 대해야 한다. 이 말씀이 오늘 나에게 주는 은혜가 무엇인가 기대하는 마음으로, 그래서 어린아이와 같은 순진한 마음으로 이 말씀을 대할 때 은혜가 폭포수처럼 나타나게 될 것이다.

룻기를 대할 때는 문장 구조와 배열을 주의 깊게 살펴봐야 한다. 룻기에서는 중앙집중식 교차대구법을 많이 사용하고 있는데, 이런 문장 구조와 배열이 더 강한 메시지를 전달하고 있다.

룻기 1장의 모티브는 길이다. 베들레헴과 모압, 모압과 베들레헴 사이에 길이 펼쳐져 있다. 그 길을 따라 한 가정이 흉년을 피해 베들레헴에서 모압으로 내려간다. 그로부터 십여 년이 지난 후에는 다시 그 길을 따라 한 가정이 모압에서 베들레헴으로 돌아온다. 길이 모티브다. 그 길 위에서 들리는 음성이 있다. "슈브"라는 음성이다. 이 음성은 1장에서만 무려 열두 번이나 나온다. 여섯 번은 모압으로, 여섯 번은 베들레헴으로 돌아오라는 음성이다. 그래서 사람들은 이 음성을 따라 각자의 발자취를 남긴다. 한 사람은 베들레헴에서 모압으로, 또 한 사람은 베들레헴에서 다시 베들레헴으로, 다른 사람은 모압에서 다시 모압으로, 또 다른 사람은 모압에서 베들레헴으로의 발자취를 남긴다. 이것이 바로 1장의 내용이다.

밭에서 들린 음성 '헨'

반면에 2장의 모티브는 밭이다. 분위기가 갑자기 바뀌어 밭이 전체 배경이 되고 있다. 한 여인이 밭으로 나갔는데, 그곳은 '우연히'도 보아스의 밭이었다. '마침' 그 밭의 주인 보아스가 나타났다. 이렇게 만난 두 사람은 그곳에서 식사를 같이한다 14절. 이처럼 2장의 모티브는 밭이다. 그런데 밭에서도 음성이 들린다. 1장의 길에서는 "슈브"라는 음성이 들렸다. 그런데 2장의 밭에서는 "헨"khane이라는 음성이 계속해서 들린다. '헨'이 도대체 무엇인가?

헨의 의미는 은혜다.

"내가 누구에게 은혜를 입으면" 2절.
"당신이 어찌하여 내게 은혜를 베푸시며" 10절.
"내 주여 내가 당신께 은혜 입기를 원하나이다" 13절.

룻의 입에서 계속 "은혜"라는 말이 튀어나온다. 입을 열었다 하면 "은혜"를 외친다. 룻이 이렇게 "은혜, 은혜"를 외치자 옆에 있던 시어머니인 나오미도 그 영향을 받아 "은혜"를 외치는 것을 볼 수 있다.

> "그가 살아 있는 자와 죽은 자에게 은혜 베풀기를 그치지 아니하도다" 룻 2:20.

지금 룻은 마음속으로 은혜를 간절히 사모하고 있다. 이렇게 룻은 헨, 은혜, 하나님의 은혜를 사모한 여인이다. 은혜는 하나님, 그리고 믿음과 관련되지 않고서는 나올 수 없는 단어다. 헨, 헨, 헨, 이 단어가 그녀의 입에서 떠나지 않았다. 이렇게 은혜를 사모하자 하나님께서 룻에게 은혜를 주셨다. 은혜는 사모하는 사람에게 나타난다. 하나님은 은혜를 사모하는 사람에게 놀라운 은혜를 주신다.

은혜를 사모하는 룻에게 하나님은 어떤 방법으로 은혜를 주셨는가? 어느 날 갑자기 룻에게 하늘 문이 열렸는가? 그래서 은혜의 단비가 쏟아졌는가? 결코 그렇지 않다. 본문을 주의 깊게 살펴보라. 하나님은 은혜를 주시되 어떤 통로를 통해 그녀에게 은혜를 베풀어 주신다. 축복을 그냥 주시는 것이 아니라 어떤 통로, 즉 축복의 통로를 통해 은혜를 베풀어 주신다. 그렇다면 그 통로는 어떤 것인가?

보잘것없는 '밭'은 축복의 통로였다

먼저 룻이 서 있는 현장에 주목하라. 그 여인은 집 안에 칩거하거나 주저앉아 자신의 신세를 한탄하며 자학하지 않았다. 누구를 원망하지도 않았다. 그녀는 밭으로 나가 그곳에서 최선을 다해 보리이삭을 주웠다.

그런데 그 밭은 누구의 소유인가? 그 밭의 주인은 따로 있었다. 그러므로 그녀는 다른 사람의 밭에서 낯선 남정네들의 뒤꽁무니를 따라다니며 그들이 버린 이삭을 하나하나 주워야 하는, 실로 처량하고 한심스럽기까지 한 일을 하고 있는 것이다. 이 얼마나 자존심 상하고, 부끄러운 일인가. 하지만 순간순간 최선을 다하고 있었다.

이렇게 보잘것없는 일에 최선을 다하는 룻에게 드디어 하나님이 작업을 시작하신다. '우연히'3절와 '마침'4절이라는 두 단어를 절묘하게 이용하시면서 마치 톱니바퀴가 돌아가듯 룻과 보아스를 만나게 하셨다. 그리고 마음을 통하게 하시고, 결국에는 결혼에까지 이르게 하셨다. 이 일련의 과정이 사람의 눈으로 볼 때는 우연인 것 같지만 이는 결코 우연이 아니었다. 사람의 눈으로 볼 때는 '마침'인 것 같지만 결코 마침이 아니었다. 하나님의 세심한 손길과 간섭 가운데 놀라운 일이 밭에서 일어났다.

여기서 우리는 중요한 사실 하나를 발견할 수 있다.

그것은 룻 앞에 펼쳐졌던 그 밭, 그 한심한 밭은 룻을 위해 마련된 축복의 통로였다는 사실이다. 사람의 눈으로 볼 때 별 볼일 없는 남의 밭이었지만 하나님은 룻을 위해 그 밭을 축복의 통로로 준비해 놓으셨다. 오늘 우리가 일하고 있는 삶의 현장이 나를 위한 축복의 통로일 수 있다. 비록 그 현장이 보잘것없고, 별 볼일 없어 보인다 해도 그곳은 우리를 위해 예비해 놓으신 축복의 통로가 될 수 있다.

이 룻기와 쌍벽을 이루는 성경이 바로 아가서다. 아가서를 대할 때 먼저 풀어야 할 과제가 있다. "어떻게 주인공인 솔로몬 왕과 술람미라는 여인이 그 엄청난 신분의 차이를 뛰어넘어 그렇게 뜨겁게 사랑하고 결혼에 골인할 수 있었을까?" 하는 점이다.

그런데 아가서를 자세히 보면 그 해답을 푸는 장치가 하나 있다. 그것은 포도와 관련된 단어가 쉼 없이 등장한다는 것이다. 포도, 포도원, 포도원 지기, 포도원을 허는 작은 여우 등이다. 솔로몬은 포도주를 굉장히 좋아했다. 그러던 어느 날 농정 시찰차 왕궁을 빠져나와 한적한 길을 걸어가고 있었다. 그런데 저 멀리 포도원이 보이지 않는가! 평소 포도에 관심이 많았던 왕은 포도원으로 가까이 다가갔다. 그런데 한 여인이 그곳에서 열심히 일하고 있었다. 가까이 가서 들여다보는데도 이를 전혀 눈치 채지 못하고 열심히 일하고 있었다. 그녀의 풋풋하기 그지없는 모습이 몹시 신선하게 다가왔고, 그 모습에 솔로몬은 매혹되었다.

그러면 술람미라는 여인은 어떤 연유로 포도원에 가게 된 것일까? 술람미 여인은 부모나 형제들에게조차 인정받지 못하던 여인이었다아 1:6. 오죽했으면 그녀의 오빠들이 그녀를 미워하여 포도밭에 가서 일하라고 내쫓았을까? 그러나 그녀는 오빠들을 원망하거나 신세를 한탄하지 않았다. 자신이 일해야 할 포도원, 그 한적한 밭에서 열심히 일했다. 그런데 바로 그때 솔로몬 왕이 우연히 그곳을 지나가게 되었고, 마침 그곳에서 일하던 술람미 여인을 발견했다. 이것이 인연이 되어 두 사람은 결혼까지 하게 되었다. 이처럼 그 포도원은 술람미 여인을 위해 준비된 '축복의 통로'였다.

하나님은 이런 방법으로 우리에게 접근하고 또 축복해 주기를 원하신다. 당신은 지금 어떤 현장에 머물고 있는가? 분명한 사실은 오늘 우리가 일하고 있는 이 삶의 현장이 우리를 위한 축복의 통로라는 사실이다. 우리 눈으로 볼 때 너무 한심하고, 지금 하는 일이 보잘것없는 것처럼 보일지라도 그 밭에서 최선을 다할 때 하나님은 그 현장을 통해 축복해 주길 원하신다. 그러므로 지금 그 자리에서 최선을 다하라. 나의 이 환경, 삶의 현장을 축복의 통로로 삼으시고 축복해 주실 것이다. 은혜를 주실 것이다.

한 일간지에 9급 공무원인 이모 씨(27세)의 명함이 소개되었다. 그녀는 경기도 용인시청의 9급 공무원이다. 그곳에서 그녀는 이른바 시청의 큰 손으로 불렸다. 이 씨가 한 해에 다루는 기금만 해도 총액이 300억 원이다. 여기에 3,300억 규모의 투자 관련 사업 심의도 담당하고 있으니, 그야말로 신바람 나게 일하는 여성이었다. 반면에 똑같은 나이의 9급 공무원인 A씨는 "내가 이런 일을, 공익

근무요원이 해도 될 반복 업무를 해야 한단 말인가"라며 불평불만을 털어놓았다. 그는 이직을 결심하고 다른 직장을 찾고 있단다. 이 둘은 똑같이 동사무소에 첫 발령을 받았는데, 한 사람은 열심히 일하면서 창의적인 아이디어를 내고 맡은 일을 성실하게 수행했다. 반면에 다른 사람은 대학을 나왔는데, 고등학교만 나온 사람도 능히 할 수 있는 단순 업무만 한단 말인가 하며 마음을 잡지 못했다. 이런 자세는 불과 2년 뒤 두 사람의 인생을 완전히 갈라놓았다.

룻의 두 번째 축복의 통로는 나오미

두 번째, 더 중요한 축복의 통로가 있음을 놓쳐서는 안 된다. 룻과 보아스는 밭에서 만났다. 두 사람이 만났다고 해서 단번에 마음이 열리는 것이 아니다. 그런데 보아스가 처음 만난 룻에게 호의를 베푼다.

"보아스가 룻에게 이르되 내 딸아 들으라 이삭을 주우러 다른 밭으로 가지 말며 여기서 떠나지 말고 나의 소녀들과 함께 있으라"룻 2:8.

"식사할 때에 보아스가 룻에게 이르되 이리로 와서 떡을 먹으며 네 떡 조각을 초에 찍으라 하므로 룻이 곡식 베는 자 곁에 앉으니 그가 볶은 곡식을 주매 룻이 배불리 먹고 남았더라 룻이 이삭을 주우러 일어날 때에 보아스가 자기 소년들에게 명령하여 이르되 그에게 곡식 단 사이에서 줍게 하고 책망하지 말며 또 그를 위하여 곡식 다발에서 조금씩 뽑아 버려서 그에게 줍게 하고 꾸짖지 말라 하니라"룻 2:14-16.

보아스는 일하는 사람들에게 보리이삭을 일부러 조금씩 뽑으라고 말했다. 룻이 줍도록 말이다. 그렇다면 처음 만난 여인에게 이렇게 호의를 베푸는 이유가 도대체 무엇인가? 1번은 여자니까, 2번은 얼굴이 예쁘니까, 3번은 흑심을 품어서, 4번은 열심히 일하는 모습이 보기 좋아서다. 몇 번이 정답이라고 생각하는가? 대부분의 성도는 한결같이 4번이라고 답한다. 그렇다면 4번이 맞는 답인가? 그러나 모든 보기가 결정적인 이유는 아니다. 보아스가 그녀에게 호의를 베푼 진짜 이유는 따로 있었다.

"보아스가 그에게 대답하여 이르되 네 남편이 죽은 후로 네가 시어머니에게 행한 모든 것과 네 부모와 고국을 떠나 전에 알지 못하던 백성에게로 온 일이 내게 분명히 알려졌느니라"룻 2:11.

보아스는 밭에서 룻을 처음 만났지만 이미 그녀의 신상에 대해 들어 알고 있었다. 그녀의 어떤 이야기를 들어 알고 있었다는 말인가? 그녀가 시어머니에게 '행한 모든 것'을 들어 알고 있었다. 그 시어머니는 늙어 힘도 없고, 거기에 가난하기까지 해서 남겨 줄 유산도 없었다. 게다가 그녀는 남편까지 죽고 없었다. 함께 살던 동서는 적당히 눈치를 보다가 자신의 집으로 돌아갔고 그녀의 귀에는 "슈브"라는 소리가 계속해서 들린다. 도대체 어찌해야 하는 지 고민이 되지 않았겠는가? 그녀가 약삭빠르고 계산적이었다면 당연히 그 시어머니를 버리고 모압으로 돌아갔을 것이다. 뭐 하나 도움이 될 만한 것이 없는 그런 시어머니를 왜 바보스럽게 따른단 말인가? 그런데 룻은 그렇게 하지 않았다. 성경은 그가 어머니를 붙좇았다고 했다 룻 1:14.

옛날에 한 노인이 있었다. 그 노인의 허리춤은 늘 불룩했다. 노인은 그것이 금화라는 소문을 슬쩍 흘렸다. 그로 인해 자식들의 효성이 발동되어 병이 났다 하면 한걸음에 달려오곤 했다. 약제를 지어 오고, 갖은 애교를 부렸다. 무슨 일이 있다고 하면 너도 나도 앞장섰다. 모두 유산을 좀 더 받기 위한 속셈이었다.

그러던 어느 날 갑자기 아버지가 세상을 떠났다. 급히 달려온 자식들은 제일 먼저 아버지의 허리춤을 풀었다. 그리고 모두 뒤로 나자빠지고 말았다. 아버지의 허리춤에 금화는 없고 천으로 둘둘 감아 마치 금화를 차고 있는 것처럼 위장했기 때문이었다.

부모가 무엇을 가지고 있으면, 받을 유산이라도 있으면 그래도 자식 노릇을 하려고 한다. 그러나 더 이상 바랄 것이 없으면 부모고 뭐고 헌신짝 버리듯 버린다. 그런데 룻을 보라. 그녀가 낯선 땅에서 그것도 남의 밭으로 이삭을 주우러 간 이유가 무엇인가? 밭에서 이삭을 주우면서 잠시 쉴 것 외에는 한 이삭이라도 더 주우려고 수없이 허리를 폈다 굽혔다 한 진정한 이유는 자신의 배를 채우기 위해서가 아니었다. 늙은 어머니를 봉양하기 위해서였다. 그래서 혹시 떨어진 이삭이 없는지 살피며 남정네들의 뒤꽁무니를 쫓아 아침부터 저녁까지 이리 뛰고 저리 뛰었다룻 2:7.

보아스는 룻이 이렇게 어머니를 극진히 봉양한다는 사실을 익히 들어 알고 있었다. 그런데 어머니를 위해 저렇게 동분서주하며 최선을 다하는 룻을 직접 본 순간 과연 헛소문이 아니었구나 하고 생각한 것이다. 이런 이유 때문에 보아스는 그녀에게 호의를 베풀기로 한 것이다.

여기서 우리는 중요한 또 하나의 사실을 발견한다. 나오미는 늙고 가난하고 아무런 도움도 되지 않았지만, 그 시어머니는 룻을 위해 준비된 축복의 통로였다는 사실이다. 하나님은 룻을 축복하기 위해 어머니 나오미를 옆에 두신 것이다. 부모가 자녀를 위한 축복의 통로란 사실을 알고 있는가? 하나님은 부모를 통해 자녀들을 축복하길 원하신다.

"자녀들아 주 안에서 너희 부모에게 순종하라 이것이 옳으니라 네 아버지와 어머니를 공경하라 이것은 약속이 있는 첫 계명이니 이로써 네가 잘되고 땅에서 장수하리라"엡 6:1-3.

이 말씀의 뜻은 무엇인가? 부모 공경을 축복의 통로로 삼으시겠다는 말이다. 하나님은 부모 공경이라는 통로를 통해 자녀들에게 은혜와 축복을 주겠다고 말씀하신다. 부모는 자식을 위한 축복의 통로다. 당신의 부모님은 지금 어디에 계시는가? 부모님을 부담스럽고 거추장스러운 존재라고 생각하는가? 아무런 도움도 되지 못하고 오히려 짐만 된다고 생각하는가? 룻기는 시어머니와 며느리에 관해 언급하고 있다. 그렇다고 해서 며느리에게만 이 말씀을 주시는 것이 아니다. 시어머니에게 잘해야 한다는 뜻도 아니다. 자식들이 양가 부모에게 다 잘해야 한다는 뜻이다.

영화 "로마의 휴일"에서 그레고리 펙과 함께 열연했던 '오드리 햅번'을 기억하는가? 그야말로 만인의 우상이었던 그녀가 아들에게 이런 말을 남겼다.

"사랑하는 아들아! 네가 매혹적인 입술을 갖고 싶거든, 친절한 말을 하라. 예쁜 눈을 갖고 싶거든, 상대방의 좋은 점을 보아라. 늘씬한 몸매를 갖고 싶거든, 너의 양식을 배고픈 사람에게 나누어 주어라."

나는 여기에 "사랑받고 축복받는 사람이 되고 싶거든, 네 부모를 공경하라"고 한 줄을 더 보태고 싶다.

다음은 송강 정철의 시조다.

어버이 살아신 제

섬기기 다하여라.

지나간 후면 애달프다 어이하리.

평생에 고쳐 못할 일이 이뿐인가 하노라.

룻에게 그 형편없는 밭은 축복의 통로였다. 룻에게 그 늙고 거추장스러운 시어머니는 축복의 통로였다. 하나님은 오늘 우리에게 이런 방법을 통해 은혜 베풀기를 원하신다. 은혜를 주시되 축복의 통로를 통해 주길 소원하신다.

그 첫째는 지금 우리가 처한 밭, 삶의 현장이다. 하나님은 이 현장을 축복의 통로로 삼으셔서 우리에게 은혜 베풀기를 원하신다. 설령 지금 처한 환경과 처지가 아무리 기막히다 할지라도 하나님이 은혜를 주시면 분명 놀라운 일들이 일어나고, 전혀 예기치 못한 일들이 우리 삶의 현장에 나타난다. 그러므로 은혜를 사모하면서 자신의 밭에서 최선을 다하는 자가 되길 바란다. 룻처럼, 술람미 여인처럼, 요셉처럼, 다윗처럼, 모세처럼 말이다.

둘째, 부모님이다. 하나님은 부모님을 축복의 통로로 삼으셔서 우리에게 은혜 베풀기를 원하신다. 그러므로 부모님이 늙었다고 해서, 병들었다고 해서, 가진 것이 없는 빈털터리라고 해서, 무식하다고 해서, 볼품이 없다고 해서, 이제 아무 쓸모없다고 해서, 도움이 되지 않는다고 해서 함부로 대해서는 안 된다. 그분들은 축복의 통로다. 힘들겠지만 부모님께 최선을 다하라. 그것이 곧 자신을 위한 것이다. 하나님은 그 모습을 귀하게 보시고 축복해 주실 것이다.

-11장-

말을 타고 들어오는 또 하나의 축복

• • •

"보아스가 룻에게 이르되 내 딸아 들으라 이삭을 주우러 다른 밭으로 가지 말며 여기서 떠나지 말고 나의 소녀들과 함께 있으라 그들이 베는 밭을 보고 그들을 따르라 내가 그 소년들에게 명령하여 너를 건드리지 말라 하였느니라 목이 마르거든 그릇에 가서 소년들이 길어 온 것을 마실지니라 하는지라 룻이 엎드려 얼굴을 땅에 대고 절하며 그에게 이르되 나는 이방 여인이거늘 당신이 어찌하여 내게 은혜를 베푸시며 나를 돌보시나이까 하니 보아스가 그에게 대답하여 이르되 네 남편이 죽은 후로 네가 시어머니에게 행한 모든 것과 네 부모와 고국을 떠나 전에 알지 못하던 백성에게로 온 일이 내게 분명히 알려졌느니라 여호와께서 네가 행한 일에 보답하시기를 원하며 이스라엘의 하나님 여호와께서 그의 날개 아래에 보호를 받으러 온 네게 온전한 상 주시기를 원하노라 하는지라 룻이 이르되 내 주여 내가 당신께 은혜 입기를 원하나이다 나는 당신의 하녀 중의 하나와도 같지 못하오나 당신이 이 하녀를 위로하시고 마음을 기쁘게 하는 말씀을 하셨나이다 하니라."

—룻기 2:8–13

축복의 통로

얼마 전 교회에서 개안 수술과 불우이웃을 돕기 위한 바자회를 열었다. 정말 많은 사람이 관심을 가지고 원근 각처에서 참석하여 성황을 이루었다. 전도의 일환으로 이웃을 초청하여 함께 식사하며 교제 나누는 모습을 보노라니 마음이 참 흐뭇했다. 하나님께서 특별히 처음부터 마치는 시간까지 내내 좋은 일기를 허락해 주셔서 원만히 행사를 진행할 수 있었다. 동일한 시간대에 서울에서는 장대비가 쏟아지고 있다는 소식을 들었다.

이 행사에 각 전도회에서 많이 수고해 주었다. 사람이 굉장히 많이 모여 일찌감치 일을 끝내야 하는 부서도 있었고, 그렇지 못한 부서도 있었다. 아이템 때문일까? 그러나 안 팔리던 물건이 자리를 바꾸고 나자 금방 팔려 나갔다. 교회의 울타리 내에서도 목이 있었던 것이다. 좋은 길목을 차지한 팀은 쉽게 목표를 달성했다.

물고기를 잡을 때도 마찬가지다. 낚시를 어디에 드리우느냐, 그물을 어디에 내리느냐에 따라 전혀 다른 결과를 낳는다. 물고기가 다니는 통로가 있기 때문이다. 하늘의 비행기도 역시 다니는 길이 있다.

축복도 마찬가지로 통로가 있다. 이름하여 축복의 통로다. 하나님이 우리에게 은혜를 베풀어 주실 때 그냥 쏟아 부어 주시지 않는다. 통로, 즉 축복의 통로를 통해 주신다. 앞에서 우리는 그 축복의 통로가 어떤 것인지 말씀을 통해 확인했다. 룻 앞에 펼쳐진 보리밭은 룻을 위하여 준비된 축복의 통로였다. 다른 사람 소유의 밭에서 보리이삭을 주워야 하는 참으로 서글프고 비참한 신세였지만, 그 장소는 룻을 위한 축복의 통로였다. 비록 지금 처한 상황이 한심해 보일지라도 믿음으로 최선을 다할 때, 하나님은 그 현장에서 놀라운 축복을 내려 주신다. 하나님은 그 밭에 보물을 숨겨 놓으셨다.

또 하나, 그의 늙은 시어머니가 룻을 위한 축복의 통로였다. 보아스가 룻에게 관심을 가지고 호의를 베푼 것은 다른 이유가 있어서가 아니라 '시어머니께 행한' 그녀의 가슴 뭉클한 효성 때문이었다 룻 2:11. 비록 늙고 병들고 가진 것 없는 부모일지라도 하나님은 그 부모를 통해 "네가 잘되고 땅에서 장수하리라"는 축복을 내려주실 것이다. 자녀에게 부모 공경은 곧 축복의 통로다 엡 6:1-3; 출 20:12.

또 다른 축복의 통로

지금부터 앞에서 말하지 않은 중요한 다른 축복의 통로를 찾아보자. 룻기 1장의 모티브는 길이었고 2장의 모티브는 밭이었다. 밭은 삶의 현장이라고 말할 수 있는데, 특히 이 밭은 영적으로 우리가 몸담고 있는 교회라고 할 수 있다. 이렇게 볼 때 여기에 등장하는 사람들은 하나님을 믿는 자로서 교회 혹은 삶의 현장에서 천성을 바라보며 믿음의 경주를 하고 있는 자들이다. 그 과정에서 이런저런 인연으로 만난다. 그들 사이에 어떤 대화가 오가는지 살펴보자.

첫째, 나오미와 룻의 대화를 엿들어 보자.

"모압 여인 룻이 나오미에게 이르되 원하건대 내가 밭으로 가서 내가 누구에게 은혜를 입으면 그를 따라서 이삭을 줍겠나이다 하니 나오미가 그에게 이르되 내 딸아 갈지어다 하매" 룻 2:2.

하루 일과를 마치고 저녁에 돌아온 룻은 나오미와 다시 대화를 나눈다.

"시어머니가 그에게 이르되 오늘 어디서 주웠느냐 어디서 일을 하였느냐 너를 돌본 자에게 복이 있기를 원하노라 하니 룻이 누구에게서 일했는지를 시어머니에게 알게 하여 이르되 오늘 일하게 한 사람의 이름은 보아스니이다 하는지라 나오미가 자기 며느리에게 이르되 그가 여호와로부터 복 받기를 원하노라 그가 살아 있는 자와 죽은 자에게 은혜 베풀기를 그치지 아니하도다"룻 2:19-20.

나오미가 며느리 룻을 어떻게 부르고 있는가? "내 딸아, 내 딸아"라고 부른다룻 2:2, 22, 3:1. 가는 말이 고와야 오는 말도 곱다. 룻이 며느리로서 효성스러웠던 것은 사실이다. 그런데 나오미도 며느리를 마치 친딸처럼 대하고 아꼈던 것을 말씀 곳곳에서 발견하게 된다.

다시 한 번 대화를 엿들어 보자. 그들은 누구에 대해 대화를 나누는가? 보아스란 사람이다. 나오미는 그에 대해 이렇게 말한다. "너를 돌본 자에게 복이 있기를 원하노라"19절. "그가 여호와로부터 복 받기를 원하노라"20절. 나오미가 보아스를 위해 복을 빌고 있다. 룻도 보아스에 대해 고마운 마음을 담아 시어머니에게 말하는 것을 알 수 있다. 이들은 하나같이 보아스에 대해 좋은 말, 축복의 말을 한다. 그러면서 감사의 마음을 표현한다. 물론 보아스는 이들의 대화를 듣고 있지 않다. 이런 대화를 나누는지조차 모른다. 그럼에도 제삼자를 놓고 이야기하면서 좋은 점을 부각시키고 있다. 이전에는 비수와 같은 부정적인 말이 나오미의 입에서 나왔던 것을 기억하는가?룻 1:20-21 그러나 하나님의 밭으로 돌아온 나오미의 언어가 바뀌고 있다는 사실에 주목해야 한다.

두 번째, 보아스와 사환들 사이에 어떤 대화가 오가는지 살펴보자.

"마침 보아스가 베들레헴에서부터 와서 베는 자들에게 이르되 여호와께서 너희와 함께하시기를 원하노라 하니 그들이 대답하되 여호와께서 당신에게 복 주시기를 원하나이다 하니라" 룻 2:4.

보아스가 사환들에게 축복을 빌자 그들도 주인에게 축복을 빈다.

며칠 전 바로 옆에 위치한 마두 성당의 주임 신부님과 통화하면서 이런저런 얘기를 나누었다. 미사가 어떻게 진행되는지 물어보다가 새로운 것을 발견했다. 그들은 미사를 드릴 때 시작과 중간과 끝, 이렇게 세 번 꼭 사제와 신도들 간에 서로 복을 빌어 주는 시간을 갖는다고 한다. 신부가 먼저 "주님께서 여러분과 함께" 하고 인사하면 신도들도 신부를 바라보며 "또한 사제와 함께"라고 인사한다고 했다. 또 신부가 "주님의 평화가 여러분과 함께" 하고 축복하면 신도들도 "또한 사제와 함께"라고 화답한다. 이렇게 서로 축복하는 가운데 갈등과 분쟁은 사라지고 하나님의 축복이 임하게 될 것이다. 보아스와 사환 사이에 이어지는 대화를 좀 더 엿들어 보자.

"보아스가 베는 자들을 거느린 사환에게 이르되 이는 누구의 소녀냐 하니 베는 자를 거느린 사환이 대답하여 이르되 이는 나오미와 함께 모압 지방에서 돌아온 모압 소녀인데 그의 말이 나로 베는 자를 따라 단 사이에서 이삭을 줍게 하소서 하였고 아침부터 와서는 잠시 집에서 쉰 외에 지금까지 계속하는 중이니이다"룻 2:5-7.

사환은 룻에 대해 어떻게 말하고 있는가? 긍정적인가, 부정적인가? 룻이 이들의 대화를 듣고 있는가? 듣고 있지 않다. 역시 당사자가 듣고 있지 않는 가운데서 그에 대해 좋은 말과 긍정적인 평가를 내린다.

마지막으로 보아스와 룻의 대화를 엿들어 보자.

"보아스가 룻에게 이르되 내 딸아 들으라 이삭을 주우러 다른 밭으로 가지 말며 여기서 떠나지 말고 나의 소녀들과 함께 있으라 그들이 베는 밭을 보고 그들을 따르라 내가 그 소년들에게 명령하여 너를 건드리지 말라 하였느니라 목이 마르거든 그릇에 가서 소년들이 길어 온 것을 마실지니라 하는지라 룻이 엎드려 얼굴을 땅에 대고 절하며 그에게 이르되 나는 이방 여인이거늘 당신이 어찌하여 내게 은혜를 베푸시며 나를 돌보시나이까 하니 … 룻이 이르되 내 주여 내가 당신께 은혜 입기를 원하나이다 나는 당신의 하녀 중의 하나와도 같지 못하오나 당신이 이 하녀를 위로하시고 마음을 기쁘게 하는 말씀을 하셨나이다 하니라"룻 2:8-10, 13.

보아스와 룻은 신분상 서로 가까이 할 수 없는 사이였다. 남녀의 차이를 뛰어넘어 여러 면에서 극과 극을 이루고 있다. 룻은 이방인에다 홀로된 여인이요, 가난하기 그지없는 보잘것없는 사람이었다. 보아스의 입장에서 볼 때 상종할 가치조차 없는 그런 여인이었다. 그런데 보아스가 그녀를 얼마나 따뜻하게 대하고 있는지 보라. 룻도 겸손하게 감사하는 마음으로 그를 대하고 있다.

여기에 등장하는 나오미와 룻, 보아스와 사환, 룻과 보아스, 이들은 오늘 우리가 삶의 현장에서 만나는 여러 관계의 모델이다. 가정의 가족관계, 사회생활에서 맺어지는 고용자와 노동자, 이웃, 부부, 권력자와 서민, 노인과 젊은이, 부자와 가난한 자, 남자와 여자, 외국인과 내국인…. 이런 관계 속에서 우리는 흔히 대립의 각을 세우며 서로 갈등하는 양상을 보게 된다. 그런데 이들은 밭에서 만나 서로 복을 빌어 준다. 또한 서로를 위로하고 격려한다. 이 얼마나 아름다운 모습인가! 게다가 그 자리에 없는 사람에 대해 좋은 말과 칭찬의 말을 하고 있다 마 10:26-27; 시 45:1. 하나님은 이런 사람들을 크게 축복하신다.

또 다른 축복의 통로가 무엇인지 알겠는가? 그것은 말이다. 우리의 입에서 나오는 말이다. 말은 씨앗과도 같다. 입 밖으로 나온 말은 무의식 속에 심겨 생명력을 얻는다. 그리고 뿌리를 내리고 자라서 그 내용과 똑같은 열매를 맺는다. 지금 우리 입에서는 어떤 말이 나오는가?

> "죽고 사는 것이 혀의 힘에 달렸나니 혀를 쓰기 좋아하는 자는 혀의 열매를 먹으리라" 잠 18:21.

조엘 오스틴은 『긍정의 힘』에서 "우리의 말은 자신에게 하는 예언이다"라고 말했다.

축복을 가로막는 말

한 시대를 풍미한 학자요, 문화예술인이요, 한국의 대표적 지성으로 자타가 공인하는 이어령 전 문화부장관이 딸의 권유로 회심하고 세례까지 받았다. 그는 인간의 이성으로는 이해할 수 없는 신비로운 영성 체험과 딸의 기적적인 치유 역사를 목격하면서 이성과 지성의 영역을 뛰어넘는 영적 영역이 있음을 인정하게 되었고, 결국 예수 이름 앞에 무릎을 꿇었다. 그가 이런 말을 했다.

"같은 술이라도 잘 거르면 청주가 되고, 막 거르면 탁주가 된다. 막 걸렀다고 해서 막걸리다. 그래서 막일꾼들은 막노동을 하다가 막사발로 막걸리를 마시고 막김치로 안주를 삼는다. 그래서 막담배를 피우고 막신발을 신고 나간다. 여기까지는 좋다. 문제는 막자가 정신 영역으로 옮겨 와 말에 붙어 '막말'이 되어 버리면 사정은 심각해진다."

요즘 사람들이 쓰는 말은 너무 거칠고 천박스럽다. 그야말로

'막말'을 하는 위험 수준에까지 이르렀다. 학생들은 휴대전화를 많이 사용한다. 휴대전화에는 상대 전화번호가 입력되어 있어서 누구에게 전화가 왔는지 알 수 있다. 어느 여학생의 휴대폰이 울렸다. 핸드폰의 발신자를 확인해 보니 "미친 개소리"였다. 도대체 누구를 지칭하는 것일까? 자기 엄마란다. 옆에서 친구가 "개소리 그만 꺼"라고 말했다. 이건 실제 상황이다.

한국 사람처럼 '죽는다'는 말을 잘 쓰는 민족도 없다. 아침에 잠자리에서 일어나 눈을 부비며 하는 첫 마디가 "졸려 죽겠다"고, 저녁때 집으로 돌아와 옷을 갈아입으면서 "피곤해 죽겠다"고 말한다. 좋을 때는 좋아 죽겠고, 기쁠 때는 기뻐 죽겠다고 말한다. 헤어지면 "보고 싶어 죽겠고", 만나면 "반가워서 죽겠다"라고 말한다. 심지어 맛있는 음식을 먹을 때도 "둘이 먹다가 하나 죽어도 모른다"고 말하고 "추워 죽겠다", "더워 죽겠다" 등 죽겠다는 말을 입에 달고 다니는 사람에게 심혈을 기울여 그를 창조하신 하나님의 축복이 임하겠는가!

이해인 수녀는 "나를 키우는 말"에서 이렇게 말한다.

행복하다고 하는 동안은
나도 정말 행복해서
마음에 맑은 샘이 흐르고

고맙다고 말하는 동안은

고마운 마음 새로이 솟아올라
내 마음도 더욱 순해지고

아름답다고 말하는 동안은
나도 잠시 아름다운 사람이 되어
마음 한 자락 환해지고

좋은 말이 나를 키우는 걸
나는 말하면서
다시 알지.

특히 우리는 모였다 하면 다른 사람의 험담 늘어놓는 것을 너무 좋아한다.

"남의 말하기를 좋아하는 자의 말은 별식과 같아서 뱃속 깊은 데로 내려가느니라"잠 18:8.

험담은 그 사람에 대해 부정적인 생각을 갖게 만든다. 다른 사람을 깎아내리고, 한 사람을 바보로 만들기까지 한다.

축복의 언어가 가진 권세

사람의 말, 그중에서도 특히 크리스천의 말은 상상을 초월하는 영향을 미친다. 어느 정도인가? 우리 입의 말이 우리의 구원에 결정적인 역할을 한다.

"네가 만일 네 입으로 예수를 주로 시인하며 또 하나님께서 그를 죽은 자 가운데서 살리신 것을 네 마음에 믿으면 구원을 받으리라 사람이 마음으로 믿어 의에 이르고 입으로 시인하여 구원에 이르느니라"롬 10:9-10.

더 나아가 우리의 말은 기적까지 일으킨다.

"내가 진실로 너희에게 이르노니 누구든지 이 산더러 들리어 바다에 던져지라 하며 그 말하는 것이 이루어질 줄 믿고 마음에 의심하지 아니하면 그대로 되리라"막 11:23.

이런 일이 어떻게 해서 일어난 것인가?

"그들에게 이르기를 여호와의 말씀에 내 삶을 두고 맹세하노라 너희 말이 내 귀에 들린 대로 내가 너희에게 행하리니"민 14:28.

그러므로 하나님의 자녀들은 말을 축복의 통로로 활용해야 한다. 하나님은 혀를 축복의 통로로 주셨다. 그렇다면 축복의 통로가 되는 말이란 구체적으로 무엇일까?

"너희 말을 항상 은혜 가운데서 소금으로 맛을 냄과 같이 하라" 골 4:6.

첫째, 무엇보다 은혜로운 말을 하도록 힘쓰라. 룻기에 등장하는 인물들은 한결같이 서로에게 덕이 되고 은혜로운 말을 하고 있지 않는가? 이들은 서로를 축복하고 격려하는 대화를 나누고 있다. 한마디로 이들은 "위로하시고 마음을 기쁘게 하는 말씀" 룻 2:13 을 서로 나누었다.

둘째, 남에 대해 말할 때는 더욱 신중해야 한다. 가능한 다른 사람에 대해서는 좋은 말을 하라. 특히 당사자가 없는 자리에서 제삼자에 대해 말할 때는 긍정적인 말만 하라. 성경에 "어두운 데서 이르는 것을 광명한 데서 말하며 너희가 귓속말로 듣는 것을 집 위에서 전파하라" 마 10:27 고 했다. 우리가 한 말이 상대방에게 전달된다는 사실을 명심하라. 특별히 자녀 앞에서 다른 사람을 험담하는 것은 좋지 않은 행동이다. 그것은 자녀들의 인격과 신앙을 파괴하는 행위다.

마태복음 11장에서 예수님이 세례 요한에 대해 어떤 말씀을 하셨는지 살펴보자. 세례 요한이 감옥에 갇혔다. 캄캄한 감옥 속에 갇혀 있자니 마음이 약해지고 믿음까지 흔들렸다. 그가 예수께 심부름꾼을 보내 물었다. "오실 그 이가 당신이오니이까 우리가 다른 이를 기다리오리이까"마 11:3. 예수님은 이 질문에 대한 답을 하신 후 심부름꾼을 돌려보낸다.

사실 예수님의 입장에서 세례 요한의 질문은 서운할 수도 있는 것이었다. 왜냐하면 그가 예수님에 대해 의심하고 있기 때문이다. 하지만 예수님은 곁에 있는 제자들에게 "내가 진실로 너희에게 말하노니 여자가 낳은 자 중에 세례 요한보다 큰 이가 일어남이 없도다"마 11:11라고 말씀하셨다. 세례 요한이 듣고 있는가? 아니다. 그런데도 주님은 이렇게 칭찬의 말씀을 하셨다. 감옥에 갇혀 있는 세례 요한에게 필요한 것은 정죄가 아니라 격려였기 때문이다. 주님은 남에 대해 이렇게 격려하는 말, 축복하는 말을 아끼지 않으셨다. 부정적인 말, 왜곡된 말, 상대방을 깎아내리는 말은 공동체를 무너뜨린다.

셋째, 우리의 말에는 마음의 중심이 담긴 겸손함이 배어 있어야 한다.

"룻이 엎드려 얼굴을 땅에 대고 절하며 그에게 이르되 나는 이방 여인이거늘 당신이 어찌하여 내게 은혜를 베푸시며 나를 돌보시나이까 하니"룻 2:10.

하나님은 교만한 사람을 물리치시고 겸손한 사람에게 은혜를 베풀어 주신다 약 4:6. 우리가 겸손하게 대화를 나눌 때 하나님의 축복이 임한다. 다른 사람이 우리를 얽어매는 것이 아니라 우리의 말이 스스로를 규정짓는다. 우리가 한 말이 스스로를 얽어맨다는 말이다.

"각 사람의 말이 자기에게 중벌이 되리니 이는 너희가 살아 계신 하나님, 만군의 여호와 우리 하나님의 말씀을 망령되이 사용함이니라" 렘 23:36.

하나님은 우리에게 은혜를 주기 위해 축복의 통로를 예비해 놓으셨는데, 그것이 바로 말이다. 그 통로가 지금 어떻게 되었는가? 내 입에서 어떤 말이 튀어나오고 있는가? 입만 열었다 하면 불평, 원망, 비판, 부정적인 말, 정죄하는 말이 튀어나오지는 않는가.

남의 눈에 있는 티를 보기 전에 자신의 눈에 있는 들보를 볼 수만 있다면 우리는 하나님의 축복을 받을 수 있다 마 7:3-4. 다시 한 번 자신의 입을 점검해 보라. 그리고 서로 아껴 주고, 위하고, 축복하고, 상대에 대해 좋은 말을 하도록 노력하자. 이런 삶을 살아갈 때 하나님도 우리를 분명 축복해 주실 줄 믿는다.

- 12장 -

주 날개 밑으로 피하면

. . .

"보아스가 룻에게 이르되 내 딸아 들으라 이삭을 주우러 다른 밭으로 가지 말며 여기서 떠나지 말고 나의 소녀들과 함께 있으라 그들이 베는 밭을 보고 그들을 따르라 내가 그 소년들에게 명령하여 너를 건드리지 말라 하였느니라 목이 마르거든 그릇에 가서 소년들이 길어 온 것을 마실지니라 하는지라 룻이 엎드려 얼굴을 땅에 대고 절하며 그에게 이르되 나는 이방 여인이거늘 당신이 어찌하여 내게 은혜를 베푸시며 나를 돌보시나이까 하니 보아스가 그에게 대답하여 이르되 네 남편이 죽은 후로 네가 시어머니에게 행한 모든 것과 네 부모와 고국을 떠나 전에 알지 못하던 백성에게로 온 일이 내게 분명히 알려졌느니라 여호와께서 네가 행한 일에 보답하시기를 원하며 이스라엘의 하나님 여호와께서 그의 날개 아래에 보호를 받으러 온 네게 온전한 상 주시기를 원하노라 하는지라 룻이 이르되 내 주여 내가 당신께 은혜 입기를 원하나이다 나는 당신의 하녀 중의 하나와도 같지 못하오나 당신이 이 하녀를 위로하시고 마음을 기쁘게 하는 말씀을 하셨나이다 하니라."

— 룻기 2:8-13

마귀가 뿌려 놓은 씨앗, 불안과 근심

우리는 모두 하나의 공통점을 가졌는데, 바로 호흡한다는 사실이다. 이것은 살아 있다는 뜻이고, 살아 있다는 것은 불안과 근심을 느낀다는 것을 의미한다. 세상을 살아가면서 미래에 대한 불안을 느끼지 않는 사람이 있을까? 마음에 근심이 없는 사람이 있을까? 겉으로는 그럴듯하게 자신을 위장하면서 큰소리도 치고, 헛기침도 한다. 당당하게 폼도 잡아 보고 이런저런 자랑도 늘어놓지만 그것도 잠시일 뿐 불안과 근심이란 불청객이 언제 찾아왔는지 마음속 깊은 곳에 똬리를 틀고 앉아 주인 행세를 한다.

그래서 어느 대문호는 "이 세상에서 가장 벗어나기 어려운 것이 있다면 그것은 불안과 근심이라고 하는 마귀다"라고 말했다. 이 마귀는 시도 때도 없이 사람을 괴롭히고, 혼란 속으로 몰아넣는다. 마귀라는 표현이 좀 과격해 보이지만 불안과 근심의 출처, 그 뿌리가 어디인지를 명쾌하게 밝히고 있는 말이다.

그 마귀가 에덴동산에서 평안과 감사와 기쁨으로 살아가던 인간의 마음속에 불안과 근심의 씨앗을 뿌려 놓았다. 그래서 죄를 범하게 만들었고, 그 결과 불안과 근심으로 여호와의 낯을 피하여 숨도록 만들었다창 3:8. 그 뒤로 인간이면 예외 없이 그 마음에 불안과 근심이 마치 뱀처럼 도사리고 앉아 혀를 날름대고 있다. 이 사탄은 우리로 하여금 계속 불안과 근심에서 벗어나지 못하게 만든다. 욥의 경우를 보더라도 사탄이 가공할 만한 힘과 능력이 있음을 알 수 있다욥 1:12.

그래서 어떤 사람은 사탄의 공격으로 심각한 우울증에 시달리기도 하고, 대인기피증으로 칩거하기도 한다. 팔다리에 힘이 쑥 빠져 도무지 일할 수 없는 무력증에서 헤어나지 못하는 사람도 많다. 또한 우리 주변에는 신경성 질환이나 정신분열증을 겪는 사람이 많다.

그런데 사탄은 이 정도의 공격으로 만족하지 않고 "그렇게 살아서 뭐하냐? 이쯤에서 인생을 끝내라"고 끊임없이 속삭인다. 바로 자살의 유혹이다. 이 유혹에 넘어간 사람이 요즘 응급실에 북적대고 있다. 폭락한 돼지값 때문에 축산업 종사자가 농약을 마시고, 심각한 실업률로 인해 실직자가 독극물을 마시고, 바람난 남편 혹은 생활고 때문에 주부가 수면제를 한 움큼 입에 털어 넣는다. 왕

따당하는 아이가, 카드빚에 시달리던 젊은이가 목매어 자살하려다 실려 오기도 한다. 최근 통계에 따르면 교통사고로 죽는 사람보다 자살로 생을 끝내는 사람이 1.5배 많다고 한다. 그만큼 사탄은 집요하게 불안과 근심을 불어 넣으면서 인생을 포기하라고 유혹한다.

당신은 지금 어떤 종류의 불안과 근심으로 힘들어 하며 고통을 겪고 있는가? 그리고 과연 어떤 환경이 사람들을 가장 힘들게 만들까?

> "네가 네 감람나무를 떤 후에 그 가지를 다시 살피지 말고 그 남은 것은 객과 고아와 과부를 위하여 남겨두며 네가 네 포도원의 포도를 딴 후에 그 남은 것을 다시 따지 말고 객과 고아와 과부를 위하여 남겨두라" 신 24:20-21.

성경은 객과 고아와 과부가 가장 어려운 환경에 처한 사람으로, 동정이 필요하다고 말한다. 그만큼 이런 처지에 있는 사람이 가장 불안하고 근심이 깊을 수밖에 없다는 뜻이다. 객과 고아와 과부의 대명사로 등장하는 한 여인이 있다. 바로 룻이다. 그녀는 지금 베들레헴이라는 객지에 와 있으므로 객이다. 친정을 떠난 후 의지하고 기댔던 시아버지까지 죽어 고아가 되었다. 남편도 세상을 떠나 과부가 되었다. 다만 아무런 도움도 되지 않는 홀로된 시어머니만 그녀 곁에 남았을 뿐이다. 그러므로 룻이야말로 객이요, 고아요,

과부로서 삼중고의 고통을 겪고 있다.

보아스는 그런 상태에 놓여 있는 그녀를 보자마자 즉시 사환들에게 곡식 다발에서 조금씩 뽑아 그녀한테 줍도록 하라고 지시한다룻 2:15. 왜 이런 명령을 내렸을까? 바로 신명기 24장의 이 말씀이 떠올랐기 때문이다.

룻이야말로 미래에 대한 불안과 근심으로 어쩔 줄 몰라 하는 사람의 대표적 모델이라고 말할 수 있다. 그런데 이처럼 힘들고 어려운 상황에 던져진 룻은 어떤 태도를 취하고 있으며, 그 힘든 상황을 어떻게 극복하면서 전화위복의 계기로 만들고 있는가? 지금 룻과 같은 처지에 놓여 있다면 하나님의 말씀에 집중하길 바란다. 룻을 통해 지혜를 배울 수 있길 바란다.

밖으로, 햇볕 속으로 나가라

낯선 곳, 베들레헴으로 이주한 룻이 제일 먼저 어떤 행동을 하는지 살펴보자.

> "모압 여인 룻이 나오미에게 이르되 원하건대 내가 밭으로 가서 내가 누구에게 은혜를 입으면 그를 따라서 이삭을 줍겠나이다 하니 나오미가 그에게 이르되 내 딸아 갈지어다 하매"룻 2:2.

사람들은 힘들고 어려운 일을 당하면 대부분 칩거하거나 대인기피 현상을 보인다. 세상 밖으로 나오기를 꺼린다. 혹시 나온다 할지라도 이리저리 사람들의 눈을 피해 다닌다.

그러나 룻은 그렇게 행동하지 않았다. 그녀는 생소한 베들레헴에 도착한 후 칩거하지도 않았고, 자신의 딱한 처지를 원망하고 정죄하며 눈물로 세월을 보내지도 않았다. 이런저런 생각에 골몰하다가 극단적인 행동을 감행하지도 않았다. 그녀는 제일 먼저 밖으로 나갔다. 아는 사람 하나 없는 낯설기만 한 곳이었고, 일할 수 있는 땅을 가진 것도 아니었다. 주변 사람들이 그녀를 보면 수군댈 것이 뻔했다. 그러나 그런 모든 상황에 개의치 않고 밖으로 나갔다. 이것은 무작정 돌아다니며 배회하는 것과는 전혀 다른 태도다.

우리는 여기서 룻을 통해 귀중한 교훈을 얻는다.

그것은 힘들고 어려울 때 방 안에만 칩거하지 말고, 밖으로 나와 햇볕을 받으며 하늘을 바라보라는 것이다 아 2:10. 어둡고 침침한 방 안에 머물다 보면 자신도 모르게 마음이 우울해지고 약해진다. 별별 생각을 다하다가 엉뚱한 행동으로 자신의 심리 상태를 발산하기도 한다.

세례 요한도 혼자 격리되어 있다 보니 믿음이 흔들리고, 하나님에 대한 마음도 흔들리지 않았던가 마 11:3. 하나님은 호렙 산 굴에 들어가 혼자 쭈그리고 앉아 있는 엘리야를 밖으로 불러내신다. 엘리야가 로뎀나무 아래에서 혼자 굴로 들어가자 하나님은 "엘리야야 네가 어찌하여 여기 있느냐" 왕상 19:9라고 하시며 계속해서 그를 불러내신다. 또한 아브라함이 실망하여 방에 있을 때 하나님은 그의 손을 이끌어 바깥으로 데리고 나와 하늘을 보게 하신다창 15:5.

아가서 2장을 보라. 술람미 여인이 계속 방 안에만 누워 있자 솔로몬은 그녀를 자꾸 밖으로 불러낸다. "나의 사랑, 내 어여쁜 자야! 일어나서 함께 가자"며 밖으로 끌어낸다. 특히 솔로몬은 술람미가 있는 그곳을 가리켜 "바위 틈 낭떠러지"아 2:14라고 경고한다. 지금 그녀가 홀로 있는 방 안이 사실은 바위 틈 낭떠러지, 즉 굉장히 위험한 곳이라는 뜻이다.

그러므로 힘들고 어려울 때일수록 밖으로 나와 햇볕도 쬐고, 산보도 하고, 사람도 만나야 한다. 《뉴욕타임스》에 미국 24개 주의 주민을 대상으로 역학 조사를 벌인 결과가 실렸다. 일조량이 많은 남부 지방 주민은 북부 지방 주민에 비해 전립선암, 유방암, 결장암, 난소암으로 사망할 확률이 10~27퍼센트 낮다는 한 박사의 연구 결과를 발표했다. 이 연구에 참여했던 슈워츠 박사는 "햇볕을 받으면 체내에서 비타민 D가 합성되어 이것이 종양 세포 성장을 억제하는 호르몬으로 변한다"고 했다.

햇볕은 최고의 살균제이자 정력제다. 겨울에 우울증이 증가하는 이유는 햇빛 때문이다. 햇빛을 보지 못할 때 사람은 쉽게 우울증에 걸리고 몸도 쇠약해진다. 햇볕은 사람의 건강뿐 아니라 기분에도 절대적인 영향을 미친다. 햇볕은 공기 중의 양이온을 음이온으로 바꿔 주면서 상쾌한 공기를 만들어 준다. 그래서 심신을 안정시키고 기분 좋게 생활할 수 있도록 해준다. 햇볕이 잘 드는 집에 살면 짜증, 우울, 피로, 불안이 해소되는 것을 느낄 수 있다.
지금 하늘을 한번 올려다보자.

감자바위

가슴속에 숨긴 말이 있거들랑
하늘을 한번 쳐다보자.
맘속에 넣어 돌덩이 만드느니
밤하늘 별들에게라도
털어놓아 보자.

눈물 쏟을 일이 있거들랑
하늘 한번 쳐다보자.
가슴이 미어져 터질 때면
푸른 창공의 높은 곳을 향하여
마음을 날려 보자.

크게 웃을 기쁜 일이 있거들랑
하늘 한번 쳐다보자.
이 기쁨을 저 하늘을 향해
높게 높게 날려 보자.
온 누리에 날리어 나누어 보자.

주님의 밭으로 오라

룻은 어려운 상황을 극복하기 위해 밖으로 나갔다. 그렇다고 집 밖으로 나가 배회하며 방황한 것은 아니다. 하늘만 멍하니 바라보고 있지도 않았다. 그녀는 분명한 목적지가 있었다. 그곳이 어디인가? 밭이다. 그녀는 밭으로 갔다2절. 그녀는 누가 권면한 것도 아닌데 밭으로 갔다. 하필이면 왜 밭으로 갈 생각을 했을까? 우리는 여기서 중요한 진리를 발견해야 한다.

> "그 여인이 모압 지방에서 여호와께서 자기 백성을 돌보시사 그들에게 양식을 주셨다 함을 듣고 이에 두 며느리와 함께 일어나 모압 지방에서 돌아오려 하여"룻 1:6.

여기서 그 여인은 나오미를 가리킨다. 나오미는 저 멀리 모압에 있을 때 "여호와께서 양식을 주셨다"는 소문을 들었다. 그 뒤로 룻도 나오미를 통해 간접적으로 그 소문을 들었을 것이다. 그래서 지금 그 소문을 떠올리며 밖으로 나간다.

양식은 무엇과 관계가 있는가? 첫 번째로 여호와와 관계가 있다. 두 번째로 밭과 관계가 있다. 밭에서 양식이 나지 않는가. 그러므로 베들레헴으로 온 룻은 먼저 여호와를 떠올렸고 그 다음으로 밭을 떠올렸다. "여호와께서 은혜 주시면 나도 밭에서 양식을 얻으리라"고 생각하며 그녀는 분연히 일어섰다. 이 믿음을 갖고 밭으로 가겠다고 생각한 것이다.

그녀는 이렇게 여호와를 떠올리며 밭으로 나간 것이 틀림없다. 그렇게 발걸음을 옮기다 보니 '우연히' 보아스에게 속한 밭에 이르렀다. 하지만 이것은 결코 우연이 아니다. 그녀는 그 밭에서 주인 보아스를 만나게 되는데, 이것도 우연이 아니다. 이 사실을 우리는 성경을 통해 확인할 수 있다.

이 밭은 무엇을 상징하는가? 이를 알기 위해서는 먼저 밭을 소유한 보아스가 누구인지를 확인해야 한다.

> "나오미의 남편 엘리멜렉의 친족으로 유력한 자가 있으니 그의 이름은 보아스더라" 룻 2:1

여기 '유력한 자'는 '구속자'란 뜻을 내포한다. 현재 룻은 자신을 구속(救贖)해 줄 사람이 절실히 필요했다. 구속(拘俗)이 아니라 구속(救贖)이다. 이런 룻 앞에 보아스가 등장했다. 새성경에는 '속량'이라는 단어를 쓰고 있다 롬 8:23. 고엘 제도와 연관되어 있기 때문이다. 그러나 이 단어도 어렵다. 구원이라는 단어가 가장 적절한 듯 보이지만, 그 의미가 많이 퇴색되다 보니 고심하다가 '속량'이라는 단어를 쓴 것으로 안다. 이것을 신학 용어로는 '고엘 제도'라고 부른다.

'고엘 제도'란 고대 이스라엘 백성이 노예로 끌려가게 되었을 때 그를 구해 주거나, 남편이 죽었을 때 대를 잇도록 도와주거나,

돈이 없어 빚을 갚지 못할 때 대신 갚아 주는 행위를 말한다. 그리고 그 일을 하는 사람을 "유력한 자"라고 불렀다. 즉 자신의 힘으로는 도무지 그 늪에서 헤어 나올 수 없을 때, 밖으로부터 건져 주는 어떤 사람을 가리킨다. 고엘, 즉 유력자가 되기 위해서는 첫째로 혈연관계가 있어야 한다. 둘째로는 재정이 넉넉해야 한다. 셋째로는 기업을 물려주려는 자비로운 마음이 있어야 한다. 넷째로는 미망인과 결혼까지 하려는 의지가 있어야 한다. 그런데 본문에 등장하는 보아스가 그 유력한 자로 등장한다. 여기서 보아스는 과연 누구를 상징하는 것일까?

우리는 문장을 통해 보아스가 누구인지를 이미 확인했다. 그렇다면 이제 문맥을 통해 보아스가 누구인지 다시 한 번 확인해 보자. 1장에는 보아스라는 이름이 한 번도 등장하지 않는다. 그러다가 갑자기 2장 1절에 등장한다. 문맥상 흐름이 맞지 않는 어색한 등장이다. 문학을 전공하는 사람들은 익히 알고 있겠지만, 이런 갑작스러운 등장은 글 쓰는 사람이 가장 싫어하는 전개 방법이다.

그런데 룻기는 일반적인 스토리 전개 방식에서 벗어나 있다. 밑도 끝도 없이 갑자기 보아스가 등장한다. 그 뒤에는 보아스와 룻이 만나는 장면을 보여 준다. 왜 이런 파격적인 방식을 썼을까? 이런 파격적인 전개 방식을 사용하면서 등장시킨 보아스는 과연 어떤 인물일까?

아브라함은 전쟁에서 싸워 승리했다. 승전고를 올리며 돌아오는 아브라함 앞에 갑자기 살렘 왕 멜기세덱이 등장한다. 그러자 아브라함이 전리품 중에서 십분의 일을 마치 빚을 갚는 것처럼 살렘 왕에게 바친다창 14:20. 아브라함 앞에 갑자기 등장한 살렘 왕 멜기세덱은 과연 누구인가?

고향으로 돌아오는 길에 야곱은 그의 형 에서가 4백 명을 데리고 마중 나온다는 소식을 접하고 겁이 났다. 그때 그는 얍복 강 나루터에 홀로 남아 있었는데, 갑자기 한 사람이 뜬금없이 나타나 씨름을 건다. 아니, 싸움을 건다. 그래서 밤새도록 그 사람과 씨름을 했다창 32:24. 허벅지 관절이 어긋날 때까지 말이다. 그리고 그는 마지막으로 야곱을 축복하고 사라져 버린다. 그런데 갑자기 야곱 앞에 나타난 이 사람은 과연 누구일까?

성경을 펴자마자 왜 아무런 설명도 없이 "태초에 하나님이 천지를 창조하시니라"창 1:1고 시작하는 것일까? 아가서를 펼치자마자 왜 아무런 설명도 없이 '솔로몬'을 등장시키는 것일까아 1:1. 왜 룻기 2장에서 갑자기 보아스를 등장시키는 것일까? 갑자기 등장하는 그들은 도대체 누구인가? 성경 말씀에 보면 살렘 왕 멜기세덱을 "아버지도 없고 어머니도 없고 족보도 없고 시작한 날도 없고 생명의 끝도 없는"히 7:3 분으로 묘사한다. 즉 갑자기 등장하는 분이라는 말이다.

이제 갑자기 등장하는 분이 누구인지 짐작할 수 있는가? 그분은 우리의 구원자, 오직 한 분 예수님을 상징한다. 특히 보아스는 성경에 등장하는 인물들 가운데 예수님을 가장 잘 묘사한다.

보아스가 주님이시라면 그분에게 속한 이 밭은 무엇을 상징하는가? 그의 피로 값 주고 사신 교회를 뜻한다. 교회는 주님의 몸이기 때문이다.

우리는 룻과 같은 존재다. 더 이상 소망을 가질 수 없던 어느 날 보아스 되신 주님이 갑자기 나타나셔서 우리에게 진정한 유력자가 되어 주셨다. 그분은 우리를 진흙구덩이 속에서 건져 내어 구원해 주신 구속자다.

"다른 이로써는 구원을 받을 수 없나니 천하 사람 중에 구원을 받을 만한 다른 이름을 우리에게 주신 일이 없음이니라 하였더라" 행 4:12.

예수님은 우리를 위해 복을 빌어 주시는 분이다.

"보아스가 룻에게 이르되 내 딸아 들으라 이삭을 주우러 다른 밭으로 가지 말며 여기서 떠나지 말고 나의 소녀들과 함께 있으라" 룻 2:8.

어디 다른 곳에 더 풍성한 축복, 위로, 간섭, 인도가 있을 거라고 생각하면서 이리저리 방황하지 말라. 여기를 떠나지 말라. 보아스의 밭, 이곳은 하나님이 우리를 위해 예비하신 축복의 장소다. 그분은 우리의 진정한 위로자이시다.

"나는 당신의 하녀 중의 하나와도 같지 못하오나 당신이 이 하녀를 위로하시고 마음을 기쁘게 하는 말씀을 하셨나이다" 룻 2:13.

이처럼 예수님은 우리의 보호자 되시며, 물질적인 필요까지 채워 주시는 분이다.

"내가 그 소년들에게 명령하여 너를 건드리지 말라 하였느니라 목이 마르거든 그릇에 가서 소년들이 길어 온 것을 마실지니라" 룻 2:9.

주님은 이곳 하나님의 집, 몸 된 교회에서 우리를 만나길 원하신다 눅 15:20.

"이는 너희가 대대로 여호와 앞 회막 문에서 늘 드릴 번제라 내가 거기서 너희와 만나고 네게 말하리라 내가 거기서 이스라엘 자손을 만나리니 내 영광으로 말미암아 회막이 거룩하게 될지라" 출 29:42-43.

집을 나와 밭으로 가서 보아스를 만난 룻에게 기막힌 별명 하나가 붙었다. 바로 "그의 날개 아래에 보호를 받으러 온 룻" 룻 2:12 이다. 이 얼마나 멋진 이름인가! 그리고 이런 룻이 온전한 상을 받을 것이라고 축복한다. '온전한 상'은 모자람이 없고 부족함이 없다. 풍성하고 완전하며 넉넉한 상을 의미한다. 이런 상을 주신다는 말이다.

우리가 주님의 밭, 교회에 오게 된 것은 우연이 아니다. 예수를 만나게 된 것도 결코 우연이 아니다. 하나님의 특별한 섭리와 간섭이 있었기에 가능했다. 이젠 다른 밭으로 가지 말기를 바란다.

이 밭에서 생활하기를 바란다. 이 밭의 주인, 즉 우리 주님과 동행하기를 바란다. 그분은 '유력자'이고 '보호자'이고 '인도자'이시다. 또한 '자비로우신' 분이다. 그분은 우리의 모든 필요를 채워 주신다. 주님 안에서 지금까지 맛보지 못했던 놀라운 평강과 기쁨을 맛보는 은혜가 있기를 소원한다.

– 13장 –

'헤세드'를 붙잡으라

. . .

"룻이 밭에서 저녁까지 줍고 그 주운 것을 떠니 보리가 한 에바쯤 되는지라 그것을 가지고 성읍에 들어가서 시어머니에게 그 주운 것을 보이고 그가 배불리 먹고 남긴 것을 내어 시어머니에게 드리매 시어머니가 그에게 이르되 오늘 어디서 주웠느냐 어디서 일을 하였느냐 너를 돌본 자에게 복이 있기를 원하노라 하니 룻이 누구에게서 일했는지를 시어머니에게 알게 하여 이르되 오늘 일하게 한 사람의 이름은 보아스니이다 하는지라 나오미가 자기 며느리에게 이르되 그가 여호와로부터 복 받기를 원하노라 그가 살아 있는 자와 죽은 자에게 은혜 베풀기를 그치지 아니하도다 하고 나오미가 또 그에게 이르되 그 사람은 우리와 가까우니 우리 기업을 무를 자 중의 하나이니라 하니라 모압 여인 룻이 이르되 그가 내게 또 이르기를 내 추수를 다 마치기까지 너는 내 소년들에게 가까이 있으라 하더이다 하니 나오미가 며느리 룻에게 이르되 내 딸아 너는 그의 소녀들과 함께 나가고 다른 밭에서 사람을 만나지 아니하는 것이 좋으니라 하는지라 이에 룻이 보아스의 소녀들에게 가까이 있어서 보리 추수와 밀 추수를 마치기까지 이삭을 주우며 그의 시어머니와 함께 거주하니라." —룻기 2:17-23

절대적 공간인 '고향'

호메로스Homeros의 대서사시 "오디세이"는 그의 또 다른 작품인 "일리아드"의 후편으로 전쟁터에서 집으로 돌아오는 오디세이의 귀향 과정을 그리고 있다. 트로이 전쟁에서 승리한 그리스의 장군들이 금의환향한다. 오디세이도 6백 명의 부하를 거느리고, 열두 척의 배로 트로이를 떠나 집으로 향한다. 그러나 고향으로 돌아오는 과정은 전쟁 못지않게 험난했다. 그는 돌아오면서 감당하기 힘든 재난을 당한다. 키콘 족에게 수많은 부하를 잃기도 하고, 식인종 포세이돈의 아들들에게 부하들이 먹히기도 한다. 거기에 신비한 노래로 사람을 홀리는 사이렌 때문에 죽을 고생을 한다. 마지막에는 그 자신이 하데스(지옥)까지 내려가는 극한 상황에 던져진다. 그러나 그는 귀향을 포기하지 않는다. 모진 고초와 역경을 이겨내고 결국 집으로 돌아온다. 오디세이에게 이렇게 숱한 시련과 어려움을 극복하고 집으로 돌아오게 한 원동력은 어디에서 나온 것일까?

한편 사지(死地)와 같은 전쟁터로 남편을 보낸 그의 아내 페넬로페도 온갖 고초를 당한다. 그녀는 악덕 구혼자들에게 말로 형언할 수 없는 유혹과 협박을 당하면서 정절을 지켜야 하는 힘든 나날을 보낸다. 그 과정에서 가산을 탕진하고 집안은 쑥대밭이 된다. 독자인 텔레마쿠스도 농락을 당한다. 페넬로페는 유혹자들로부터 자신의 정절을 지키기 위해 낮에는 시부의 수의를 뜨개질하고 밤에는 도로 풀면서 인고의 세월을 보낸다. 이런 절망 가운데서도 남편의 생환 소식은 들려오지 않는다. 그러나 그녀는 포기하지 않고 끝까지 남편을 기다리며 눈물로 세월을 보낸다. 그녀는 20여 년 동안 수많은 유혹을 물리치고 인고의 세월을 보내며 정절을 지킨다. 연약한 여성이 숱한 시련과 유혹을 견뎌 가며 끝까지 남편을 기다릴 수 있었던 힘, 기다리게 했던 힘은 과연 어디에서 나온 것일까?

드디어 두 사람은 해후를 한다. 그리고 대화를 나누는데, 일명 '고향문답'이다. "타향에 있는 것들은 고향적인 것을 지향하고, 또 고향에 있는 것은 타향에 있는 것의 귀환으로 비로소 온전한 고향이 된다." 다시 말해 고향이라는 매개체가 이들을 다시 만나게 한 것이다. 즉 오디세이가 집으로 돌아올 수 있었던 힘은 '고향'에서 비롯되었다. 페넬로페가 끝까지 정조를 지키며 남편을 기다릴 수 있었던 힘 역시 '고향'이었다.

룻기의 나오미는 베들레헴을 떠났다. 베들레헴을 떠난 그녀는 고향을 잃었을 뿐 아니라 가지고 있던 모든 것을 차례로 다 잃었다. 사랑하던 남편, 두 아들, 그리고 가지고 있던 재산과 꿈, 젊음도 모두 잃어버렸다. 그녀가 고향을 잃고, 가지고 있던 것을 다 잃었다는 것은 무엇을 의미하는가?

유명한 철학자 하이데거M. Heidegger는 인간 현존의 근본 구조를 심려와 불안, 지루함과 슬픔, 죽음과 공포 등으로 파악한다. 하이데거는 이런 인간 심리 상태의 원인을 '고향 상실' 때문이라고 단정했다. 그렇다면 그가 말하는 '고향 상실'이란 무엇인가? '가까이 있고' '고향적인 존재'를 망각한 것이 고향 상실이다.

그렇다면 그가 말한 '고향적인 존재'란 과연 무엇을 두고 하는 말인가? 1945년 12월, 릴케 서거 20주기 기념 강연에서 하이데거는 자신이 말한 '고향 상실'의 의미를 '신의 결여'와 결부시켜 재해석했다. 이 세상에서 "가장 심각한 가난은 신이, 그리고 신의 성스러움이 사라져 버린 심령이다"라는 것이다.

그러므로 '고향 상실'이란 곧 단순히 우리가 태어나고 자란 어떤 곳을 떠났다는 의미가 아니라 '고향적인 존재', 즉 하나님으로부터 떠난 상태를 '고향 상실'이라고 본 것이다. 그러므로 하나님의 품을 떠난 심령, 즉 고향을 상실한 사람은 불안을 느끼고 지루함과 슬픔을 경험하게 되며 급기야 죽음의 공포 앞에 노출된다.

『성 어거스틴의 참회록』에서 성 어거스틴은 "나는 젊은 나이에 하고 싶은 것은 다해 보았다. 그러나 내가 아버지 품에 돌아오기까지 이 세상에서 참 기쁨과 만족을 얻지 못했다"라고 고백한다. 파스칼B. Pascal은 이것을 "신만이 채워 줄 수 있는 절대 공간"이라고 설명한다. 이 빈 공간이 있기에 사람들이 불안감을 느낀다는 것이다.

고향을 다시 찾은 나오미

나오미가 고향을 떠난 후에 모든 것을 잃어버렸다는 사실은 그녀가 단순히 장소적 의미의 고향을 떠났다는 그 이상의 의미를 담고 있다. 다시 말해 '고향적인 존재', 즉 아버지의 품을 떠난 것이다. 그리고 떡집, 즉 아버지의 말씀에서 떠났다는 뜻이기도 하다. 이런 사람이 온전할 리가 없다. 그 마음에는 평안이 없다. 마치 누가복음 15장에 등장하는 탕자처럼 말이다. 그는 아버지의 집을 떠나 갖고 있던 재산을 모두 탕진했다. 그러고 나서 그는 고향, 즉 아버지의 집을 떠올린다.

"내 아버지에게는 양식이 풍족한 품꾼이 얼마나 많은가!" "아버지의 품으로 다시 돌아가야 되겠구나!" 즉 '고향'이기 때문에 다시 돌아오기로 결심한다 눅 15:17-20. 나오미도 마찬가지다. 그녀도 다 잃은 뒤에야 비로소 '고향'을 떠올리며 그곳에 관심을 갖고, 그곳에 대한 소문에 귀를 기울이기 시작한다 룻 1:6. 그래서 성경에서는 신앙생활이 고향을 찾는 것이며, 하나님을 찾는 것으로 보고 둘을 동일시한다 히 11:14.

그럼에도 고향을 상실한 사람이 고향을 찾는 것은 결코 쉬운 일이 아니다. 대단한 용기가 필요하다. 마치 오디세이가 귀향하는 과정이 매우 힘들었듯이 말이다. 이런 사실을 우리 주변에서 쉽게 발견할 수 있다. 성경에는 "하나님이 사람들에게 영원을 사모하는 마음을 주셨느니라"고 했다 전 3:11. 이처럼 고향, 즉 하나님을 찾는 마음을 주셨다는 것이다. 그러나 모든 사람이 하나님을 찾는 것은 아니다. 그만큼 하나님 앞으로 나아오는 과정이 쉽지 않다는 것이다. 그 과정에 많은 유혹과 난관이 산재해 있다. 나오미도 마찬가지였다. 그러나 그녀는 이 어려운 난관을 뚫고 고향으로 돌아온다. 험난한 길을 뚫고 고향, 즉 아버지의 품으로 돌아올 수 있었던 나오미의 원동력은 무엇이었는가?

"나오미가 자기 며느리에게 이르되 그가 여호와로부터 복 받기를 원하노라 그가 살아 있는 자와 죽은 자에게 은혜 베풀기를 그치지 아니하도다" 룻 2:20.

이 말 속에서 우리는 그녀를 고향으로 돌아오게 한 원동력이 무엇인지 확인할 수 있다. 나오미의 말을 이해하기 위해서는 먼저 2장의 내용부터 살펴보아야 한다. 2장의 모티브는 밭이다. 이 밭에서 온종일 일어났던 일을 자세히 기록한 장면이 2장이다. 룻이 아침에 밭으로 나가 저녁에 집으로 돌아와서는 온종일 밭에서 일어났던 일을 어머니 나오미에게 소상히 고했다. "오늘 어디서 주웠느냐? 오늘 어디서 일했느냐?"라고 나오미가 묻자, 룻은 어머니에게 그날 하루 경험했던 일을 자세히 이야기한다. 이 과정에서 룻이 계속적으로 반복하여 사용하는 단어가 있다. 그것은 '은혜'다_{룻 2:2, 10, 13}. 그런데 이 보고를 들은 나오미도 동일하게 마치 화답이라도 하듯 '은혜'란 말을 사용한다.

> "그가 여호와로부터 복 받기를 원하노라 그가 살아 있는 자와 죽은 자에게 은혜 베풀기를 그치지 아니하도다"_{룻 2:20}.

두 사람이 나누는 대화의 핵심은 은혜다. 그런데 그 대화에서 특별한 한 가지 사실을 발견하게 된다. 그것은 룻이 사용하는 은혜와 나오미가 사용하는 은혜가 다른 단어로 표기되었다는 점이다. 룻은 '헨'_{khane}이란 단어를 쓰고 있는 반면에_{룻 2:2, 10, 13} 나오미는 헨이 아니라 독특한 '헤세드'_{Hessed}란 단어를 쓰고 있다. 물론 한글 성경은 똑같이 '은혜'로 번역하고 있다.

또 하나 우리가 발견할 수 있는 사실은 이 헤세드가 4장에 불과한 짧은 룻기, 이 한 책에서만 '선대'_{룻 1:8}, '은혜'_{룻 2:20}, '인애'_{룻 3:10}라는 뜻으로 번역되고 있다는 점이다. 그만큼 이 헤세드의 뜻은 깊고 넓다.

하나님의 언약과 헤세드

그렇다면 왜 나오미는 룻이 사용하는 '헨'을 쓰지 않고 '헤세드'란 특이한 단어를 쓴 것일까? 성경을 자세히 살펴보면 헤세드라는 단어는 특이하게도 혼자 독립적으로 쓰이지 않고, 언제나 다른 한 개의 개념과 밀접한 관련성을 갖고 사용된다.

그렇다면 이 단어가 어떤 개념과 관련하여 사용되는지를 살펴보자.

먼저 아브라함과 아비멜렉 사이에 우물을 놓고 언약을 맺는 장면이 나오는데, 이때 '헤세드(후대)'가 사용된다창 21:23.

"그런즉 너는 알라 오직 네 하나님 여호와는 하나님이시요 신실하신 하나님이시라 그를 사랑하고 그의 계명을 지키는 자에게는 천 대까지 그의 언약을 이행하시며 인애를 베푸시되"신 7:9.

여기서 헤세드는 언약과 관련되어 '인애'로 번역된다. 다니엘 9장 4절에도 헤세드가 나온다.

"크시고 두려워할 주 하나님, 주를 사랑하고 주의 계명을 지키는 자를 위하여 언약을 지키시고 그에게 인자를 베푸시는 이시여"단 9:4.

여기서는 '인자'로 번역되었다. 그 외 이사야 54장 10절에서도 언약의 하나님이 헤세드를 베푸실 것이라고 말한다. 그리고 특히 시편 136편에는 '헤세드'의 하나님을 계속적으로 노래하고 있는데, 그 이유를 언약과 연관시킨 것을 볼 수 있다. 또한 여리고에 살았던 기생 라합과 정탐꾼 사이에 언약이 있었다. 두 정탐꾼은 자신들을 숨겨 준 그 여인을 선대하기로 언약한다. 이때 반복하여 쓰인 단어가 바로 헤세드다 수 2:12-14.

여기서 우리는 중요한 사실을 발견하게 된다. 헤세드란 단어가 사용될 때는 언제나 '언약', '하나님의 언약'과 관련되어 쓰이고 있다는 사실이다. 그러므로 이스라엘 백성은 '헤세드' 하면 본능적으로 '언약', 즉 '하나님의 언약'을 떠올린다. 나오미 또한 마찬가지였다. 그녀가 헨을 쓰지 않고 헤세드를 썼다는 것은 '언약'을 떠올렸다는 것을 의미한다.

그러면 하나님의 언약이란 구체적으로 어떤 것인가? 이를 알기 위해서는 성경에서 언약이란 단어가 맨 처음, 언제 쓰였는지를 확인해 보아야 한다. 창세기 9장 8절 이하를 보면 계속 언약이라는 단어가 기록되고 있음을 확인할 수 있다.

"하나님이 노아와 그와 함께 한 아들들에게 말씀하여 이르시되 내가 내 언약을 너희와 너희 후손과 너희와 함께 한 모든 생물 곧 너희와 함께한 새와 가축과 땅의 모든 생물에게 세우리니 방주에서 나온 모든 것 곧 땅의 모든 짐승에게니라 내가 너희와 언약을 세우리니 다시는 모든 생물을 홍수로 멸하지 아니할 것이라 땅을 멸할 홍수가 다시 있지 아니하리라 하나님이 이르시되 내가 나와 너희와 및 너희와 함께 하는 모든 생물 사이에 대대로 영원히 세우는 언약의 증거는 이것이니라 내가 내 무지개를 구름 속에 두었나니 이것이 나와 세상 사이의 언약의 증거니라 내가 구름으로 땅을 덮을 때에 무지개가 구름 속에 나타나면 내가 나와 너희와 및 육체를 가진 모든 생물 사이의 내 언약을 기억하리니 다시는 물이 모든 육체를 멸하는 홍수가 되지 아니할지라 무지개가 구름 사이에 있으리니 내가 보고 나 하나님과 모든 육체를 가진 땅의 모든 생물 사이의 영원한 언약을 기억하리라 하나님이 노아에게 또 이르시되 내가 나와 땅에 있는 모든 생물 사이에 세운 언약의 증거가 이것이라 하셨더라" 창 9:8-17.

이 말씀은 이름하여 홍수 사건 이후에 주신 언약, 즉 '무지개 언약'이다. 그 내용이 언약으로 시작하여 언약으로 끝난다. 여기 언약이란 단어가 무려 일곱 번이나 나온다. 무지개의 색깔이 일곱 가지다. 이것은 결코 우연이 아니다. 완벽한 언약임을 뜻한다. 이 언약의 핵심은 무지개다. 왜 하필이면 무지개를 두고 언약을 하셨을까?

무지개(케쉐트)의 원래 뜻은 '활'이다. 무지개 모양의 활에 화살촉을 장착하고 당기면 그 화살촉이 어디로 향하는가? 하늘, 즉 하나님의 가슴을 향하여 날아가 꽂히게 된다. 이것은 우리를 절대로 심판하지 않겠다는 의미다. 그러나 그냥 심판하지 않겠다는 뜻이 아니다. 하나님 자신이 대신 그 화살촉을 맞으시겠다는 것이다.

즉 대속의 언약이다. 이 대속의 언약이 에덴동산에서 갈보리 산까지 면면히 흐르고 있다. 우리를 향한 언약의 핵심은 바로 대속의 언약이다.

이 언약은 인간과 인간이 세우는 언약과는 근본적으로 차이가 난다. 하나님은 아브라함을 깊이 잠들게 하신 다음 언약을 세우신다창 15:12-18. 일방적이다. 무슨 뜻인가? 인간과 인간 사이의 언약은 한쪽이 지키지 않으면 깨어진다. 그러나 하나님과 우리 사이의 언약은 인간이 설령 그것을 깬다 할지라도 그 언약은 끝까지 지켜진다는 뜻이다. 이렇게 하나님은 자신의 가슴에 화살촉을 겨누심으로써 대신 심판을 받으시겠다는 것이다. 그래서 이스라엘 백성은 하나님의 자녀들에게 은총을 베푸시겠다는 이 언약을 떠올렸다. 다시 말해 하나님께로 돌아와 하나님의 자녀가 되기만 하면 긍휼을 베푸신다는 언약이다.

헤세드를 붙잡은 나오미

나오미를 고향으로 돌아오게 한 원동력도 바로 이 언약이었다. 이를 어떻게 알 수 있는가? 이 언약과 떼려야 뗄 수 없는 헤세드가 바로 모압에서 고향 베들레헴으로 향하는 나오미의 입에서 흘러나왔기 때문이다.

"나오미가 두 며느리에게 이르되 너희는 각기 너희 어머니의 집으

로 돌아가라 너희가 죽은 자들과 나를 선대한 것 같이 여호와께서 너
희를 선대하시기를 원하며"룻 1:8.

나오미는 이제 고향을 향해 출발한다. 너무 부끄럽고 초라하기 그지없는 모습으로 말이다. 모든 것이 텅 비어 아무것도 없다. 아무리 생각해도 그 어떤 가능성조차 찾을 수 없다. 이 모습으로 도무지 고향, 즉 하나님의 품으로 돌아갈 면목이 없다. 그러나 마음 한구석에 돌아가야만 한다는 생각이 파고들었다. 그러나 용기가 나지 않았다. 바로 그때 그녀의 마음속에 찾아와서 자리 잡은 단어가 있었으니 바로 헤세드였다. 하나님은 헤세드의 하나님이시다. 이 믿음으로 고향을 향하여 첫 발걸음을 내딛으면서 "여호와께서 너희를 선대하시기를 원하며"룻 1:8라고 입술로 고백한다.

그녀는 선대, 즉 헤세드를 붙잡고 베들레헴으로 돌아왔다. 그리고 룻을 밭으로 내보낸다. 그때부터 나오미는 무척 궁금했다. '어디로 갔을까. 누구를 만났을까. 점심은 어떻게 했을까. 놀림은 받지 않았을까.' 드디어 저녁이 되어 룻이 돌아왔다. 궁금증을 참지 못하고 나오미는 며느리에게 이것저것을 캐묻는다룻 2:19. 룻은 있었던 일을 소상히 이야기한다. 그런데 듣고 보니 놀랍게도 그녀가 붙잡은 말씀 그대로, 고백한 대로 그의 며느리 룻한테서 '헤세드'가 나타났다. 그 헤세드가 밭에서 보아스를 통해, 그리고 보아스의 사환들을 통해 풍성하게 나타났다. 나오미는 이 놀라운 사실을 직접 확인한다. 자신이 믿은 대로, 자신이 고백한 대로 '헤세드'

가 며느리한테서 나타나는 것을 보며 놀라움을 금치 못한다. 그래서 그녀는 다시 한 번 입술로 헤세드를 고백한다. 아니 선포한다.

당신은 지금 어떤 상황에 던져져 있는가? 혹시 나오미처럼 절체절명의 상황에 처해 있는 건 아닌가? 우리의 경험과 능력, 상식으로는 도무지 일어설 수 없는 그런 처지에 놓여 있는 건 아닌가? 바로 이때 우리가 붙잡아야 할 한 단어가 있다. 바로 헤세드다. 하나님의 헤세드다. 헤세드를 붙잡기 바란다. 언약의 말씀을 붙잡기 바란다.

언약의 말씀 가운데 가장 중요한 약속의 말씀은 무엇인가? 에덴동산으로부터 갈보리 산까지 면면히 흐르는 그 언약의 핵심은 무엇인가? 바로 대속의 은혜다. 하나님은 이제 허물 많은 우리를 보지 않으신다. 십자가에서 우리를 대신하여 죽으신 그 주님을 보시고, 우리에게 긍휼과 자비를 베푸신다. 그러므로 십자가를 든든히 붙잡고 나아가기만 하면, 선포하기만 하면 하나님은 나오미와 룻에게 베풀어 주신 그 놀라운 축복을 우리에게도 허락하실 것이다. 우리 삶의 현장에 놀라운 하나님의 은혜가 임할 것이다.

"당신이 내게 축복하지 않으시면 내가 가게 하지 않겠나이다." 야곱은 얍복 나루터에서 붙잡았던 하나님을 붙잡고 나아가기를 소원한다. 솔로몬이 붙잡았던 그 하나님을 붙잡기 바란다. 더 구체적으로 하나님의 언약을 붙잡길 바란다.

하나님은 약속에 신실하신 분이다. 그분은 한번 하신 약속을 절대 바꾸지 않으신다. 설령 우리가 약속을 어겼다 할지라도 하나님은 그 약속을 성실히 이행하시는 분이다. 나오미가 그 약속을 붙잡고 선포했듯 당신도 선포하길 바란다. 하나님은 약속하신 바를 분명히 이루어 주실 것이다.

3부
축복의 계보

요엘 선지자는 성령이 임하시면 젊은이들은 장래 일을 말하게 되지만, 늙은이들은 꿈을 꾸게 될 것이라고 말했다(욜 2:28). 비록 나이가 들었지만 꿈을 포기해서는 안 된다. 믿음의 사람은 꿈을 꾼다. 혹시 그 꿈이 자신의 대에 이루어지지 않을지라도 그 꿈은 자녀에게 전달된다. 요게벳에게는 꿈이 있었다. 그 꿈은 아들 모세에게 전달되었고, 한나의 꿈은 사무엘에게 전달되었다. 또한 엘리사벳의 꿈은 세례 요한에게 전달되었다.

−14장−

내가 다 행하리이다

. . .

"룻의 시어머니 나오미가 그에게 이르되 내 딸아 내가 너를 위하여 안식할 곳을 구하여 너를 복되게 하여야 하지 않겠느냐 네가 함께하던 하녀들을 둔 보아스는 우리의 친족이 아니냐 보라 그가 오늘 밤에 타작 마당에서 보리를 까불리라 그런즉 너는 목욕하고 기름을 바르고 의복을 입고 타작 마당에 내려가서 그 사람이 먹고 마시기를 다 하기까지는 그에게 보이지 말고 그가 누울 때에 너는 그가 눕는 곳을 알았다가 들어가서 그의 발치 이불을 들고 거기 누우라 그가 네 할 일을 네게 알게 하리라 하니 룻이 시어머니에게 이르되 어머니의 말씀대로 내가 다 행하리이다 하니라."

−룻기 3:1−5

상징에 담긴 진정한 의미

님은 갔습니다. 아아, 사랑하는 나의 님은 갔습니다.
푸른 산 빛을 깨치고 단풍나무 숲을 향하여 난 적은 길을 걸어서,
참아 떨치고 갔습니다.
황금(黃金)의 꽃같이 굳고 빛나든 옛 맹세(盟誓)는
차디찬 띠끌이 되어 한숨의 미풍(微風)에 날아갔습니다.
날카로운 첫 키스의 추억(追憶)은 나의 운명(運命)의 지침(指針)을
돌려 놓고, 뒷걸음쳐서 사라졌습니다.

1926년 발표된 한용운의 "님의 침묵" 중 일부분이다. 여기서 그가 절규하며 안타까워하는 '님', 그 '사랑하는 나의 님'은 누구인

가? 승려로 알려진 한용운이 마음속에 사모하던 님은 과연 애인일까? 어느 날 그 애인이 떠나갔기에 이 시를 지은 것일까?

1923년 발표된 이상화의 대표시 "나의 침실로"에는 '마돈나'라는 여인의 이름이 무려 열두 번이나 등장한다. 시인은 마돈나를 자기의 침실로 유혹하고 있는 것일까? 이 마돈나는 도대체 누구일까? 20세기 초까지 비잔틴 미술에서 빼놓을 수 없는 아기 예수를 안고 있는 바로 그 성스럽고 신비스런 모습의 그녀를 자신의 침실로 유혹하려는 것일까? 도대체 이 마돈나는 누구일까?

"모가지가 길어서 슬픈 짐승이여"로 시작하는 노천명의 "사슴"에 등장하는 주인공 사슴은 어느 동물원에 있는 사슴인가? 서울대공원, 아니면 에버랜드에 있는 사슴인가? 도대체 이 사슴은 누구를 상징하는 것인가?

한용운의 '님'은 나라의 주권 상실을 의미한다. 이상화의 '마돈나'는 조국 혹은 구원을 뜻한다. 노천명의 '목이 긴 사슴'은 고고하게 살았지만 한편으론 '슬픈 모가지'를 한 바로 자기 자신을 상징적으로 표현한다.

분명한 것은 이렇게 시나 소설에 등장하는 인물들은 언제나 어떤 상징성을 띠고 있다는 사실이다. 그것은 때때로 조국, 시간, 당시 권력자, 시대상일 수도 있다. 그러므로 어떤 작품을 대하든지 그 속에 담겨진 진정한 의미를 찾으려는 자세가 필요하다. 어린 초등학생이 시험지를 보고 즉흥적으로 답을 적듯 작품을 대해서는 안 된다.

한 초등학교 선생님이 학생들의 시험지를 채점하고 있었다.

"만유인력을 발견한 사람은?" (답) 죽었음

"불행한 일이 겹쳐서 일어나는 것을 사자성어로 표현한다면 무엇일까?" 네 글자로 '설( )가( )'이라고 한다. (답) 설사가또.

"부모님은 왜 우리를 사랑하실까요?" (답) 그러게 말입니다!

이같이 답을 썼다는 웃지 못할 일이 있다.

우리가 성경을 대할 때도 마찬가지다. 룻기는 보기에 짧고 단순하며 목가적인 분위기를 풍기는 단편 스토리에 불과하다. 자칫 잘못하면 '효'에 대한 교훈 정도로 이해하거나, 아니면 밀레의 작품 "이삭줍는 여인들"을 연상하면서 덮어 버릴 가능성도 있다. 그런데 하나님은 이보다 더 재미있는 문학작품이 많이 있음에도 불구하고 왜 이 룻기를 성경으로 주셨을까? 왜 우리는 이 말씀에 집중해야 하는가? 그 이유는 간단하다. 하나님께서 이 책을 통해 깊은 영적 교훈을 던져 주길 원하셨기 때문이다. 이 책에 등장하는 각각의 주인공이 누구를 상징하는가를 통해 귀한 영적 교훈을 얻길 바란다.

룻기 3장의 주요 등장인물은 보아스, 룻, 나오미다.

먼저 보아스는 누구를 가리키는가?

예수님을 상징한다. 성경에 등장하는 인물들 중에는 예수님을 상징하는 사람이 참 많다. 그중 이삭, 모세, 다윗, 솔로몬, 보아스 등은 예수님을 상징하는 대표적 인물이다. 그렇다면 이들 중에서 예수님을 상징적으로 가장 잘 드러낸 사람은 누구인가? 보아스라고 생각한다. "유력한 자", "기업 무를 자"로 소개되는 보아스는 다른 사람들과는 달리 인간적인 약점을 거의 보이지 않으면서도 가장 완벽하게 구원 사역을 감당한다.

그렇다면 룻은 누구를 상징하는 걸까?
두말할 필요도 없이 구원받은 우리다. 하나님의 자녀요, 그리스도의 신부가 된 오늘날 성도를 가리킨다. 우리는 예전에 이방인으로, 율법의 의로는 전혀 소망이 없던 사람이었다 엡 2:1-2. 이런 우리를 주님께서 구원하셨다. 신부로 삼아 주셨다. 그러므로 룻은 구원받은 모든 성도의 모델이라고 말할 수 있다. 따라서 보아스가 예수 그리스도를, 룻이 구원받은 우리를 상징한다는 점에서는 이론의 여지가 없다.

문제는 세 번째 등장하는 나오미다.
그녀는 도대체 누구를 상징하는 걸까? 룻기를 유심히 살펴보면 룻도, 보아스도 룻기 전장에 걸쳐 등장하지 않는다. 그러나 나오미는 처음부터 끝까지 등장하면서 고비마다 결정적인 역할을 감당한다. 또한 그녀는 룻의 행동에 적지 않은 영향을 미친다. 이처럼 나오미는 그냥 지나칠 수 있는 인물이 아니다. 그렇다면 그녀는 도대체 누구를 상징하는 걸까? 이 문제에 대해서는 대체적으로 세 가지 견해가 팽팽하게 맞선다.

첫째, 나오미가 율법을 상징한다는 주장이다. 룻기를 살펴보면 나오미는 룻을 모압에서 베들레헴으로룻 1:22, 베들레헴에서 베들레헴에 있는 밭으로룻 2:2, 그리고 그 밭의 주인인 보아스의 품에 안길 수 있도록 결정적인 역할을 한다룻 3:2. 그런데 바울은 율법의 역할을 이렇게 설명한다.

"이같이 율법이 우리를 그리스도께로 인도하는 초등교사가 되어 우리로 하여금 믿음으로 말미암아 의롭다 함을 얻게 하려 함이니라"갈 3:24.

율법은 우리를 그리스도께 인도하는 선생님이라는 말이다. 그러므로 나오미는 율법을 상징하고 있다는 견해다.

둘째, 나오미가 성령을 상징한다는 견해다. 그녀는 장차 일어날 일에 대해 정확히 예언한다.

"네가 함께하던 하녀들을 둔 보아스는 우리의 친족이 아니냐 보라 그가 오늘 밤에 타작 마당에서 보리를 까불리라"룻 3:2.
"이에 시어머니가 이르되 내 딸아 이 사건이 어떻게 될지 알기까지 앉아 있으라 그 사람이 오늘 이 일을 성취하기 전에는 쉬지 아니하리라 하니라"룻 3:18.

이처럼 나오미는 보아스가 앞으로 하게 될 행동을 꿰뚫어 보고 있다. 나아가 그가 할 행동을 예언적으로 말한다. 그런데 그녀가 예언한 대로 보아스는 행동한다. 나오미는 보아스와 교분이 없는데 어떻게 그의 미래 행동을 예측하는가? 성령은 어떤 분인가?

> "오직 하나님이 성령으로 이것을 우리에게 보이셨으니 성령은 모든 것 곧 하나님의 깊은 것까지도 통달하시느니라 사람의 일을 사람의 속에 있는 영 외에 누가 알리요 이와 같이 하나님의 일도 하나님의 영 외에는 아무도 알지 못하느니라" 고전 2:10-11.

오직 성령만이 하나님을 알고, 또 성령만이 하나님의 뜻을 통달할 수 있다. 보아스는 예수 그리스도를 상징한다. 그런데 누가 주님의 마음을 알고 있는가? 주님의 영, 예수의 영, 즉 성령만이 예수님의 뜻을 알고 있다. 그런데 나오미가 보아스의 일을 꿰뚫어 보는 것으로 볼 때 그녀야말로 성령을 상징하는 것이 틀림없다는 주장이다. 매우 일리 있는 말이다.

마지막으로, 나오미가 목회자를 상징한다는 견해가 있다. 1장을 보면 룻은 모압을 떠나 생소하기 그지없는 길을 향해 떠난다. 그리고 베들레헴에 이른다. 그 과정에서 누가 인도자의 역할, 리더의 역할을 하는가? 나오미가 그 역할을 한다. 그녀는 룻을 베들레헴으로 인도하고 자원하여 "밭에 가겠다"고 말할 수 있도록 신앙으로 이끌고 있다. 목회자가 하는 일이 무엇인가?

> "그가 어떤 사람은 사도로, 어떤 사람은 선지자로, 어떤 사람은 복음 전하는 자로, 어떤 사람은 목사와 교사로 삼으셨으니 이는 성도를 온전하게 하여 봉사의 일을 하게 하며 그리스도의 몸을 세우려 하심이라" 엡 4:11-12.

하나님께서 교회에 목사를 세우신 목적은 성도를 바르게 인도하고 성숙시켜 봉사의 일을 감당케 하기 위해서다. 그런데 나오미는 기가 막히게 이 역할을 잘 감당한다. 한 걸음 더 나아가 그녀는 룻에게 "그 사람은 우리와 가까우니 우리 기업을 무를 자 중의 하나이니라" 룻 2:20고 보아스를 소개한다.

사실 모압에서 베들레헴으로 온 룻은 보아스에 대해 잘 알지 못했다. 그야말로 보아스는 생소한 사람이다. 그런데 나오미가 그에 대해 룻에게 자세히 알려 주고 있다. 그는 "기업 무를 자", 바로 "유력한 자" 룻 2:1다. 즉 고엘 제도를 능히 수행할 자라는 사실까지 알려 준다.

목회자가 행하는 사역 중의 사역이 무엇인가? 그것은 말씀 사역이다. 말씀 사역이란 보아스 되신 예수 그분을 소개하는 것이다. 그분은 원래 하나님이셨는데 하나님과 동등 됨을 취하지 않고 이 땅에 인간의 몸을 입고 오셨다. 그리고 우리를 위해 십자가에 못 박혀 죽으심으로써 우리가 구원을 얻게 되었다. 즉 십자가는 메시지의 핵심이다. 그래서 그분을 잘 알지 못하는 사람들에게 예수님이 과연 어떤 분인지를 알려 주는 것이 목회자의 일이다. 이런 측면에서 볼 때 나오미는 지금 목회자의 일을 하고 있다.

여기서 한 걸음 더 나아가 나오미는 룻을 보아스에게 중매까지 하고 있다.

> "룻의 시어머니 나오미가 그에게 이르되 내 딸아 내가 너를 위하여 안식할 곳을 구하여 너를 복되게 하여야 하지 않겠느냐" 룻 3:1.

나오미가 룻에게 보아스를 중매하면서 구체적인 지침을 내린다. "밤에 보아스란 사람을 만나러 가거라. 가기 전에 목욕하고, 기름 바르고, 의복을 입고 타작마당으로 가라. 가서는 그 사람이 누울 때에 그의 발치 이불을 들고 거기 살며시 누우라." 이것은 유대인이 결혼을 위해 이성에게 프러포즈 하는 행동이다. 나오미는 지금 며느리가 보아스와 결혼했으면 하는 마음을 가졌다. 그렇다면 사역자의 역할이란 무엇인가? 바울 사도는 자신을 이렇게 소개한다.

> "내가 하나님의 열심으로 너희를 위하여 열심을 내노니 내가 너희를 정결한 처녀로 한 남편인 그리스도께 드리려고 중매함이로다" 고후 11:2.

사도 바울은 자신의 사역을 바로 중매쟁이라고 소개한다. 고린도 교회 성도들을 그리스도라는 신랑에게 중매하는 역할을 수행하고 있다는 말이다. 목회자의 중요한 사역 중 하나가 바로 이 중매쟁이의 사역이다. 단지 그리스도에 대해 소개하는 것에서 그치지 않고, 그가 주님 앞에 나아와 그분의 신부가 되어 그분의 아이를 낳는 단계에까지 이르도록 도와주는 역할을 한다. 그러므로 여기에 등장하는 나오미는 목회자를 상징하는 인물로 묘사되고 있다는 주장이다.

이 세 가지 주장은 팽팽하게 맞서고 있는데, 이들 주장 모두 일리가 있다. 당신은 어느 견해에 동의하는가? 우리가 어떤 견해를 지지할 것인가에 앞서서 주의해야 할 것이 있다.

성경에는 서로 짝이 있다. 그러므로 성경은 성경으로 풀어야 한다. 성경에 보면 율법이나 성령은 사람으로 묘사된 적이 없다. 성령으로 상징되는 사람이 등장하는 경우를 찾아보기가 어렵다. 구약에 "여호와의 사자", "나그네", "길손"으로 등장하는 사람이 있다. 이는 제2위 성자의 현현으로 이해하지, 성령으로 이해하지 않는다. 또 하나 율법과 성령은 완벽하신 분이다. 그런데 나오미는 살아오는 과정에서 많은 연약함을 노출하고 있다. 이렇게 볼 때 나오미를 율법으로 혹은 성령으로 보는 견해보다는 세 번째 견해인 목회자로 보는 것이 더 자연스럽다. 문제는 어떤 목회자로 보는 것이 좋을까 하는 점이다.

목회자로서의 나오미

나오미를 율법으로 볼 수도 있고 성령으로도 볼 수 있다면 그녀를 목회자이되 율법, 즉 말씀과 성령이 충만한 목회자로 보면 어떨까 하는 결론에 이르게 된다. 나는 여기 등장하는 나오미는 말씀이 충만한 목회자, 그러면서 동시에 성령이 충만한 목회자를 상징한다고 확신한다.

목회자는 죄악의 땅이요, 진노의 땅인 모압에 사는 사람들이 베들레헴, 즉 떡집으로 이주하는 과정에 그들과 희로애락을 함께하면서 그들보다 조금 더 앞장서서 사람들을 이끌어 가는 리더가 되어야 한다. 그래서 보아스의 밭, 즉 하나님의 교회에 거하는 사람들이 어떻게 생각하고, 어떻게 행동하고, 또 어떻게 살아야 하는지를 구체적으로 가르쳐야 한다. 또 목회자는 하나님의 뜻을 깨닫는 선견자의 역할을 잘 감당함으로써 성도에게 바른 방향과 목표를 제시해 주어야 한다. 한 걸음 더 나아가 궁극적으로 성도들에게 보아스 되신 예수 그리스도와 결혼에까지 이르도록 중매 역할을 잘 감당해야 한다. 이것이 목회자의 일이다.

이를 감당하기 위해 목회자는 무엇보다도 율법, 즉 하나님의 말씀이 충만해야만 한다.

"그리스도의 말씀이 너희 속에 풍성히 거하여 모든 지혜로 피차 가르치며 권면하고 시와 찬송과 신령한 노래를 부르며 감사한 마음으로

하나님을 찬양하고 또 무엇을 하든지 말에나 일에나 다 주 예수의 이름으로 하고 그를 힘입어 하나님 아버지께 감사하라"골 3:16-17.

이처럼 목회자는 무엇보다 말씀이 충만해야 한다. 또한 목회자는 성령 충만해야만 한다.

"그러므로 어리석은 자가 되지 말고 오직 주의 뜻이 무엇인가 이해하라 술 취하지 말라 이는 방탕한 것이니 오직 성령으로 충만함을 받으라"엡 5:17-18.

우리는 목회자가 이런 일을 잘 감당할 수 있도록 기도해 주어야 한다. 먼저 말씀 충만할 수 있도록 기도해 주어야 한다. 강단에서 하나님 말씀만이 온전히 전해지도록 말이다. 오늘 이 시대는 하나님의 말씀이 홍수처럼 쏟아지고 있다. 그러나 진정한 하나님의 말씀은 듣기 어려운 시대다. 기독교 관련 텔레비전이나 라디오를 틀어 보라. 부흥 집회에 참석해 보라. 전부 그런 것은 아니지만 하나님의 말씀은 온데간데없고 오히려 코미디언을 뺨치는 무대, 유머러스한 강사가 유명세를 타고 있다.

"아이 사무엘이 엘리 앞에서 여호와를 섬길 때에는 여호와의 말씀이 희귀하여 이상이 흔히 보이지 않았더라"삼상 3:1.

사무엘 시대와 같이 말씀이 희귀한 이 시대에 하나님의 말씀만을 온전히 전할 수 있도록 기도해 주어야 한다.

또한 성령 충만할 수 있도록 기도해 주어야 한다. 목회자 자신도 영적으로 갈급할 때가 자주 있다. 성도들의 기도가 필요하다는 말이다. 베드로가 성령 충만하니 그의 메시지 앞에서 회개하고 가슴을 치며 돌아오는 자가 하루에 삼천 명이나 되었다행 2:41. 스데반은 성령 충만하여 하늘 문이 열리는 그 놀라운 광경을 수많은 사람에게 선포했다행 7:54-57.

또한 바울은 성령 충만하여 유라굴로와 같은 그 무서운 광풍 앞에서 "이제는 안심하라 너희 중 아무도 생명에는 아무런 손상이 없겠고 오직 배뿐이리라"행 27:22고 예언했다. 그가 성령 충만하여 사용하던 손수건이나 앞치마를 가져다가 병든 사람에게 얹으면 그 병이 떠나는 역사행 19:12가 나타났다.

우리는 목회자가 이처럼 성령의 사람이 되도록 기도해 주어야 한다. 말씀과 성령이 충만한 가운데 하나님의 거룩한 사역을 잘 감당할 수 있도록 말이다. 목회자를 위한 성도들의 기도가 절대적으로 필요하다.

성도로서의 룻

그렇다면 성도들은 어떤 사람이 되어야 할까? 룻과 같은 성도가 되어야 한다. 룻은 어떤 사람인가?

"룻이 시어머니에게 이르되 어머니의 말씀대로 내가 다 행하리이다 하니라 그가 타작 마당으로 내려가서 시어머니의 명령대로 다 하니라" 룻 3:5-6.

"다 행하리이다", "다 하니라"라는 말에서 알 수 있듯이 룻은 철저히 순종한 사람이었다. 룻은 시어머니의 말씀에 "예"라고 대답하며 순종했다. 사실 시어머니의 말씀은 여성으로서 행하기 어려운 부분이 있었다. 자존심을 다 던져야만 가능한 일이었다. 그야말로 모험적인 행동이었다. 그러나 그녀는 어머니의 말씀이었기에 "예" 하고 그대로 순종했다.

말씀과 성령이 충만한 목회자의 말씀 앞에 "예" 하고 순종하길 바란다. "예" 하는 자가 되길 바란다 고후 1:17-20. 그 이유가 무엇인가?

"하나님이 교회 중에 몇을 세우셨으니 첫째는 사도요 둘째는 선지자요 셋째는 교사요 그 다음은 능력을 행하는 자요 그 다음은 병 고치는 은사와 서로 돕는 것과 다스리는 것과 각종 방언을 말하는 것이라" 고전 12:28.

그래서 바울은 자신을 "하나님의 동역자" 고전 3:9, "하나님과 함께 일하는 자" 고후 6:1, "사람들에게서 난 것도 아니요 사람으로 말미암은 것도 아니요 오직 예수 그리스도와 그를 죽은 자 가운데서 살리신 하나님 아버지로 말미암아 사도 된 바울" 갈 1:1이라고 소개한다.

> "사람이 마땅히 우리를 그리스도의 일꾼이요 하나님의 비밀을 맡은 자로 여길지어다" 고전 4:1.

주님도 "너희를 영접하는 자는 나를 영접하는 것이요 나를 영접하는 자는 나를 보내신 이를 영접하는 것이니라" 마 10:40고 말씀하신다. 이것은 사역자, 예수님, 하나님을 거의 동일선상에 놓고 말씀하시는 것이다. 그러므로 목회자의 말에 "예"라고 답하길 바란다. 이런 사람에게 하나님의 은혜가 나타날 줄로 믿는다.

남성초청대잔치에 윤형주 장로님을 초청한 적이 있다. 그분은 현재 온누리교회 장로이다. 이 교회의 담임목사인 하용조 목사님이 "이번 여름 일본에서 집회가 있는데 일본 복음화를 위해서, 그리고 그곳에서 복음을 전하는 나를 위해 기도해 주시고 응원해 주십시오. 또한 할 수만 있다면 이 일을 위해 이번 여름 함께 일본으로 가십시다"라고 말씀을 전하자 그 말 한마디에 오천 명이나 자원했다고 한다. 물론 경비는 개임 부담이다. 이런 힘이 오늘의 온누리교회를 만든 것이다. 목회자가 강단에서 말씀을 전할 때 "예"로 순종하길 바란다. 목회자가 강단에서 전하는 말씀이 하나님의 말씀으로 들리면 그때부터 은혜가 솟아나오는 줄 믿는다.

이와 함께 말씀과 성령이 충만한 목회자와 좋은 교통과 교제가 있기를 바란다. 룻은 모압을 출발하면서부터 늘 나오미와 함께했다. 그녀와 교제하면서 자신에게 일어난 일을 다 고하고 가르침을 받았다. 서로 교통하며 솔직한 대화를 나눈다. 자기가 거둔 곡식을 어머니와 함께 나눈다룻 2:18. 그리고 말씀에 순종한다. 말씀을 전하는 목회자와 담을 쌓지 않길 바란다. 어떤 집사님은 지방에서 한 주 머물러야 하거나 외국에 출장을 가야 하는 상황이면 꼭 문자를 보낸다.

미국 교회에 가 보면 예배를 마친 후 절대 서두르는 법이 없다. 천천히 나오면서 담임목사와 인사를 하며 이런저런 대화를 나눈다. 때때로 담임목사가 성도를 붙잡고 기도도 해준다. 그러면 뒤에 서 있는 사람들은 자기들끼리 얘기를 나누면서 자기 차례가 오기를 기다렸다가 담임목사와 악수하고 대화를 나누고 집으로 돌아간다. 참으로 아름다운 모습이다.

"가르침을 받는 자는 말씀을 가르치는 자와 모든 좋은 것을 함께하라"갈 6:6.

축복권을 행사하는 나오미

목회자의 상징으로 등장하는 나오미가 축복권을 행사하는 자로 등장한다는 사실을 놓치지 말라.

"너희가 죽은 자들과 나를 선대한 것 같이 여호와께서 너희를 선대하시기를 원하며"룻 1:8.

"너를 돌본 자에게 복이 있기를 원하노라 그가 여호와로부터 복 받기를 원하노라" 룻 2:19-20.

나오미가 복을 빌 때마다 그대로 이루어졌다. 여호와께서 모세에게 이렇게 말씀하셨다.

"아론과 그의 아들들에게 말하여 이르기를 너희는 이스라엘 자손을 위하여 이렇게 축복하여 이르되 여호와는 네게 복을 주시고 너를 지키시기를 원하며 여호와는 그의 얼굴로 네게 비추사 은혜 베푸시기를 원하며 여호와는 그 얼굴을 네게로 향하여 드사 평강 주시기를 원하노라 할지니라 하라 그들은 이같이 내 이름으로 이스라엘 자손에게 축복할지니 내가 그들에게 복을 주리라" 민 6:23-27.

하나님은 모세가 아닌 '아론과 그 아들들로 하여금' 이스라엘 자손에게 축복하라고 말씀하신다. 그렇다면 왜 그들에게 특별히 축복권을 주셨는지 생각해 볼 필요가 있다. 하나님은 말씀과 성령이 충만한 목회자에게 축복권을 주신다. 그래서 이들이 축복하는 대로 이루어지도록 하신다.

나는 이 말씀을 준비하면서 많은 찔림과 도전을 받았다. 과연 나는 말씀이 충만한 목회자인가? 이를 고민하면서 말씀이 충만한 목회자가 되도록 힘써야겠다는 다짐을 해본다.

나는 성도가 룻과 같은 사람이 되기를 바란다. 말씀에 철저히 순종하는 사람이 되기를 힘쓰고, 또 목회자와 좋은 관계 맺길 바란다. 목회자는 이런 사람을 위해 기도할 것이고, 그 기도는 반드시 응답될 것이다. 그래서 결국은 룻이 받아 누렸던 그 축복을 다 받아 누리는 주인공이 될 수 있기를 바란다.

— 15장 —

룻의 맥추감사

. . .

"룻의 시어머니 나오미가 그에게 이르되 내 딸아 내가 너를 위하여 안식할 곳을 구하여 너를 복되게 하여야 하지 않겠느냐 네가 함께 하던 하녀들을 둔 보아스는 우리의 친족이 아니냐 보라 그가 오늘 밤에 타작마당에서 보리를 까불리라 그런즉 너는 목욕하고 기름을 바르고 의복을 입고 타작마당에 내려가서 그 사람이 먹고 마시기를 다 하기까지는 그에게 보이지 말고 그가 누울 때에 너는 그가 눕는 곳을 알았다가 들어가서 그의 발치 이불을 들고 거기 누우라 그가 네 할 일을 네게 알게 하리라 하니 룻이 시어머니에게 이르되 어머니의 말씀대로 내가 다 행하리이다 하니라 그가 타작마당으로 내려가서 시어머니의 명령대로 다 하니라 보아스가 먹고 마시고 마음이 즐거워 가서 곡식 단 더미의 끝에 눕는지라 룻이 가만히 가서 그의 발치 이불을 들고 거기 누웠더라."

—룻기 3:1-7

부활신앙과 감사

기독교 서적에 관심이 있다면 유진 피터슨Eugene Peterson에 대해 들었을 것이다. 그만큼 그는 현존하는 이 시대 최고의 영성 신학자이자 목회자로서 많은 사람에게 큰 영향을 미친다. 그는 자신이 저술한 수많은 저서 가운데 『유진 피터슨 부활』(청림)에서 기독교 최대 절기인 '크리스마스'와 '부활절'을 비교하며 이렇게 말했다. "크리스마스는 살아 있으나 부활절은 흥미를 일으키는 부분에서조차도 실패하고 말았다." "부활절은 완전히 죽어 버렸다."

그 이유가 무엇인가? 오늘날 수많은 크리스천이 입으로는 예수 부활을 인정하고 믿는다고 고백하지만, 실상 그들의 삶 속에서는 부활 신앙이 생활화되지 못했다는 것이다. 이는 부활을 자신의 죽음 이후에 일어날 그 어떤 일 정도로만 생각할 뿐, 현재 우리의 삶 속에서 부활을 경험하지 못하기 때문이다. 그러나 부활은 먼 훗날 일어날 그 무엇만이 아니라 지금 일어나는 현존 사건이다. 그러므로 부활은 우리 삶의 현장에서 지금 경험되어야 하고, 또 우리는 부활 신앙을 보여 주는 신앙인이 되어야 한다.

그러면 어떻게 사는 것이 부활 신앙인가? 유진 피터슨은 이 책에서 세 가지로 정리한다.

첫째, 안식일을 준수하라. 둘째, 공동체 안에서의 교제를 중요시 하라. 셋째, 세례의 성결함을 마음에 담아라. 그는 이 세 가지가 부활의 정체성을 지키는 데 중요한 요소라고 결론을 내린다.

오늘날 현대인은 안식, 즉 쉼을 잃어버렸다. 일에 치중하다 보니 하나님과의 교제는 있지만 믿음을 가진 형제들과의 아름다운 교제는 등한시하는 경향이 있다. 너무 이기적인 신앙으로 치닫고 있다. 더 나아가 도덕 불감증으로 인해 세례의 거룩함이 뿌리째 흔들리고 있다. 그리하여 주님이 우리 삶 속에 개입하셔서 우리를 변화시키시고, 또 일으켜 세워 주시는 것을 맛보지 못하고 있다고 진단했다. 나도 이 견해에 동의한다. 대단히 정확한 지적이라고 생각한다.

그는 이 책을 자신의 기도문으로 마무리한다.

"주 예수 그리스도여! 마음 깊이 우러나는 감사와 애정과 관심과 사랑으로, 그리고 주님의 부름에 응답하며 살고자 하는 열망으로 주님 앞에 나아갑니다."

이 기도문은 유진 피터슨이 이 책을 통해 부활의 삶을 현재화할 때 가장 중요한 요소가 무엇인지를 결론적으로 말해 주는 대목이다.

여기서 그가 가장 강조하고 싶었던 단어는 '감사'다. 그것이 내세이든 현세이든 정말로 부활을 믿는다면, 또 부활이 우리 삶의 현장에서 실제로 일어나길 원한다면 어떤 자세로 살아가고, 또 어떤 마음의 자세로 주님 앞에 나아가야 하느냐는 물음에 그는 '감사'하는 태도라고 대답한다. 그러면서 오늘날 신앙생활 하는 우리에게 가장 결여되어 있는 것이 감사라고 강조한다. 따라서 부활을 믿는다고 고백하는 사람이라면 삶의 현장에서 감사하는 마음의 자세가 절대적으로 필요하다고 강조한다. 감사는 단지 입술로 표현하는 말이 아니라 태도요, 마음가짐이다. 맥추감사절을 지키면서 하나님이 진정 원하시는 감사의 태도가 어떤 것인지 정리해 보자.

이해할 수 없는 나오미의 지시와 룻의 순종

우리의 보편적 상식, 도덕적 기준과 관념으로는 도무지 이해하기 어려운 생소한 사건이 일어난다. 지금 나오미는 자기 며느리에게 이해되지 않는, 그야말로 생뚱맞은 지시를 내렸다.

"너는 목욕하고 기름을 바르고 의복을 단정히 차려 입고 타작

마당으로 가라. 그곳에 가면 보아스란 남자가 와서 타작을 하다가 그곳에서 잠이 들게 될 것이다. 그러면 너는 가만히 가서 그 남자의 발치 이불을 들고 거기 누워라"룻 3:3-4.

여기서 "발치 이불을 든다"는 말은 남자의 바지를 걷어 올린다는 뜻도 된다. 그러니까 외간 남자에게 성적인 유혹을 하라고 남도 아닌 시어머니가 자기 며느리에게 요구하고 있다. 삼류 연애소설의 줄거리가 눈앞에 펼쳐지는 듯하다.

당시 이스라엘에서는 이런 행동이 여자가 남자에게 프러포즈할 때 간혹 있었다고 한다. 그러나 보편화된 관습은 아니었다. 더군다나 룻은 모압 여인으로, 남의 나라인 이스라엘 관습에 익숙하지 않았다. 또한 신분상 보아스와 룻은 하늘과 땅이었다. 룻은 처녀도 아니었다. 그녀는 이스라엘 백성이 개와 같이 취급하는 이방인 여자에 불과했다. 게다가 룻은 "네가 현숙한 여자인 줄을 나의 성읍 백성이 다 아느니라"룻 3:11에서 알 수 있듯 가볍게 처신하는 여인이 아니었다.

그녀는 온 성읍 사람들도 다 아는, 몸가짐이 반듯한 여인이었다. 또한 나오미의 입장에서 보면 룻은 그야말로 살림 밑천, 생계수단이나 다름없었다. 그녀 덕분에 지금 입에 풀칠이라도 하고 있는데, 다른 남자와 눈이 맞아 떠나 버리면 어떻게 되겠는가? 이런 상황에서 지금 나오미의 지시는 이해하기가 어렵다.

그런데 어째서 나오미는 룻에게 이런 특이한 행동을 지시한 것일까? 또한 룻은 이해되지 않는 이 지시를 무슨 생각으로 따르는 것일까?

룻은 비록 며느리이지만 어머니의 말이라고 해서 맹목적으로 순종하는 여인이 아니었다. 나오미가 그녀에게 "돌아가라"룻 1:8, 15고 했을 때 그 말에 절대 순종하지 않았다. 이렇게 볼 때 룻은 분명한 자기 주관과 소신을 가진 여인이었다. 그렇다면 부당하기 그지없는 이 요구에 혀를 깨물고 죽었으면 죽었지, 따를 수 없다고 거절해야만 했다. 그런데 시어머니의 말씀에 그대로 "예" 하며 따른다. 아니 따랐다기보다는 마치 그 말씀을 기다렸다는 듯이 적극적으로 행동한다.

"룻이 시어머니에게 이르되 어머니의 말씀대로 내가 다 행하리이다 하니라 그가 타작 마당으로 내려가서 시어머니의 명령대로 다 하니라"룻 3:5-6.

그녀가 취한 이상스럽고도 묘한 행동 속에 담긴 영적 의미는 도대체 무엇인가? 지금부터 자세히 살펴보기로 하자.

보리밭의 축복

나오미와 룻의 행동을 제대로 이해하기 위해서는 바로 앞장의 사건을 정리해 봐야 한다. 2장을 보면 룻은 어머니 나오미와 함께 모압에서 베들레헴으로 왔다. 마침 보리 추수를 시작할 때였다룻

1:22. 성경은 이 점을 강조한다. 그리고 룻은 보리밭으로 나가 보리 이삭을 줍는데, 성경은 그녀가 보리밭에서 경험했던 일들을 소상히 기록해 놓았다.

> "이에 룻이 보아스의 소녀들에게 가까이 있어서 보리 추수와 밀 추수를 마치기까지 이삭을 주우며 그의 시어머니와 함께 거주하니라"룻 2:23.

여기서 보리 추수와 밀 추수를 언급하고 있는데, 이렇게 볼 때 룻기 2장은 다름 아닌 룻의 맥추 현장이다. 그렇다면 좀 더 구체적으로 룻은 그 맥추 현장에서 어떤 일을 경험하는가?

첫째, 룻은 그 맥추 현장에서 땀 흘리며 일할 밭을 제공 받는다. 즉 일할 직장이 그녀에게 주어졌다. 그녀는 자기 소유의 땅이 없어 무턱 대고 들판으로 나갔다. 그런데 일할 수 있는 밭이 제공되어 그 밭에서 아침부터 밤까지 정말 열심히 일한다.

여기서 우리는 룻이 일할 수 있다는 사실에 얼마나 고마워하고 다행스럽게 생각하는지를 알 수 있다. '아, 내가 일할 수 있다니, 출근할 수 있는 곳이 생기다니, 땀 흘릴 수 있는 일터가 있다니'라고 생각하며 열심히 일한다. 그런데 중요한 것은 이렇게 룻이 일할 수 있는 밭을 누가 제공해 주었느냐 하는 점이다. 그것은 다름 아닌 보아스다.

"보아스가 룻에게 이르되 내 딸아 들으라 이삭을 주우러 다른 밭으로 가지 말며 여기서 떠나지 말고 나의 소녀들과 함께 있으라" 룻 2:8.

보아스는 룻에게 직장, 즉 일터를 제공한다.

둘째, 룻은 밭에서 자신에게 음양으로 도움을 주는 여러 사람을 만난다. 베들레헴으로 올 때 그녀에게는 단 한 명의 아는 사람도 없었다. 연결된 사람 하나 없는 생소한 땅이었다. 그런데 이 추수 현장에서 이렇게 저렇게 여러 사람과 연결되기 시작하고, 그들과 교제를 나누면서 도움을 받는다. 그렇다면 룻은 어떤 사람들과 연결되는가?

"그의 말이 나로 베는 자를 따라 단 사이에서 이삭을 줍게 하소서 하였고 아침부터 와서는 잠시 집에서 쉰 외에 지금까지 계속하는 중이니이다" 룻 2:7.

"룻이 이삭을 주우러 일어날 때에 보아스가 자기 소년들에게 명령하여 이르되 그에게 곡식 단 사이에서 줍게 하고 책망하지 말며 또 그를 위하여 곡식 다발에서 조금씩 뽑아 버려서 그에게 줍게 하고 꾸짖지 말라 하니라" 룻 2:15.

룻기 2장 22-23절을 보면 소녀들과도 연결되는 것을 알 수 있다. 이들은 음으로 양으로 그녀에게 큰 도움을 준다.

그런데 여기 등장하는 사환들과 소년들, 그리고 소녀들은 누구의 소속이고, 누구의 명령을 따르는가? 이들 모두는 보아스의 소속이다. 보아스는 정면에 나서지 않지만 뒤에서 그들의 마음과 생각과 행동을 통제하면서 그들을 룻과 만나게 하는 연결고리의 역할을 한다.

셋째, 룻은 추수 현장에서 일용할 양식을 공급 받는다.

"목이 마르거든 그릇에 가서 소년들이 길어 온 것을 마실지니라"룻 2:9.

"식사할 때에 보아스가 룻에게 이르되 이리로 와서 떡을 먹으며 네 떡 조각을 초에 찍으라 하므로 룻이 곡식 베는 자 곁에 앉으니 그가 볶은 곡식을 주매 룻이 배불리 먹고 남았더라"룻 2:14.

"룻이 밭에서 저녁까지 줍고 그 주운 것을 떠니 보리가 한 에바쯤 되는지라 그것을 가지고 성읍에 들어가서 시어머니에게 그 주운 것을 보이고 그가 배불리 먹고 남긴 것을 내어 시어머니에게 드리매"룻 2:17-18.

룻은 배불리 먹고 갈증을 해소한다. 그리고 그녀의 시어머니까지 먹일 양식을 공급 받는다. 누구 때문에 이렇게 배불리 먹고, 마실 수 있었는가? 그렇다. 보아스다. 바로 보아스 때문이다.

넷째, 룻은 거친 삶의 현장에서 안전하게 보호받는다.

"그들이 베는 밭을 보고 그들을 따르라 내가 그 소년들에게 명령하여 너를 건드리지 말라 하였느니라 목이 마르거든 그릇에 가서 소년들이 길어 온 것을 마실지니라"룻 2:9.

"여호와께서 네가 행한 일에 보답하시기를 원하며 이스라엘의 하나님 여호와께서 그의 날개 아래에 보호를 받으러 온 네게 온전한 상 주시기를 원하노라 하는지라"룻 2:12.

온전한 상이라는 것은 온전하게 보호받을 것이라는 뜻이다. 당시의 시대상은 어떠했는가? 이때는 "사람이 각기 자기의 소견에 옳은 대로 행하던"삿 21:25 시대였다.

여기서 제멋대로라는 말은 성적으로 타락한 시대를 말하는 것이다. 즉 도덕적 관념이 무너져 버린 시대였다. 이때 연약한 여성이 거친 밭에 나가 일하고 있는데, 그 주변에는 남자가 우글거린다. 혼자만의 힘으로 정조를 지킬 수 있겠는가? 그런데 그녀가 밭에서 보호를 받고 있다. "이 여인을 절대로 건드리지 말라"룻 2:9. 누가 룻을 안전하게 보호해 주고 있는가? 두말할 필요도 없이 보아스다.

측량할 수 없는 은혜에 대한 감사

이렇게 낯선 땅에서, 그 어떤 희망도 가질 수 없는 처지에 놓여 있던 룻이 보아스를 만난 이후 그를 통해 그야말로 놀라운 은혜를 값없이, 조건 없이 입고 있는 현장이 바로 룻의 맥추 현장이다룻 2:10. 그녀는 보아스를 통해 일터, 즉 직장을 얻었다. 또한 보아스를 통해 자신을 도와주는 사람들을 만나고, 그를 통해 풍성한 양식을 공급 받았다. 보아스를 통해 거칠고 낯선 땅, 사람들이 다 자기 소견에 좋을 대로만 행하는삿 21:25 그곳에서 안전하게 보호받았다.

만약 정상적인 사람이라면 이런 측량할 수 없는 은혜를 입었을 때 어떤 생각을 하겠는가? '이 은혜를 무엇으로 보답할까?'라고 고민하면서 자신의 모든 것, 필요하다면 자신의 몸이라도 드리고 싶다고 생각하지 않겠는가? 이것이 바로 룻이 마음속으로 가졌던 자세다.

룻이 이런 생각을 하고 있던 차에 나오미가 이렇게 말한다.

> "내 딸아 내가 너를 위하여 안식할 곳을 구하여 너로 복되게 하여야 하지 않겠느냐"룻 3:1.

뒤이어 "이렇게 저렇게 하라"고 지시까지 내린다. 시어머니 앞에서 부끄럽기도 하고, 사람들에게 다분히 오해받을 소지도 있으며, 자존심도 상하고, 두렵기도 했을 것이다. 그러나 그녀의 마음속에 보아스로부터 받은 은혜를 어떻게 보답할까 하는 생각이 가득 차 있어서 나오미의 이해할 수 없는 요구에도 주저함 없이 순종하게 된다.

이렇게 볼 때 3장은 룻의 맥추 후 감사의 현장이다.

2장의 맥추 현장에서 룻은 큰 은혜를 입었지만, 자신은 가진 것이 아무것도 없었다. 가진 것이라곤 자신의 몸뿐이었다. 그래서 자신의 몸을 기꺼이 그분께 드리기로 작정하고, 어머니가 지시한 대로 행한 것이다. 룻은 밤에 타작마당으로 내려가 보아스의 행동을 유심히 살피다가 그가 잠자리에 들었을 때 이불을 들고 발치에 누웠다. 잠결에 깜짝 놀란 보아스가 "네가 누구냐?"라고 소리를 지르자 당돌하게 이렇게 말한다.

"나는 당신의 여종 룻이오니 당신의 옷자락을 펴 당신의 여종을 덮으소서" 룻 3:9.

이제 이해할 수 있는가? 룻의 행동에 '아, 그래서 그렇게 했었구나!'라고 고개를 끄덕일 수 있는가? 이 상황을 보면 떠오르는 성경 말씀이 있다.

"그러므로 형제들아 내가 하나님의 모든 자비하심으로 너희를 권하노니 너희 몸을 하나님이 기뻐하시는 거룩한 산 제물로 드리라 이는 너희가 드릴 영적 예배니라" 롬 12:1.

옛날 한 여인이 일곱 귀신이 들려 삶을 포기하고 있던 때 예수를 만나서 나음을 입은 후 자신이 받은 은혜를 어떻게 보답할지

고민했다. 그러다가 향유를 주님 몸에 쏟아 붓고 눈물로 발을 적시며 머리털로 닦고 그 발에 입을 맞춘 그 감격적인 모습과 룻의 행동은 다를 바가 없다 눅 7:36-38.

우리는 여기 등장하는 보아스가 누구며, 룻이 누구인지 이미 살펴보았다. 룻은 바로 우리를 가리킨다. 우리는 룻과 같은 존재다. 소망을 가질 수 없던 그녀는 하나님의 긍휼과 자비하심을 받을 수 없는 바로 우리 자신이다. 그럼에도 주님은 우리에게 이런 은혜를 주셔서 여기까지 이르게 하셨다.

일터가 있는가? 누가 주셨는가?
주변에 도움을 주는 사람이 많은가? 누가 엮어 주셨는가?
일용할 양식이 있는가? 누가 주셨는가?
날마다 보호하심을 받았는가? 누가 보호해 주셨는가?
지금 우리가 받아 누리는 모든 것은 누구로부터 주어진 것인가? 보아스 되신 우리 주님이시다. 그분이 우리를 지켜 주시고 그분이 우리를 보호해 주신다. 그러므로 우리 마음속에 시편 기자의 고민이 있어야 한다.

"내게 주신 모든 은혜를 내가 여호와께 무엇으로 보답할까" 시 116:12.

이 물음에 시편 기자는 이렇게 결론을 내린다.

"내가 구원의 잔을 들고 여호와의 이름을 부르며" 시 116:13.

우리가 보답하는 길은 그 하나님 앞에 감사제를 드리는 것이다. 해마다 우리는 맥추감사절을 지키고 있다. 하나님은 출애굽하여 가나안을 향하는 이스라엘 백성에게 이렇게 말씀하셨다.

"칠칠절 곧 맥추의 초실절을 지키고 세말에는 수장절을 지키라" 출 34:22.

이 말은 보리 추수가 끝날 때쯤 맥추절을 지키며 가을에는 수장절, 곧 추수감사절을 지키라는 말씀이다. 이 말씀에 근거해 우리는 맥추절을 지킨다. 그렇다면 어떻게 지켜야 하는가?

"네 토지 소산의 처음 익은 것을 가져다가 네 하나님 여호와의 전에 드릴지며 너는 염소 새끼를 그 어미의 젖으로 삶지 말지니라" 출 34:26.

여기서 토지 소산의 처음 익은 것이란 첫 열매, 즉 제일 좋은 것, 우리에게 있는 것들 중 가장 가치 있는 것을 하나님께 구별하여 먼저 드리라는 뜻이다. "맥추절을 지키라", "토지 소산의 처음 익은 것을 가져다가 여호와의 전에 드리라"는 것은 단순한 권면이 아니라 하나님의 명령이다. 명령에는 순종하고 무조건 따르는 것이 최선이다.

얼마 전 캄보디아에서 비행기 참사가 있었다. 그런데 그 뒷이야기가 우리의 가슴을 더 아프게 한다. 마지막 순간까지 아기를 품에 앉고 그 아기만은 살리려고 했던 모 방송사 기자, 사랑하는 어머니에게 처음 해외여행을 시켜 드린 것이 마지막 작별이 될 줄 누가 알았겠는가. 하얀 천에 덮인 관이 하나씩 내려지는데, 그 속에는 필설로 다 표현하지 못할 수많은 사연이 담겨 있었다.

그날 사고 비행기는 러시아제로 러시아 조종사가 몰고 있었다. 비행기는 이미 궤도를 이탈해 있는 상태였다. 관제탑에서는 계속 "고도가 낮다! 고도를 높여라!" 하고 경고했다. 그러자 조종사는 "무슨 말이냐? 이쪽 지역은 내가 잘 안다. 내가 알아서 한다"라고 대답했다. 그리고 얼마 후 추락했다. 목적지를 불과 50킬로미터 앞에 놓고 말이다. 조종사인 자신뿐 아니라 자신을 믿고 탑승했던 그 희생자들을 보라. 우리는 심각하게 생각해야 한다. 지금까지 아무런 사고 없이 잘 살아왔는가? 그 동안 별 탈 지냈는가? 자신의 경험과 지식과 경륜으로 잘 비행해 왔는가? 그래서 앞으로도 아무 일이 없을 거라고 자신하는가? 하나님의 경고를 무시하지 말기를 바란다.

"그 안에 뿌리를 박으며 세움을 받아 교훈을 받은 대로 믿음에 굳게 서서 감사함을 넘치게 하라"골 2:7.

하나님의 관제탑에서 계속 경고음이 들릴 때 자신의 경험과 육

안에 자신감을 가지는 우를 범하지 말라. 하나님의 말씀 앞에 서서 그분의 뜻을 좇아 고도를 높여야 한다. 그렇게 행할 때 그분이 목적지까지 안전하게 인도해 주실 줄 믿는다.

우리는 룻이라는 여인이 맥추 현장에서 받은 은혜에 어떤 자세로 감사하며 보아스에게 나아가고 있는지를 생각해 보았다. 이처럼 맥추의 현장에서 받은 은혜에 대해 감사하는 마음으로 자신이 가진 것 중에 가장 귀한 것을 아낌없이 드렸던 룻은 어떤 축복을 덤으로 받는가?

"내 딸아 여호와께서 네게 복 주시기를 원하노라 내 딸아 두려워하지 말라 … 네가 현숙한 여자인 줄을 나의 성읍 백성이 다 아느니라" 룻 3:10-11.

보아스는 그녀를 안전하게 보호해 줄 뿐만 아니라 보리를 가득 채워 준다. 더 나아가 그녀와 정식으로 결혼하여 마침내 다윗을 낳는 명문가로 회복시켜 준다. 이렇게 하나님은 감사하는 사람에게 더 풍성한 은혜로 갚아 주신다. 이런 은혜의 주인공이 될 수 있기를 바란다.

-16장-

안식할 곳

· · ·

"룻의 시어머니 나오미가 그에게 이르되 내 딸아 내가 너를 위하여 안식할 곳을 구하여 너를 복되게 하여야 하지 않겠느냐 네가 함께하던 하녀들을 둔 보아스는 우리의 친족이 아니냐 보라 그가 오늘 밤에 타작 마당에서 보리를 까불리라 그런즉 너는 목욕하고 기름을 바르고 의복을 입고 타작 마당에 내려가서 그 사람이 먹고 마시기를 다 하기까지는 그에게 보이지 말고 그가 누울 때에 너는 그가 눕는 곳을 알았다가 들어가서 그의 발치 이불을 들고 거기 누우라 그가 네 할 일을 네게 알게 하리라 하니 룻이 시어머니에게 이르되 어머니의 말씀대로 내가 다 행하리이다 하니라 그가 타작 마당으로 내려가서 시어머니의 명령대로 다 하니라 보아스가 먹고 마시고 마음이 즐거워 가서 곡식 단 더미의 끝에 눕는지라 룻이 가만히 가서 그의 발치 이불을 들고 거기 누웠더라."

-룻기 3:1-7

키워드 – 문제 해결의 실마리

우리 교회는 매년 여름이면 '쉼'이라는 주제로 2박 3일간 전교인 수련회를 갖는다. 이 수련회가 참여하는 모든 성도에게 유익한 시간이 되어야 한다는 생각에 은혜를 끼칠 수 있는 강사들을 섭외하는 데 심혈을 기울인다. 그런데 섭외하는 과정에서 강사료가 만만치 않다는 사실을 확인하곤 한다. 하기야 앨빈 토플러Alvin Toffler, 브라이언 트레이시Brian Tracy, 스티븐 코비Steven Covey, 톰 피터스Tom Peters, 조지 소로스George Soros 등 이름만 들어도 가슴 벅찬 세계적인 석학의 강의를 들으려면 미국에서는 1회당 100만 달러 이상의 강의료를 지불해야 한다. 이들을 출판기념회를 겸해 국내에 초청할 경우 1시간당 10만 달러, 무려 1억 원 정도의 돈을 지불해야 한다. 개교회에서 강연을 듣고자 한다면 대부분 1인당 60~70만 원 정도를 내야 하는 수준이다. 이때 항공료와 숙박비, 체류비는 별도로 지불한다고 한다.

재외 한국인 중 1회당 10만 달러 이상을 지불해야 초청할 수 있는 유명 인사가 있다. 김위찬 교수가 대표적인 경우로, 그는 유럽 경영대학원의 석좌교수이자 현재 세계경제포럼에서 유일한 한국 전문위원으로 활동하고 있다. 그의 저서 가운데 『블루오션전략』(르네 마보안 공저)이 있다. 이 책은 현재 100여 개국에 번역되어 출간될 정도로 세계적인 베스트셀러가 되었는데, 시장 공간 안에서 레드오션Red Ocean과 블루오션Blue Ocean을 비교 분석하고 있다.

레드오션이란 기존 시장을 뜻하는 말로, 시장 공간 안에서 경쟁하는 것이다. 이 시장은 이미 세상에 알려져 있어 너도나도 이 시장에 뛰어들어 경쟁을 벌이다 보니 피 터지는 싸움을 해서 이겨야만 생존할 수 있다. 그래서 말 그대로 레드오션은 점점 핏빛으로 물들어 간다. 힘이 들고 지칠 뿐 아니라 매력도와 신선도도 떨어진다. 또한 뼈 빠지게 일해도 이윤이 박하다. 이런 시장 공간이 레드오션이다.

반면에 블루오션이란 아직까지 밝혀지지 않고, 현재 존재하지 않아서 아예 경쟁 공간으로 알려지지 않은 시장 공간을 뜻한다. 이런 곳에서 경쟁자 없는 새 시장 공간을 창출하는 것이다. 경쟁자가 없기 때문에 경쟁 자체를 무의미하게 만들어 버리는 전략이다. 그러므로 오늘날 기업들은 어떻게 하면 유혈 경쟁의 레드오션에서 벗어나 블루오션으로 탈바꿈할 수 있을까 하는 것을 화두로 삼는다.

삼성은 세계가 주목하는 초일류 기업이다. 그러나 이건희 회장은 현재에 만족해하지 않는다. 그가 외치는 슬로건은 "10년 후에 무엇을 먹고 살 것인가"다. 이를 위해서는 레드오션에서 블루오션을 찾아 항해해야 한다면서 사장단을 채근한다. 삼성이 즐겨 사용하는 신조어 '창조 경영'도 블루오션 전략에서 나온 말이다.

그렇다면 왜 상상을 초월하는 경비를 들여 가면서 유명 인사들의 강의를 직접 들으려고 하는 걸까? 그 이유는 간단하다. 그것은 그들의 입에서 나오는 몇 마디, 즉 미래 예측과 경영 전략, 회사 컨설팅에 관해 던지는 '한마디'key word를 건지기 위해서다. 그 한마디를 위해서라면 이런 거액도 결코 아깝지 않은 투자라고 생각한다. 핵심과 정곡을 찌르는 한마디가 중요하다. 그 한마디가 당면한 문제를 해결하는 실마리가 될 뿐만 아니라 해답이 될 수 있기 때문이다.

나오미의 한마디 '안식할 곳을 찾아라'

룻기 3장을 보면 나오미는 룻에게 대단히 중요한 한마디를 던진다. 나오미의 이 한마디는 수백만 달러를 투자해야만 들을 수 있는 유명 석학들의 입에서 나오는 말보다 더 값지고 중요하다. 앞에서 살펴보았듯 나오미는 행색은 볼품없고 초라하지만 그의 역할은 그렇지 않다. 그녀는 율법, 즉 말씀과 성령, 그리고 목회자를 상징한다. 그런데 이 세 가지—율법, 성령, 목회자—는 하나님이 자신의 뜻을 드러내실 때 사용하는 통로다. 따라서 나오미의 입에서 나오는 말은 그녀의 말이 아니라 하나님의 말씀, 즉 그분의 뜻이다. 이것을 어찌 석학들의 말과 비교할 수 있겠는가!

그러면 그녀가 던진 한마디는 무엇인가?

"룻의 시어머니 나오미가 그에게 이르되 내 딸아 내가 너를 위하여 안식할 곳을 구하여 너를 복되게 하여야 하지 않겠느냐"룻 3:1.

이 말씀을 요약하면 "안식할 곳을 구하여 너를 복되게 하라"이고, 좀 더 요약하면 "안식할 곳을 찾아라"다. 이를 더 요약하면 "안식할 곳"으로 압축할 수 있다. 이 한마디는 룻이 처한 현실을 정확히 진단한 말이다. 동시에 이 진단에 대한 처방, 즉 그녀가 나아가야 할 방향을 정확하게 제시한다.

그렇다면 룻은 지금 어떤 상황에 처해 있는지 2장을 다시 한 번 살펴보자. 그녀는 모압에서 베들레헴으로 올 때 아무것도 없었다. 직장도, 생계를 위한 그 무엇도 없었다. 한마디로 텅 빈 모습 그 자체였다.

그런데 '우연'과 '마침'이라는 절묘한 만남을 통해 신기하고 기이한 일들이 일어났다. 그 후 그녀는 어느 정도 생활의 안정을 찾는다. 일할 직장이 생겨 열심히 일도 하고, 먹을 양식이 있어 생계 걱정도 덜었다. 곁에서 이모저모로 도와주는 사람도 생겼다. 따라서 룻은 겉으로 볼 때 현실적으로 큰 어려움 없이 생활할 수 있는 터전이 마련되어 있다. 현실에 만족해하며 안주해도 되는 그런 환경이다.

그러나 좀 더 깊이 룻의 현재를 냉정히 진단해 보자.

아침부터 와서 잠시 집에서 쉰 것 외에 늦은 저녁 시간까지 열심히 일해도 손에 쥔 것은 보리 한 에바밖에 되지 않는다룻 2:17. 이것은 겨우 한 말 정도의 양이다. 그녀는 그 수입을 위해 온종일 남정네들의 뒤꽁무니를 따라다니면서 그들이 이삭을 떨어뜨려 주기를 목 빠지게 기다려야 하는 나날을 보내고 있다.

그 들녘에서 보리이삭을 줍는 사람이 룻 한 사람뿐인가? 그렇지 않았을 것이다. 그녀 외에도 여러 사람이 들판에 떨어진 이삭을 줍기 위해 열심이다. 보리이삭을 놓고 그야말로 레드오션처럼 피 터지는 경쟁을 한다. 그러다 보니 보리이삭을 줍는 현장은 마치 삼십팔 년 된 병자를 위시한 수많은 병자가 물이 동하기를 목 빠지게 기다리다가 어쩌다가 물이 한 번 동하는 순간, 일제히 그 물속에 뛰어들기 위해 내달렸던 베데스다 못과 다를 바 없다요 5:2-7. 그러나 그마저도 보리 줍는 일이 끝나면 불가능해진다. 직장도, 수입원마저도 한순간에 다 끊겨 또다시 텅 빈 모습으로 돌아가야 한다. 시한부적인 나날이다. 룻에게는 분명히 내일을 위한 어떤 대책이 필요한 시점이다.

바로 이때 나오미가 나서서 "네 안식할 곳을 찾아라. 그래야 복이 있다"라고 한마디 던진다. 그러면 나오미가 던진 이 수수께끼 같은 말 속에 담긴 뜻은 무엇인가? 우리는 여기서 '안식할 곳'이 구체적으로 무엇을 의미하는지 확인해 봐야 한다. 룻기 3장에서 '안식'과 같은 의미로 쓰이고 있는 유사어를 찾아보자. 그것은 '눕다'라는 동사다.

"여호와는 나의 목자시니 내게 부족함이 없으리로다 그가 나를 푸른 풀밭에 누이시며"시 23:1-2.

시편 23편에도 보면 '눕다'라는 동사가 나온다. 여기서 '누이시며'는 최상, 최고의 안식 상태를 뜻한다. 즉 '눕다'와 '안식'이 같은 의미로 사용된다. 그러면 안식을 뜻하는 '눕다'라는 동사가 룻기 3장에서 몇 번 쓰였는가? 룻기 3장 4-14절을 보면 '눕다'라는 동사가 무려 여덟 번이나 쓰였다4, 7, 8, 13, 14절. 이렇게 한 단어를 집중적으로 사용하는 이유가 무엇인가? 그것은 3장의 주제가 '안식'이기 때문이다. 그러므로 이 '눕다'라는 동사에 대한 깊은 묵상이 있어야 한다.

안식을 위한 세 가지 요소

안식을 뜻하는 '눕다'라는 동사가 4절과 7절에 집중되어 있다.

> "그가 누울 때에 너는 그가 눕는 곳을 알았다가 들어가서 그의 발치 이불을 들고 거기 누우라 그가 네 할 일을 네게 알게 하리라… 보아스가 먹고 마시고 마음이 즐거워 가서 곡식 단 더미의 끝에 눕는지라 룻이 가만히 가서 그의 발치 이불을 들고 거기 누웠더라" 룻 3:4, 7.

이렇게 볼 때 4절은 나오미의 지시요, 7절은 룻의 순종이다. 여기 두 구절에만 '눕다'란 단어가 무려 다섯 번이나 나온다. 그러므로 안식과 관련하여 제일 중요한 구절임을 한눈에 알 수 있다.

4절에는 '눕다'라는 동사가 세 번 등장하는데, 자세히 보면 세 가지를 강조한다. "누울 때에" "눕는 곳" "발치 이불을 들고", 즉 '때', '장소', '마음의 태도'가 강조된다. 이는 안식을 위한 세 가지 요소다.

때가 중요하다. 아무 때나 시도 때도 없이 눕기만 한다고 안식을 누리는 것이 아니다. 눕는 때를 잘 분별해야 한다. 그래야 참된 안식을 누리게 된다. 누울 때 누워야 하는 것이다. 또한 아무 장소에서나 누워서는 안 된다. 누울 곳을 제대로 가려 잘 누워야 한다. 사사기 16장 19절을 보면 삼손은 들릴라의 무릎에 누웠다. 그런 그에게 안식이 찾아왔는가?

에스겔 34장 25절을 보면 빈 들에서도 평안히 거하며, 수풀 가운데서도 안식을 누린다. 장소가 중요하다는 말이다. 또한 누울 때의 태도도 중요하다. "발치 이불을 들고"라는 것은 누울 때의 마음을 나타낸다. 어떤 마음을 가지고 누웠느냐에 따라 모든 것이 결정된다. 따라서 누울 때는 제멋대로, 제 생각과 기분대로 눕는 것이 아니라 태도와 마음가짐이 중요하다는 말이다. 어쩌면 나오미가 마지막 부분을 제일 강조하지 않았나 생각된다.

그러면 나오미는 좀 더 구체적으로 어느 때, 어떤 장소, 어떤 마음가짐을 가질 때에 안식할 수 있다고 말하는가? 우리는 그 해답을 다음 구절에서 발견할 수 있다.

"보아스가 먹고 마시고 마음이 즐거워 가서 곡식 단 더미(노적가리)의 끝에 눕는지라 룻이 가만히 가서 그의 발치 이불을 들고 거기 누웠더라" 룻 3:7.

우선 여기 "먹고 마시고 마음이 즐거워 가서"라는 말은 "즐거울 때에 가서"라고 번역하는 것이 더 자연스럽다. 이렇게 본다면 이때는 4절의 '누울 때'의 해답으로 볼 수 있다. 두 번째 "곡식 단 더미 끝에"는 4절의 장소, 즉 '눕는 곳'에 대한 해답이다. 마지막으로 7절의 "거기 누웠더라"는 4절의 "그의 발치 이불을 들고 거기 누우라"의 해답이 될 수 있다.

이처럼 안식을 누릴 때가 있는데, 그때는 "먹고 마시고 즐거울 때"라고 말한다. 안식을 누릴 수 있는 장소가 있는데, 그 장소는 "곡식 단 더미의 끝"이라고 말한다. 안식을 누리기 위해서는 취해야 할 태도와 마음가짐이 있는데, 그것은 "발치 이불을 들고"의 태도라고 말한다. 마치 선문답과 같다. 그러나 이 말씀을 깊이 묵상하면 놀라운 뜻이 담겨 있다.

안식의 주체

4절과 7절의 주체는 누구인가? 누가 먹고 마시고 즐거워할 때인가? 누가 누워 있는 장소인가? 누구의 발치 이불을 들어야 하는가? 다시 말하면 여기 안식을 뜻하는 '눕다'의 주인공이 도대체 누구냐는 것이다. 성경은 보아스가 주인공이라고 말한다.

우리는 여기서 중요한 사실을 발견한다. 지금 안식을 필요로 하는 사람은 룻이다. 그러나 안식을 필요로 하는 룻에게 나오미는 안식을 원한다면 보아스가 '먹고 마시고 즐거울 때', 즉 보아스의 마음이 기쁠 때 안식을 얻을 것이라고 말한다.

그런데 우리는 대부분 우리가 먹고 마시고 마음이 즐거우면 우리 안에 안식과 평화가 깃들 것이라고 착각한 채 스스로의 안식을 위해 온갖 노력을 기울인다. 그러나 이는 대단히 잘못된 태도다. 설령 잠시 안식을 느꼈을 수도 있지만 그것은 그야말로 '찰나'에 불과하다. 나오미는 지금 룻에게, 즉 우리에게 "안식의 원천이신 주님을 기쁘게 해드려라. 그러면 바로 그때 세상의 그 무엇으로도 만족할 수 없던 참된 안식을 맛보게 된다"는 것을 가르친다.

"너희가 염려 없기를 원하노라 장가 가지 않은 자는 주의 일을 염려하여 어찌하여야 주를 기쁘시게 할까 하되 장가 간 자는 세상 일을 염려하여 어찌하여야 아내를 기쁘게 할까 하여 마음이 갈라지며 시집 가지 않은 자와 처녀는 주의 일을 염려하여 몸과 영을 다 거룩하게 하려 하되 시집 간 자는 세상 일을 염려하여 어찌하여야 남편을 기쁘게 할까 하느니라"고전 7:32-34.

두 번째, 지금 주인공 보아스가 안식을 누리고 있는 장소가 어디인가? "곡식 단 더미의 끝에 눕는지라"고 했다. 예전 성경에는 '노적가리'라고 되어 있다. 노적가리는 곡식을 쌓아 둔 곳이다. 보아스의 사환들이 보리 추수를 하고 나서 밭에 노적가리를 크게 쌓아 두었다. 추수는 그들이 했지만 그 추수 단을 자기 것이라고 하며 집으로 가져가지 않고 그 추수 현장에 노적가리를 크게 만들었다. 보아스의 것이었기 때문이다. 바로 그곳에 주인인 보아스가 누워 있다. 그러므로 이 노적가리는 주인을 위하여 농사하고 그 현장에서 거둔 곡식을 주인께 바친 곳이다. 밭에서 일한 사람은 사환이었지만 추수한 곡식은 주인께 드려야 한다. 바로 그 현장에 참 안식이 있다.

"너희를 위하여 보물을 땅에 쌓아 두지 말라 거기는 좀과 동록이 해하며 도둑이 구멍을 뚫고 도적질하느니라 오직 너희를 위하여 보물을 하늘에 쌓아 두라 거기는 좀이나 동록이 해하지 못하며 도둑이 구멍을 뚫지도 못하고 도적질도 못하느니라 네 보물 있는 그 곳에는 네 마음도 있느니라"마 6:19-21.

이 말씀은 우리를 위하여 보물을 쌓아 두지 말고, 주님께 온전히 드리기를 힘쓰라는 뜻이다. 그때 마음속에 찾아오는 것이 바로 안식이요, 평안이다. 오늘 우리는 자신을 위해, 가족을 위해 무엇인가를 쌓아 두면 안식이 찾아올 것이라는 착각 속에 산다. 그러나 진정한 안식은 하나님을 기쁘게 해드릴 때, 하나님을 위해 살 때 온다는 것을 기억하길 바란다.

텔레비전 드라마 "쩐의 전쟁"이 한동안 장안의 화제였다. 그 드라마에 '마동포'라는 인물이 나온다. 그는 사채업자로 평생 남의 피를 빨아 벌어들인 돈을 사무실 지하 금고에 숨겨 둔다. 그런데 이것을 누군가가 빼냈다. 이 사실을 안 마동포는 그만 정신을 잃고 만다. 그만큼 돈 때문에 늘 불안했던 것이다.

세 번째, 안식을 누리기 위해서는 가져야 할 태도가 있다.

"그의 발치 이불을 들고 거기 누웠더라" 룻 3:7.

이 말의 해석은 다음 구절에 있다.

"나는 당신의 여종 룻이오니 당신의 옷자락을 펴 당신의 여종을 덮으소서 이는 당신이 기업을 무를 자가 됨이니이다" 룻 3:9.

이 말은 무슨 뜻인가? 감히 주님 앞에 나아갈 수 없는 자이지만 당신은 나의 기업 무를 자가 되니 내 연약함과 죄악을 당신의 옷자락으로 덮어 달라고 간구하는 것이다.

"허물의 사함을 받고 자신의 죄가 가려진 자는 복이 있도다" 시 32:1.

옷자락을 펴서, 즉 새 세마포로 자신을 덮어 모든 허물을 가려 달라는 뜻이다. 그렇다. 죄의 문제를 해결하지 않으면 참된 안식을 맛볼 수 없다. 누가 안식을 빼앗아 갔는가? 우리는 죄로 인해 안식을 빼앗겼다. 그러므로 안식을 회복하기 위해서는 허물의 가리움을 받아야 한다. 아무리 "목욕하고, 기름을 바르고, 옷을 입어도" 룻 3:3 소용 없다. 그분이 친히 자신의 옷자락으로 덮어 주셔야만 죄의 문제를 해결받을 수 있다. 마음에 참 안식을 원하는가? 겸손하게 주님 앞으로 나아가 모든 허물과 죄악을 쏟아 놓으라. 그때 주님께서 주시는 참 안식이 무엇인지 확인할 수 있다.

안식할 곳을 찾아 남북을 몇 차례나 오갔던 사람이 구속됐다는 보도가 있었다. 올해 서른 살인 이 사람은 남쪽에 안식이 있으리라는 기대감을 갖고 아내와 딸을 두고 어머니, 누나와 함께 탈북하여 중국 몽골을 거쳐 천신만고 끝에 남쪽에 정착했다. 그러나 그곳에 기대했던 안식이 없었다. 북한이 더 그리웠다. 어머니와 누나를 두고 다시 중국을 거쳐 북한으로 들어가 아내와 함께 살면서 딸을 둘이나 더 낳았다. 그러나 다시 남쪽으로 가야 되겠다는 생각이 들어 북한을 탈출해 남쪽으로 왔다. 이렇게 남북을 몇 차례나 내 집 오가듯 '안식'을 찾아 방황하다가 결국 영어의 몸이 되고 말았다. 오늘날 이런 사람이 얼마나 많은가!

당신도 참 안식을 원하는가? 이제 방법을 바꾸기 바란다. 우리는 스스로 자신의 방법을 통해서는 안식할 수 없다. 안식의 주인공은 주님이시다. 철저히 주님께 초점을 맞추고, 그분을 즐겁게 해드릴 때 참 평안을 맛보게 된다. 그리고 그분을 위하여 노적가리를 쌓을 때, 그분 앞에 언제나 겸손하게 나아갈 때에 참 안식을 맛보게 된다.

– 17장 –

그분은 쉬지 않으신다

· · ·

"룻이 새벽까지 그의 발치에 누웠다가 사람이 서로 알아보기 어려울 때에 일어났으니 보아스가 말하기를 여인이 타작 마당에 들어온 것을 사람이 알지 못하여야 할 것이라 하였음이라 보아스가 이르되 네 겉옷을 가져다가 그것을 펴서 잡으라 하매 그것을 펴서 잡으니 보리를 여섯 번 되어 룻에게 지워 주고 성읍으로 들어가니라 룻이 시어머니에게 가니 그가 이르되 내 딸아 어떻게 되었느냐 하니 룻이 그 사람이 자기에게 행한 것을 다 알리고 이르되 그가 내게 이 보리를 여섯 번 되어 주며 이르기를 빈 손으로 네 시어머니에게 가지 말라 하더이다 하니라 이에 시어머니가 이르되 내 딸아 이 사건이 어떻게 될지 알기까지 앉아 있으라 그 사람이 오늘 이 일을 성취하기 전에는 쉬지 아니하리라 하니라." —룻기 3:14–18

한국 교회의 위기와 목회자의 각성

2007년 7월 7일 《뉴욕타임스》에 "한국에서 무속신앙이 부활하고 있다"라는 내용의 글이 보도되었다. 기독교 신자든 불교 신자든 가리지 않고 점집을 찾아와 문전성시를 이룬다는 것이다. 선거철이나 입시철이 되면 그들은 호황을 누린다. 그런데 여기서 문제는 예수님을 구주로 믿는 하나님의 자녀들, 즉 크리스천들까지 점집을 찾아 그 앞에서 복채를 내고 머리를 조아리고 있다는 점에 그 심각성이 있다. 첨단 정보기술IT로 무장한 우리나라가 '점(占)에 빠진 국가'라는 오명을 벗지 못하고 있다. 더욱 가관인 것은 이 점술이 마치 한국의 전통문화인 것처럼 포장돼 도심 한복판뿐 아니라 인터넷을 타고 안방까지 침투하고 있는 현실이다. 왜 이런 일이 일어나는 걸까?

연세대 신학과 정석환 교수는 이런 현상에 대해 "종교가 제 기능을 못하기 때문이다"라고 단정한다. 그는 을사조약 직후에 사회가 심리적·영적으로 공황 상태에 빠졌을 때도 미신이 창궐했다는 사실을 예로 들어 설명했다. 그러나 바로 그때인 1907년 장대현교회를 중심으로 일어난 기독교 대부흥운동으로 사회가 정화되었듯 지금 "종교의 순기능이 다시 활성화돼야 할 때"라고 지적한다.

그렇다. 1907년 평양 장대현교회로부터 불붙기 시작한 대부흥운동은 당시 꿈을 잃었던 사회에 다시 희망을 부여했다는 측면에서 그 의의가 크다. 그 당시 부흥운동의 핵심은 회개였다. 그 회개의 중심에는 하디 선교사, 길선주 장로 등 교회 지도자가 있었고, 그들로부터 시작된 이 회개 운동이 개인으로까지 이어졌다. 그래서 저녁에 시작된 집회는 자신들의 죄를 토설하는 회개로 인해 밤중을 넘어 새벽까지 진행되었다. 이 회개 운동이 교회 담장 밖으로 넘어가기 시작하면서 창궐했던 미신과 우상이 타파되는 계기가 되었고, 그로 인해 사회가 정화되기 시작했다.

2007년 7월 8일 저녁 장대현교회로부터 출발한 평양대부흥운동 100주년을 기념하기 위해 상암 월드컵경기장에 한국 교회 전체가 모였다. 경기장 안에는 10만 명 정도가 자리를 메웠고, 경기장 밖에도 미처 들어오지 못한 사람이 수만 명에 이를 정도로 집회의 열기가 뜨거웠다. 이 자리에서 설교자로 선정된 옥한흠 목사는 계시록에 나타난 사데 교회계 3:1-3를 본문으로 '살았다 하는 이름은 가졌으나 실상은 죽은 교회'라는 제목으로 말씀을 전했다. 오늘날 한국 교회의 위기와 그 원인이 복음의 변질과 복음을 변질시킨 원인자, 일차적으로는 "사데 교회의 사자"계 3:1, 즉 목회자에게 있음을 강하게 지적하면서 먼저 목회자의 회개를 촉구하고 나섰다. 목회자가 복음을 변질시키고 값싼 은혜만 강조한 결과 오늘날 교회가 퇴락해 가고 있다면서 교회 퇴락의 원인자인 목회자들이 먼저 회개해야 한다는 메시지였다.

목회자는 강단에서 변질된 복음이 아니라 진리의 복음을 있는 그대로 가감 없이 전해야 한다. 다시 말해 회중에게 듣기 좋은 말만 전하는 것이 아니라 성경이 말하는 그대로 바른 복음, 즉 바른 예수를 전해야 한다고 지적하면서 특별히 믿음과 행함의 균형성을 강조했다. 사데 교회는 "행위의 온전함"계 3:2이 없었다는 것을 지적하면서 로마서의 믿음도 중요하지만, 야고보서의 행함도 함께 가르쳐야 한다고 강조했다. 강단이 말씀으로 회복되고 목회자들이 하나님 앞에 바로 설 것을 당부하며 그 각성을 촉구했다.

많은 사람이 이 메시지에 공감했고, 나 또한 가슴이 뜨거워지는 것을 느꼈다. 목회자인 나는 과연 복음의 핵심을 바로 전하고 있는가? 성도가 예수 앞에서 어떻게 해야 바로 설 수 있는지 구체적으로 제시하고 있는가 하는 부분을 놓고 깊이 생각하는 시간을 가졌다. 한국 교회 강단에서 다시 한 번 생명의 메시지가 바로 증거된다면 우리에게 분명히 소망이 있다고 확신한다.

목회자의 사명을 감당한 나오미

모든 목회자는 룻기에 등장하는 나오미를 주목해야 한다. 그녀가 목회자의 이상적인 모델로 등장하기 때문이다. 그녀는 어떤 사역을 하고 있는가? 나오미는 소망이 전혀 없던 객이요, 고아요, 과부였던 룻을 모압에서 베들레헴으로 이끌었고, 또 베들레헴에서 보아스의 밭으로 가도록 독려했다. 그리고 한 걸음 더 나아가 보아스의 밭에서 그의 품으로 가는 데 결정적인 역할을 한다룻 3:1-4. 이처럼 목회자는 죄악의 땅, 진노의 땅에 사는 사람들을 예수 그리스도께 나아가도록 이끄는 역할, 즉 전도자의 사명을 잘 감당해야 한다. 또한 나오미는 보아스가 어떤 사람인지 가르친다.

드디어 모압 여인 룻이 보아스의 발치 이불을 들고 누웠다. 밤중에 감히 다른 사람도 아닌 당시 유력자 보아스의 발치 이불을 들고 거기 누울 수 있던 용기는 어디서 나온 것인가? 그것은 그가 "기업 무를 자"라는 사실 때문이었다룻 3:9. 나오미는 보아스가 어떤 사람인지 정확하게 가르쳤다. 룻은 이 사실을 나오미를 통해 알게 되었기에 용기가 생겼다.

한 걸음 더 나아가 나오미는 보아스가 어떻게 할지도 정확히 알려 주었다.

"보라 그가 오늘 밤에 타작 마당에서 보리를 까불리라"룻 3:2.

"그가 네 할 일을 네게 알게 하리라"룻 3:4.

> "그 사람이 오늘 이 일을 성취하기 전에는 쉬지 아니하리라" 룻 3:18.

이처럼 목회자는 성도를 바른 길로 인도할 뿐 아니라 예수가 어떤 분인지, 무엇을 하시는 분인지 정확하게 가르쳐야 한다.

쉬지 아니하시는 주님

나오미는 보아스가 특별히 쉬지 않고 일하고 있다는 점을 강조하는데, 3장의 주제는 안식이다.

> "룻의 시어머니 나오미가 그에게 이르되 내 딸아 내가 너를 위하여 안식할 곳을 구하여 너를 복되게 하여야 하지 않겠느냐" 룻 3:1.

3장에는 안식을 상징하는 '눕다'가 무려 여덟 번이나 등장하고, 안식을 뜻하는 밤이란 단어도 세 번이나 등장한다 룻 3:2, 8, 13. 그래서 3장 1절을 보면 분명히 "안식하여야 복되다"라고 되어 있다. 그런데 3장 마지막 절인 18절에서는 "안식하지 않겠다"로 끝이 난다. 도대체 3장 1-18절에서 어떤 일이 일어났기에 "쉬지 아니하리라" 룻 3:18로 끝나고 있는가? 안식할 곳을 찾던 룻이 보아스의 발치에 가서 이불을 들고 거기 누웠다 7절. 여기서 누웠다는 말은 룻이 드디어 '안식할 곳'을 찾았다는 뜻이다. 그녀는 그 밤부터 동트는 새벽까지 그의 발치에 누워 있었다 13-14절. 즉 이 말은 긴긴 밤

안식을 누렸다는 말이다.

그런데 그녀가 안식할 곳을 찾아 눕는 순간 어떤 일이 그 현장에서 일어났는가?

> "밤중에 그가 놀라 몸을 돌이켜 본즉 한 여인이 자기 발치에 누워 있는지라" 룻 3:8.

한 사람이 안식을 찾아 눕자 한 사람이 일어났다. 한 사람이 안식을 원하자 한 사람이 안식을 포기했다. 안식을 누리던 사람은 일어나고, 쉼이 없던 사람이 눕는다. 안식을 상징하는 옷자락이 한 사람한테서 다른 사람에게로 넘어간다. 한 사람의 안식을 위해 다른 한 사람이 자신의 안식을 기꺼이 내주는 것을 볼 수 있다.

우리는 여기서 중요한 사실을 발견한다. 한 사람의 안식이 있기 위해서는 그 누군가의 안식이 포기되어야만 한다는 것이다. 안식은 그냥 주어지는 것이 아니다. 한 가족의 안식을 위해서는 그 가족 중 한 사람이 안식을 포기한 채 땀 흘리고 수고해야만 한다. 사회 구성원의 안식을 위해서도 마찬가지다. 경찰 혹은 군인이 나라를 위해 자신의 안식을 포기함으로써 나라의 안녕이 주어진다. 비행기 조종사도 마찬가지다. 이들이 있어야 우리는 기내에서 긴긴 시간 안식을 취할 수 있다. 그렇다면 룻의 안식을 위해 자신의 안식을 포기한 사람은 누구인가? 나오미는 그 사람을 이렇게 소개한다.

"이에 시어머니가 이르되 내 딸아 이 사건이 어떻게 될지 알기까지 앉아 있으라 그 사람이 오늘 이 일을 성취하기 전에는 쉬지 아니하리라 하니라" 룻 3:18.

여기서 말하는 '이 일'은 룻의 안식이다. 그리고 '그 사람'은 룻의 안식을 위해 자신의 안식을 포기하고 쉬지 않은 사람이다. 안식을 찾아온 그녀가 안식을 얻을 수만 있다면 기꺼이 자신의 안식을 희생하면서까지 자신의 모든 것을 포기할 각오가 되어 있는 분, 그분이 바로 보아스 되신 우리 주 예수 그리스도이시다.

그분은 영광스러운 하늘에서 최상의 안식을 누리고 계셨다. 그런데 안식을 원하는 우리를 위하여 하늘의 안식을 포기하고 안식의 자리에서 일어나셨다. 그리고 "기업 무를 자"의 역할을 완벽하게 감당하셨다. 3장을 보면 "기업을 무를 자"란 말이 무려 일곱 번이나 반복된다 룻 3:9, 12, 13.

그렇다면 "기업 무를 자"가 뜻하는 것은 무엇인가?

그 말의 뜻을 알기 위해서는 당시 대대로 내려오던 이스라엘의 풍속을 이해해야 한다. "기업을 무른다"는 말은 '속량한다' 혹은 '구속한다'는 뜻이다. 이는 고엘 제도로 하나님께로부터 할당 받은 기업을 영구히 보존하고 혈족을 유지하며, 부당한 피해를 당했을 경우 이를 보상할 제도적 장치를 말한다. 그래서 고엘이 된 사람은 가난한 혈족의 땅을 도로 사 주어야 했고 레 25:25-26, 부당한 피해를 당한 친족을 위해 대신 복수할 책임이 있었다민 35:12, 19, 21. 또한 친족의 미망인과 결혼하여 대를 이어 주어야 함은 물론이고 심지어 친족의 죗값을 대신 받기까지 했다민 5:8. 이런 보호자가 된 가까운 친족이 바로 '고엘'이다. 가장 가까운 친척이 속량할 마음이 없으면 그 다음으로 가까운 친족이 기업 무를 자가 되었다.

그러면 왜 이런 고엘 제도를 주신 것일까? 오실 메시아, 예수님 이야말로 가장 완벽한 '기업 무를 자', 즉 대속주임을 깨닫게 하기 위해서다. 그분은 우리의 죄악을 담당하실 이유가 없다. 그런데 기업 무를 자가 되신 그분은 이 땅에 내려오셔서 우리 죄를 대신하여 십자가에서 고통을 당하셨다. 우리처럼 허물 많은 죄인을 당신의 신부로 삼으시기 위해서 말이다. 또한 신부로 삼은 우리의 참 안식을 위하여 지금도 쉬지 않고 일하고 계신 분이 바로 우리 주님이다.

> "누가 정죄하리요 죽으실 뿐 아니라 다시 살아나신 이는 그리스도 예수시니 그는 하나님 우편에 계신 자요 우리를 위하여 간구하시는 자시니라"롬 8:34.

주님은 우리의 안식을 위해 그분이 덮으시던 안식의 이불을 기꺼이 포기하셨다. 그리고 우리의 참 안식이 성취되기까지 지금도 쉬지 않고 일하신다.

진정한 안식을 원한다면

이 사실을 믿는다면, 주님에게만 참 안식이 있음을 믿는다면 우리는 어떻게 해야 할까?

첫째, 우리도 그분을 포기하지 말아야 한다. 지금 당장 우리 삶의 현장에 안식이 주어지지 않는다 할지라도 그분을 끝까지 포기하지 말아야 한다. 오직 주님만이 우리에게 참 안식을 안겨 줄 분이기 때문이다.

최근 일본의 나가사키에 다녀왔다. 우리는 일본에 대한 몇 가지 선입견을 가졌다. 신들의 나라, 기독교가 1퍼센트 미만인 나라, 일본의 기독교가 이렇게 된 원인은 순교자가 없었기 때문인 데 반해 우리나라는 수많은 순교자가 나와 영적 강국을 이루고 있다는 등의 선입견 말이다. 그러나 사실은 그렇지 않다. 나가사키는 기독교 순교의 현장 그 자체다.

일본은 1500~1600년대 포르투갈을 통해 개항되면서 기독교가 함께 들어왔다. 그래서 한때 나가사키 전 인구의 36.5퍼센트가 예수 믿는 사람일 정도였는데, 그 뒤 전국에서 조직적으로 예수 믿는 사람들에게 박해가 가해지면서 무려 26만여 명이 순교당했다. 그들은 예수를 믿는지, 안 믿는지를 판별하기 위해 '후미에'라는 방법을 썼다. 여기서 '에'는 그림이라는 뜻하고, '후미'는 발로 밟는다는 뜻이다. 다시 말해 예수를 그린 화상을 밟고 지나가도록 해서 믿음의 진위 여부를 판별한 것이다. 이런 행위를 모든 사람에게 강요했다.

이 상황에서 예수 그리스도를 인정하는 길은 순교밖에 없었다. 그중에 한 가족은 다섯 명이 십자가에 꽁꽁 묶여 불타 죽기도 했다. 그때부터 예수 믿는 것을 드러내는 사람이 없게 되었고, 기독교는 밀교가 되었다. 오사카에서도 예수를 믿겠다고 화상을 밟지 않은 26명을 700킬로미터나 떨어진 나가사키까지 끌고 와서 4천여 명의 군중 앞에서 참혹하게 처형했다. 이들이 처형당한 그 언덕배기는 그야말로 피로 물들어 강이 되었다고 한다.

이런 나가사키에 1945년 8월 9일 오전 11시 2분에 원폭이 투하되었다. 시내 전체가 형체도 없이 사라져 버렸다. 사실 원폭 투하 예정 지점은 북큐슈였고 나가사키에 원폭을 투하할 계획은 없었다고 한다. 그런데 폭격기가 원폭을 장착하고 하늘에 오른 순간, 날씨가 너무 흐려 지역을 분별할 수 없었고 그 상황에서 빼꼼하게 뚫린 곳을 발견했는데 바로 나가사키였다. 드디어 작전관으로부터 "좋다. 그곳에 투하해라"는 명령이 떨어졌다. 한순간에 두 도시의 운명이 뒤바뀌었다. 과연 이것이 우연일까?

우리 일행은 '히라도'라는 섬으로 가서 그곳에 있는 자비에르란 교회를 방문했다. 72세가 된 교회 문지기가 우리를 반갑게 맞아 주었다. 잠시 대화를 나누던 중에 우리는 놀라운 사실을 알게 되었다. 그는 "여기 이 히라도 섬에서만 무려 4만 명이 순교를 당했습니다. 지금은 주민의 15퍼센트가 기독교 신자입니다"라고 말했다. 그래서인지 일본 기독교인은 그 숫자는 미미하지만 믿지 않는 사람들에게 인정을 받고 있다. 진정한 안식을 원하고 있다면 어떤 경우에라도 안식의 원천이신 주님을 포기해선 안 된다.

둘째, 진정한 안식을 원한다면 "쉬지 아니하리라"고 하신 주님처럼 안식을 위해 일해야 한다. 진정한 안식은 일한 다음에 찾아온다. 그러므로 안식의 원천이신 주님은 "아버지께서 일하시니 나도 일한다"고 하며 일하셨다.

후쿠오카에 있는 한인 교회의 박미웅 목사님이 들려주신 이야기다.

1885년 언더우드 선교사가 한국에 첫 발을 내디뎠는데, 한국 땅에 떨어진 이 한 알의 밀알로 인해 오늘의 우리가 있다고 말할 수 있다. 그의 역할은 필설로 다할 수 없을 정도다. 그런데 사실 그는 처음부터 한국에 올 생각이 아니었다고 한다. 한국이란 나라에 대해 알지도 못했고, 오히려 그의 비전은 인도와 중국에 있었다고 한다. 그런 그가 선교사의 비전을 가지고 일본의 시모노세키와 나가사키를 방문한 것이 선교지가 한국으로 바뀌는 계기가 되었다고 한다.

그가 나가사키를 방문했을 때의 일이다. 그는 한국에서 징용으로 끌려온 사람들 중 '예수'라는 이름 하나 때문에 그 타향에서 장

렬하게 순교한 자가 많다는 사실을 알게 되었다. 그 이름 없는 성도들이 '후미에'의 현장 앞에서 예수를 선택함으로써 순교를 당했다는 소식을 들었다. 그는 갈등을 느끼기 시작했고 그때 그의 가슴에 '코리아'를 품게 되었다는 것이다. 그래서 그는 인도와 중국 선교의 꿈을 접고 한국으로 왔다. 심한 박해가 있었지만 그 박해 앞에서 굴하지 않고 예수를 선택한 사람이 많았다는 사실 때문에 언더우드 선교사가 한국으로 오게 되었다니, 그들이 하나님의 일을 한 것이 아니고 무엇이란 말인가! 이렇게 하나님의 일은 그분을 온전히 믿고 따르는 것이다.

"예수께서 대답하여 이르시되 하나님께서 보내신 이를 믿는 것이 하나님의 일이니라 하시니"요 6:29.

우리 일행은 숙소로 돌아와 히브리서 11장을 폈다. 히브리서 11장은 믿음 장으로, 여기에 등장하는 사람들을 살펴보면 그들은 예수가 구주임을 그저 입술로만 고백하고 있지 않다롬 10:9-10. 그들은 온몸으로 치열한 삶을 살았는데, 히브리서 11장 35절 이하에서는 믿음의 결론을 이렇게 맺고 있다.

"여자들은 자기의 죽은 자들을 부활로 받아들이기도 하며 또 어떤 이들은 더 좋은 부활을 얻고자 하여 심한 고문을 받되 구차히 풀려나기를 원하지 아니하였으며 또 어떤 이들은 조롱과 채찍질뿐 아니라 결박과 옥에 갇히는 시련도 받았으며 돌로 치는 것과 톱으로 켜는 것과 시험과 칼로 죽임을 당하고 양과 염소의 가죽을 입고 유리하여 궁핍과 환난과 학대를 받았으니 (이런 사람은 세상이 감당치 못하느니라) 그들이 광야와 산과 동굴과 토굴에 유리했느니라"히 11:35-38.

이들은 한결같이 예수를 선택한 후 이 세상에서 누리는 잠깐 동안의 안식보다 영원한 안식을 선택한 것이다. 안식의 주인이신 주님이 쉬지 않고 일하고 계심을 바라보며, 안식의 원천이신 그분을 포기하지 않았다. 그리고 그 주님처럼 하나님의 일을 했다.

진정한 안식을 원하는가? 그렇다면 안식의 원천이신 주님을 포기하지 말기를 바란다. 그리고 안식의 원천이신 그분이 일하시는 것처럼 열심히 일하며 살기를 바란다. 이런 사람에게 안식의 원천이신 주님이 참된 안식으로 갚아 주실 것이다.

—18장—

에브랏에서 들리는 소리

• • •

"옛적 이스라엘 중에는 모든 것을 무르거나 교환하는 일을 확정하기 위하여 사람이 그의 신을 벗어 그의 이웃에게 주더니 이것이 이스라엘 중에 증명하는 전례가 된지라 이에 그 기업 무를 자가 보아스에게 이르되 네가 너를 위하여 사라 하고 그의 신을 벗을지라 보아스가 장로들과 모든 백성에게 이르되 내가 엘리멜렉과 기룐과 말론에게 있던 모든 것을 나오미의 손에서 산 일에 너희가 오늘 증인이 되었고 또 말론의 아내 모압 여인 룻을 사서 나의 아내로 맞이하고 그 죽은 자의 기업을 그의 이름으로 세워 그의 이름이 그의 형제 중과 그곳 성문에서 끊어지지 아니하게 함에 너희가 오늘 증인이 되었느니라 하니 성문에 있는 모든 백성과 장로들이 이르되 우리가 증인이 되나니 여호와께서 네 집에 들어가는 여인으로 이스라엘의 집을 세운 라헬과 레아 두 사람과 같게 하시고 네가 에브랏에서 유력하고 베들레헴에서 유명하게 하시기를 원하며 여호와께서 이 젊은 여자로 말미암아 네게 상속자를 주사 네 집이 다말이 유다에게 낳아준 베레스의 집과 같게 하시기를 원하노라 하니라." —룻기 4:7–12

관계 DNA

매년 7월 중순이면 더운 날씨와 여름 행사 등으로 평신도 프로그램인 다락방, 성경대학 등이 휴식을 갖는다. 담임목사와 함께 제자훈련을 받는 사역반훈련생도 8월까지 방학을 한다. 그러나 훈련생들은 오히려 방학을 하지 말았으면 한다. 주의 말씀을 이토록 사모하다니 내심 기특하다는 생각을 했는데, 이유인즉 방학 중 해야 할 과제물 때문이었다. 그중의 하나가 독서다. 책을 몇 권 선정하여 읽고 독후감을 써 오도록 했다. 이들이 읽어야 할 책들 중 한 권이 게리 스몰리Gary Smalley의 『관계 DNA』(사랑플러스)였다.

이 책에서 저자는 관계의 중요성을 강조한다. "인간은 관계를 위해 창조되었다. 우리가 무엇을 하든 끊임없이 그 무엇인가와 관계를 맺고 있다. 관계를 피할 수 없는 존재가 바로 인간이다." 이 것은 "인간은 사회적 동물이다"라는 아리스토텔레스의 정의에서 한 발 더 나아간 신선한 정의다. 사람 인(人)자만 보아도 알 수 있 듯 우리는 누군가와 계속 관계를 맺어가고 있다.

관계를 위해 창조된 존재가 인간이라면 그 중심축은 무엇일까? 저자는 세 개의 중심축이 있다고 한다. 나와 다른 사람, 나와 나 자신, 나와 하나님, 이 세 가지의 관계를 위해 우리가 지음을 받았 다는 것이다. 이 세 축은 DNA 모양을 형성하면서 뻗어 나간다. 이런 관계는 인식하든 하지 못하든, 그렇게 살든 살지 못하든 존 재하는 모든 사람에게 적용된다. 이때 중요한 것은 이 세 가지 관 계가 건강한 균형을 이루어야 한다는 사실이다.

그런데 어떤 사람은 다른 사람들과 관계 맺는 법에서 번번이 실 패한다. 또 어떤 사람은 다른 사람들과 관계 맺는 법은 알고 있지 만, 자기 자신과 관계 맺는 부분에서는 실패한다. 또 어떤 사람은 하나님과 관계 맺는 것이 대단히 중요하다는 사실을 인정하지 않 는다. 그래서 하나님과 관계를 맺지 못하고 그 부분의 줄이 끊어 져 DNA가 이상한 모양으로 변해 버린다. 하나님과의 관계야말로 부인할 수 없는 가장 중요한 일인데도 말이다.

당신의 관계 DNA는 어떤 모양인가? 관계 DNA가 균형을 이루 고 있는가? 나와 타인, 나와 나 자신, 나와 하나님과의 관계 DNA 말이다. 이 세 방향의 관계가 모두 튼튼해야 할 뿐 아니라 균형을 이루어야 한다. 어느 한 부분이 약하거나 또는 균형을 이루지 못하면 그 인생은 실패한 인생이 되고 만다. 그렇다면 이 세 가지 관계 DNA를 균형 있게 그러면서도 튼튼하게 연결시키는 연결고리, 즉 관계와 관계 사이를 이어 주는 끈은 과연 무엇인가?

우리는 룻기의 거의 종착역에 이르렀다. 룻기의 초반부에서는 관계가 뒤틀려 있었다. 룻은 모압에서 태어났는데, 그 땅 전체는 저주받은 땅이었다. 그러다가 결혼을 했는데, 얼마 지나지 않아 남편마저 세상을 떠나고 말았다. 물론 가진 것은 아무것도 없었다. 그녀에게는 더 이상 소망이 없어 보였다. 한마디로 관계가 뒤틀렸다는 말이다. 그랬던 그녀가 베들레헴에서 다시 관계를 회복하기 시작했다. 그 결과 놀라운 축복을 받으며 명문가를 이루게 된다. 이런 일이 어떻게 가능했는지 우리의 관심사가 아닐 수 없다. 오늘 그 비결을 발견하는 시간이 되길 바란다.

룻의 귓가에 들리는 축복의 소리

모압을 떠나 베들레헴으로 향하는 동안 룻의 귓가에 계속 어떤 소리가 들렸다. 그 소리는 무엇인가? 그것은 돌아가라는 "슈브"라는 소리였다. 무려 열두 번이나 그 소리가 들렸다 룻 1:6-18. 여섯 번은 모압으로 돌아가란 소리였고 여섯 번은 베들레헴으로 돌아가라는 소리였다. 그런데 그녀가 베들레헴에 이르렀을 때 그 소리는 사라지고 대신에 다른 새로운 소리가 들리기 시작했다. 그 소리는 무엇인가?

> "마침 보아스가 베들레헴에서부터 와서 베는 자들에게 이르되 여호와께서 너희와 함께하시기를 원하노라 하니 그들이 대답하되 여호와께서 당신에게 복 주시기를 원하나이다 하니라" 룻 2:4.

여기서 장소는 밭이다. 삶의 현장이다. 그곳에서 지주와 소작농, 경영자와 직원, 어른과 젊은이, 가진 자와 없는 자, 유력한 자와 별 볼일 없는 자가 서로를 향해 손을 내밀고 복을 빌어 주고 있다.

> "여호와께서 네가 행한 일에 보답하시기를 원하며 이스라엘의 하나님 여호와께서 그의 날개 아래에 보호를 받으러 온 네게 온전한 상 주시기를 원하노라 룻이 이르되 내 주여 내가 당신께 은혜 입기를 원하나이다 나는 당신의 하녀 중의 하나와도 같지 못하오나 당신이 이 하녀를 위로하시고 마음을 기쁘게 하는 말씀을 하셨나이다" 룻 2:12-13.

이곳은 쉼터다. 우물가다. 이곳에서 선택받은 자와 이방인, 남자와 여자, 약점을 가진 자와 약점이 없는 자, 힘 있는 자와 힘없는 자가 서로의 복을 빌어 주며 격려하고 칭찬한다. 가정에서는 시어머니와 며느리가 대화를 나누고 있다.

"너를 돌본 자에게 복이 있기를 원하노라" 룻 2:19.

그리고 다시 한 번 복을 빌어 준다.

"그가 여호와로부터 복 받기를 원하노라" 룻 2:20.

부모와 자식, 늙은이와 젊은이, 기성 세대와 젊은 세대가 대화를 나누면서 서로에게 복을 빌어 준다. 누가 듣고 있는가? 아무도 듣고 있지 않다. 그러나 그들은 중심 어린 마음으로 축복하고 있다.

"그가 이르되 내 딸아 여호와께서 네게 복 주시기를 원하노라 네가 가난하건 부하건 젊은 자를 따르지 아니하였으니 네가 베푼 인애가 처음보다 나중이 더하도다" 룻 3:10

이곳은 타작마당으로 은밀한 장소다. 이 두 사람은 장차 부부가 될 사이이지만, 지금은 어찌 보면 무례하고 당돌한 여인이 아닌가. 그럼에도 그 현장에 꾸지람이나 호통은 없었다. 상대를 향한 축복의 말만 존재한다.

"성문에 있는 모든 백성과 장로들이 이르되 우리가 증인이 되나니 여호와께서 네 집에 들어가는 여인으로 이스라엘의 집을 세운 라헬과

> 레아 두 사람과 같게 하시고 네가 에브랏에서 유력하고 베들레헴에서 유명하게 하시기를 원하며 여호와께서 이 젊은 여자로 말미암아 네게 상속자를 주사 네 집이 다말이 유다에게 낳아준 베레스의 집과 같게 하시기를 원하노라 하니라" 룻 4:11-12.

이곳은 재판정, 광장으로 공개된 장소다. 이곳에서 온 동네 사람들이 룻과 보아스를 위해 마음껏 축복하고 격려하는 것으로 룻기의 대단원은 막을 내린다. 너대니얼 호손Nathaniel Hawthorne의 『주홍글씨』에 나오는 청교도적 배경에서 간음한 사람들의 가슴에 간음을 뜻하는 A를 평생 가슴에 붙이게 하는 그 광장과 대조를 이룬다.

에브랏에 가득 찬 소리

여기에 등장하는 두 개의 지명을 정리하고 넘어가자.

에브랏은 어디며, 베들레헴은 어딘가? 베들레헴의 옛 이름이 에브랏이었다는 견해, 베들레헴의 또 다른 이름이 에브랏 혹은 에브라다미 5:2라는 견해가 있다. 또한 베들레헴의 한 지역 이름이 에브랏이라는 견해도 있다.

그런데 본문에서 굳이 에브랏과 베들레헴을 나란히 언급하는 이유가 무엇일까? 베들레헴 앞에 에브랏을 언급한 이유가 무엇일까? 강조의 의미일 수도 있다. 그러나 굳이 에브랏이라는 지명을 언급한 이유는 그 이름 속에 담긴 뜻에 초점을 맞춘 것이다. 무슨 말인가? 에브랏이란 "기름져 열매를 많이 맺는다"라는 뜻이다. 물론 떡집도 같은 의미다. 그러나 떡집은 교회라는 의미가 더 강한 반면에 에브랏은 삶의 현장이라는 더 넓은 의미로 이해할 수 있다. 하나님의 자녀들이 머무는 삶의 현장이다.

이 에브랏에서 어떤 소리가 들리는가? 에브랏, 즉 베들레헴 전역에서 어떤 소리가 들리는가? 지금 룻의 귀에 어떤 소리가 들리는가? 서로를 축복하고 격려하는 소리다. 그 소리는 에브랏의 어떤 한 장소에서만 국한해 들리는 소리가 아니다. 소수의 사람만 들을 수 있는 소리도 아니다. 베들레헴 곳곳, 아니 전역에서 들을 수 있는 소리였으며 그곳에 사는 여러 계층 사람의 입에서 공통적으로 나오는 소리였다. 때에 구애받지 않고 서로를 격려하고 축복하는 소리로 가득 찼다. 그들은 만나면 서로를 향해 격려하고 축복하는 선한 모습을 보인다. 노사, 가족, 부부, 이웃 간이든 은밀한 장소와 공개된 장소이든 삶의 현장, 가정, 쉼터, 재판정에서든 서로를 격려하고 축복하는 소리로 가득 찼다. 바로 이것이 에브랏에서 들리는 소리다.

그런데 그 소리를 더 자세히 들어 보니 세 종류의 소리였다.

첫째, 하나님을 의식하는 소리, 하나님을 높이는 소리였다. 그들은 복이 언제나 하나님으로부터 온다는 사실을 상대에게 각인시키고 있다. 그냥 복을 빌어 주는 것이 아니라 "여호와께서"[2:4,]

1:2, 3:10, 13 혹은 "여호와로부터"2:20라는 말을 빠짐없이 언급한다. 이는 하나님과의 관계 DNA의 줄을 튼튼하게 하기 위해 힘썼다는 말이다. 그들은 모든 좋은 것이 빛들의 아버지이신 우리 하나님께로부터 온다는 사실을 인정했다약 1:7.

> "나는 포도나무요 너희는 가지라 그가 내 안에, 내가 그 안에 거하면 사람이 열매를 많이 맺나니 나를 떠나서는 너희가 아무것도 할 수 없음이라"요 15:5.

둘째, 중심 어린 마음으로 다른 사람을 축복하는 소리였다.

이처럼 그들은 자신과 다른 사람과의 관계 DNA를 튼튼하게 하기 위해 힘썼다. 하나님께서 우리와 연결시켜 준 사람 하나하나를 소중히 여겼다. 그가 힘이 있든 없든, 남자든 여자든, 고용주든 고용인이든, 부부든 동네이웃이든, 더 나아가 그가 듣든 듣지 않든 간에 다른 사람과의 관계 DNA를 튼튼하게 하기 위해 힘썼다.

이렇게 하나님과 또 타인과의 관계가 튼튼해지면 자연스럽게 나와 나 자신의 관계 DNA도 튼튼해진다. 내가 다른 사람을 진심 어린 마음으로 축복하고 격려하면 어떤 일이 일어나는가? 틀림없이 나에게도 축복과 격려가 임한다.

이렇게 하나님과 다른 사람에게 축복을 받고, 인정을 받으며, 계속 격려를 받아 보라. 그러면 자신도 모르는 사이에 나와 나 자신과의 관계도 회복되기 시작한다. 내면의 상처가 치유되고, 자신감이 생긴다. 자학하던 자리에서 자신을 사랑하게 된다. 자신을 향하여 부정적이던 생각이 점점 긍정적으로 바뀌기 시작한다.

본문에 등장하는 룻이 그 대표적 경우다. 뭐 하나 내세울 것 없던 그녀가 당당하게 살아가며, 밤중에 감히 유력자인 보아스의 발치 이불을 들고 거기 누울 수 있었던 자신감과 용기가 어디서 나왔을까? 룻의 이런 용기는 그녀의 귀에 계속하여 들리는 격려와 축복에서 비롯되었다. 보아스와 사환들로부터 받은 칭찬에서 그녀는 용기를 얻었다. 누군가에게 격려와 칭찬을 받으면 이런 힘이 생긴다.

"아침부터 와서는 잠시 집에서 쉰 외에 지금까지 계속하는 중이니이다" 룻 2:7.

"보아스가 그에게 대답하여 이르되 네 남편이 죽은 후로 네가 시어머니에게 행한 모든 것과 네 부모와 고국을 떠나 전에 알지 못하던 백성에게로 온 일이 내게 분명히 알려졌느니라 여호와께서 네가 행한 일에 보답하시기를 원하며 이스라엘의 하나님 여호와께서 그의 날개 아래에 보호를 받으러 온 네게 온전한 상 주시기를 원하노라 하는지라" 룻 2:11-12.

관계 DNA를 연결시키는 고리, 칭찬

에이브러햄 링컨은 어렸을 때부터 참으로 어렵고 불우한 환경을 극복해야만 했다. 그렇다 보니 자신도 모르게 우울증에 시달렸다. 역사가 조슈아 울프 섕크는 "링컨의 우울증은 심각해서 실제로 26세 때와 32세 때는 거의 자살 직전에 이르렀다"고 했다. 그가 이런 심각한 우울증을 어떻게 극복했을까? 어떻게 역사적으로 가장 존경받는 자리에까지 이르게 되었을까? 그는 불행하게도 1865년 4월 14일 워싱턴의 포드 극장에서 연극 관람 도중 존 윌크스 부스에게 암살되었다. 그때 그의 호주머니 안에서 몇 가지 유품이 발견되었다. 자수를 놓은 손수건, 시계, 몇 푼의 연방 정부 화폐…. 그 모든 소지품 가운데 가장 큰 관심을 끈 것은 신문 기사를 복사한 누덕누덕한 종잇조각이었다. 거기에는 한 이름 없는 기자가 링컨에 대해 쓴 그의 덕목과 결단력 등을 격찬하는 내용이 담겨 있었다. 그 기사를 호주머니에 넣고 다니면서 얼마나 읽고 또 읽었는지, 또 얼마나 손에 쥐고 조몰락거렸는지 누더기가 되어 있었다.

링컨의 우울증을 치료한 것은 다른 것이 아니라 그를 격려하고 칭찬했던 신문 기사 한 줄이었다. 이 신문기사 한 줄이 그를 우울증에서 해방시켜 주었다. 더 나아가 그를 대통령 자리에까지 오르도록 만들어 주었다.

A. 아인슈타인Albert Einstein은 학교생활에 적응하지 못한 열등생으로 성적이 엉망이었다. 그의 성적표에는 "이 학생은 장차 어떤 일을 해도 성공할 수 없다"는 담임선생의 단정적인 평가가 적혀 있었다. 성적표를 본 그의 어머니는 "너는 남과 다른 특별한 능력을 가지고 있단다. 남과 같아서야 성공하겠니?"라고 아들을 격려

해 주었다. 하지만 그 한마디가 오늘의 아인슈타인을 만들었다.

잭 웰치는 어린 시절 심한 말더듬이로, 친구들 사이에서 놀림감이 되었다. 그런 아들에게 그의 어머니는 "네가 말을 더듬는 이유는 생각의 속도가 너무 빨라서 입이 그 속도를 따라 주지 못하기 때문이란다. 걱정 마라. 넌 잘하고 있단다. 너는 커서 큰 인물이 될 거야"라고 격려해 주었다. 이런 어머니의 끊임없는 칭찬과 격려로 그는 세계적인 경영 신화를 이루었다.

뉴욕의 한 거리에서 연필을 내놓고 구걸하는 거지가 있었다. 그 앞을 한 사업가가 동전을 던져 주고 지나갔다. 그런데 잠시 후 다시 거지에게로 돌아오더니 전시해 놓은 연필을 하나 집어 들면서 "저도 당신과 같은 상인이라 한 말씀 드립니다. 어떤 물건이든 팔려면 적당한 가격표를 붙이는 것이 좋지 않을까요?"라고 말하더니 사라져 버렸다. 몇 년이 지난 후 파티장에서 점잖은 신사 한 명이 그 사업가에게 다가와 허리를 굽히며 인사했다. "안녕하세요? 선생님은 저를 몰라보실 테지만 저는 선생님을 절대 잊을 수 없습니다. 선생님은 저에게 자신감을 심어 주신 분입니다. 저는 줄곧 연필을 내놓고 남에게 구걸하는 거지였습니다. 선생님께서 저를 '상인'이라고 불러 주셨던 순간까지 말입니다."

나와 다른 사람, 나와 나 자신, 나와 하나님과의 관계 DNA를 연결시키는 고리가 무엇인지 알겠는가? 그것은 칭찬이요, 격려다. 다른 사람을 칭찬하고 격려하면 그 관계가 돈독해진다. 그도 나도 점점 자신감을 얻게 된다.

더 중요한 것 하나는 우리가 하나님을 칭찬해야 한다는 사실이다. 말이 좀 어색하지만 하나님은 칭찬받기에 합당하신 분이다. 그분이 행한 모든 일이 다 칭찬 받을 일이 아닌가? 하나님을 칭찬하라. 그러면 하나님과의 DNA가 튼튼해진다.

그 옛날 에브랏에는 이렇게 서로를 향하여 칭찬하고 축복하며 격려하는 소리로 가득 찼다. 그래서 이름 그대로 에브랏이다. 베들레헴이다.

이 시간 조용히 귀를 기울여 보라. 우리 삶의 현장에서 어떤 소리가 들리는가? 어떤 소리를 듣고 있는가? 이것은 대단히 중요한 일이다. 태아가 어떤 소리를 들으며 10개월을 보내는가? 식물도 어떤 소리를 듣느냐에 따라 충실한 열매를 맺을 수도 있고, 그 반대가 될 수도 있다. 옛날 아프리카 밀림 지역에서 아름드리 큰 나무를 베어야 할 때 사용했던 방법을 아는가? 매일 그 큰 나무 곁에 가서 저주의 말을 했다고 한다. 그러면 얼마 있지 않아 그 나무가 쓰러진단다. 당신의 입에서는 어떤 말이 나오고 있는가?

샘물교회 사건을 놓고 사람들은 할 말이 참 많았던 것 같다. 인터넷에선 이번 봉사 활동에 나갔던 봉사단원에 대해, 그리고 기독교에 대해 섬뜩할 정도로 저주하고 비방하는 말이 쏟아졌다. 생명이 경각에 달려 있는 상황에서 좋은 말을 할 수는 없었을까? 인터넷에 글을 올리거나 댓글을 달 때 다른 사람들이 보고 마음이 따뜻해지는 말은 할 수 없을까?

가정에서 어떤 소리가 들리는가? 내 자녀가 어떤 소리를 들으며 자라고 있는가? 너무 자주 싸우는 부부가 있었다. 그들은 아주 사소한 것을 갖고도 툭하면 싸웠다. 그때마다 어린 자식들은 각자 방으로 들어가 이불을 뒤집어쓰고 벌벌 떨었다. 그러면서 생각했다. '남자란 존재는 저렇게 포악하구나.' '여자란 저렇게 표독스럽구나. 결혼하지 말아야지.' 어느 날 이 부부는 협정을 맺었다. 싸움을 하지 않을 수는 없지만 만약 싸워야 할 땐 먼저 상대방에 대한 애정과 칭찬의 말을 한 다음에 할 말을 하자는 것이었다. 그리고 말을 할 때에도 앞부분은 크게, 뒷부분은 작게 하자고 약속했다. 며칠 후 싸움이 시작되었다. 남편이 먼저 시작했다.

남편 "사랑하는 여보, 도대체 집안 꼴이 이게 뭐요? 꼭 돼지우리 같군요."

아내 "무지하게 멋진 여보, 나는 뭐 온종일 집에서 놀기만 하는 줄 알아요?"

남편 "미치고 환장하게 사랑하는 여보, 하지만 밖에서 피곤에 절어 집에 돌아오는 사람 생각도 해주어야 할 것 아니오?"

아내 "까무러치게 사랑스러운 여보, 하지만 나도 오늘 많이 바빴다고요. 당신도 하루만 집에 있어 보세요."

남편 "매력이 철철 넘쳐 홍수가 날 여보, 하지만…."

아내 "내 몸이 터져 죽을 정도로 사랑하는 여보, 그래도…."

우리 삶의 현장에서, 우리가 관계하는 여러 사람과의 대화에서 축복하고 격려하는 소리가 많이 들린다면 분명 그 현장은 하나님의 축복으로 기름진 열매를 맺는 그야말로 떡집이 될 것이다. 우리는 그 소리가 들리도록 해야 한다.

하나님은 복의 근원이시다. 우리가 서로 복 비는 것을 얼마나 기뻐하시는지 모른다. 우리가 서로의 복을 빌 때 그곳에 하나님이 함께하신다. 그래서 그곳이 '에브랏'이 되게 하신다. 나와 하나님, 나와 이웃, 나와 나 자신과의 관계를 튼실하게 잇는 끈이 무엇인가? 그것은 축복이며, 칭찬이라는 사실을 깨닫고 우리 삶의 현장이 에브랏이 되도록 힘쓰는 사람이 되기를 바란다.

― 19장 ―

어머니로부터의 꿈
Dreams from My Mother

. . .

"이에 보아스가 룻을 맞이하여 아내로 삼고 그에게 들어갔더니 여호와께서 그에게 임신하게 하시므로 그가 아들을 낳은지라 여인들이 나오미에게 이르되 찬송할지로다 여호와께서 오늘 네게 기업 무를 자가 없게 하지 아니하셨도다 이 아이의 이름이 이스라엘 중에 유명하게 되기를 원하노라 이는 네 생명의 회복자이며 네 노년의 봉양자라 곧 너를 사랑하며 일곱 아들보다 귀한 네 며느리가 낳은 자로다 하니라 나오미가 아기를 받아 품에 품고 그의 양육자가 되니 그의 이웃 여인들이 그에게 이름을 지어 주되 나오미에게 아들이 태어났다 하여 그의 이름을 오벳이라 하였는데 그는 다윗의 아버지인 이새의 아버지였더라 베레스의 계보는 이러하니라 베레스는 헤스론을 낳고 헤스론은 람을 낳았고 람은 암미나답을 낳았고 암미나답은 나손을 낳았고 나손은 살몬을 낳았고 살몬은 보아스를 낳았고 보아스는 오벳을 낳았고 오벳은 이새를 낳고 이새는 다윗을 낳았더라."

― 룻기 4:13-22

검은 별, 오바마를 존재하게 한 꿈

2007년 말 실시된 17대 대통령 선거를 두고 누가 여야의 후보가 될 것인지, 최후의 승자가 과연 누가 될 것인지에 관심이 많았다. 2008년 미국에도 대선이 있다. 그런데 현재 공화당 출신의 대통령인 부시의 인기가 바닥이다. 그래서인지 야당인 민주당 후보로 나선 버럭 H. 오바마 Barack Hussein Obama 상원의원에게 세계의 관심이 쏠려 있다. 장장 5개월에 걸친 민주당 경선에서 드디어 힐러리 클린턴 Hillary D. R. Clinton을 물리치고 미국 역사상 최초의 흑인 대통령 후보가 되었기 때문이다. 더 나아가 미국 최초의 흑인 대통령이 될 수 있을까? 대답은 가능성이 굉장히 높다는 평이다.

그의 자서전은 각종 매체의 호평을 받고 있다. 《뉴욕타임스》가

이 책을 베스트셀러 1위에 올려놓을 정도이다. 『내 아버지로부터의 꿈』Dreams from My Father, 랜덤하우스코리아, 그는 이 자서전을 통해 진정한 자신의 정체성과 뿌리를 집요하게 찾아 들어간다. 그 과정에서 자신의 모든 것을 솔직하고 당당하게 밝힌다. 심지어 고교 시절에 마약을 복용했다는 사실까지도 고백한다. 그의 이런 솔직함과 당당함은 위선과 거짓, 비방과 폄하가 난무하는 정치권에서 신선한 충격으로 받아들여지면서 조지 소로스, 오프라 윈프리 등 미국의 여론을 좌지우지하는 명사들의 지지를 얻어내고 있다.

『내 아버지로부터의 꿈』은 뉴욕에서 아버지가 교통사고로 갑자기 사망했다는 슬픈 소식을 듣는 것으로 시작된다. 오바마에게 아버지는 단순히 한 사람의 남자가 아니라 신화 속의 주인공과 같은 존재였다. 아프리카 케냐 출신의 한 흑인이 캔자스 출신인 우윳빛 백인 아가씨와 하와이 대학교에서 만나 결혼했다. 1961년 8월 4일, 이 두 사람 사이에서 태어난 첫 아들이 오바마다.

오바마는 혼혈아로 태어나 정체성의 혼란을 겪는다. 여기에다 그의 부모님이 결별하고 아버지는 다시 케냐로 돌아가 그쪽 여자와 재혼했고, 어머니는 인도네시아인과 재혼했다. 그는 어머니를 따라 인도네시아로 가 그곳에서 소년기를 보냈다. 그러면서 그는 다양한 인종의 형제자매가 섞여 있는 복잡한 가계도를 갖게 된다. 이쯤 되면 오바마 같은 사람을 만나려면 저 뉴욕 할렘가의 어느 뒷골목을 찾아가면 될 거라는 생각을 하게 된다. 그러나 그는 이 모든 역경을 극복하고 하버드 법대 로스쿨을 거쳐 유일한 흑인 상원의원으로 우뚝 일어섰다.

그러면 오늘날의 그를 있게 한 원동력은 무엇인가? 나는 이 책을 읽으면서 두 가지 이유를 발견했다.

첫째, 하나님을 믿는 믿음이었다. 후세인 오바마란 이름에서 풍기는 것과 달리 그는 독실한 크리스천이다. 그의 이 믿음은 시련을 극복할 수 있는 원동력이 되어 주었다.

둘째, 책 제목대로 '아버지로부터 이어받은 꿈' 때문이었다. 이 꿈은 오늘의 그를 만들어 주었다. 사실 오바마의 아버지는 그가 두 살 때 그의 곁을 떠났다. 물론 청소년기에 아버지의 나라 케냐에 가서 아버지의 꿈을 확인했지만, 사실 그의 어머니가 더 훌륭했다. 오바마의 멘토는 어머니라고 말할 수 있다. 어머니로부터 받은 꿈이 오늘의 오바마를 있게 했다. 그러므로 책 제목은 '내 아버지로부터의 꿈'보다는 '내 어머니로부터의 꿈'이라고 해야 더 와 닿지 않을까 생각한다.

이렇게 오바마는 한 손에는 믿음을, 또 다른 손에는 꿈을 가지고 그 모든 편견과 역경을 극복해 왔다. 그 어디에도 속할 수 없는 '이방인'이었던 그가 지금 '검은 케네디'라는 애칭으로 불리면서 미국 전역에 '검은 폭풍'을 일으키고 있다.

이렇게 갑자기 그가 검은 별로 떠오르자 오바마란 과연 어떤 인물인가에 이목이 집중되기 시작했다. 그 동안 세상에 전혀 드러나지 않았던, 그리고 알 필요도 없던 그의 집안 내력과 가족사가 진흙 속의 보석처럼 드러나고 있다. 케냐 출신인 그의 아버지와 할

아버지는 과연 어떤 사람이었을까? 그리고 사랑하는 자신의 딸을 저 아프리카 흑인과 결혼하도록 허락했고, 그 딸이 다시 인도네시아 사람과 재혼하고, 어린 오바마를 데리고 인도네시아 오지로 갈 때도 딸의 결정을 기꺼이 존중해 주고 축복하며 보냈던 그의 외할아버지와 외할머니의 고향은 어디이며 어떤 사람이었을까? 또 얼마나 훌륭한 사람들이었을까? 이런 집안의 내력, 계보, 묻혀 있던 가족사가 빛을 발하고 있다. 사실 우리는 얼마 전까지만 해도 이 가정사에 대해 알 필요를 느끼지 않았다. 그러나 그중 한 사람인 오바마가 부각되면서 묻힐 뻔했던 그의 가계와 계보까지도 자세히 밝혀지고 있다.

세 어머니의 꿈

룻기의 마지막 부분에 이르렀다. 룻기는 한 개인의 가정사로 시작되었다. 그런데 마지막 부분에 와서는 한 개인의 가정사로 끝나지 않고 그 가정의 계보가 자세히 밝혀지고 있다. 이유는 한 여인 때문이었다. 한 여인 룻이 엘리멜렉 집안에 며느리로 들어와 보아스란 사람을 만나 결혼하여 아들을 낳았는데 그 이름이 오벳이다. 그 오벳의 앞뒤 계보를 밝히면서 한 가정의 계보가 부각된다. 성경은 이 가정의 계보를 대단히 중요하게 언급한다.

"베레스의 계보는 이러하니라 베레스는 헤스론을 낳았고 헤스론은

람을 낳았고 람은 암미나답을 낳았고 암미나답은 나손을 낳았고 나손은 살몬을 낳았고 살몬은 보아스를 낳았고 보아스는 오벳을 낳았고 오벳은 이새를 낳았고 이새는 다윗을 낳았더라"룻 4:18-22.

그런데 왜 다윗을 낳았다는 말로 마무리되는 걸까?

다윗과 룻은 동일 시대에 살았던 사람이 아니다. 따라서 룻기는 다윗 시대나 그 이후 시대에 기록되었다는 것을 알 수 있다. 그러면 왜 다윗에서 끝나는 걸까? 이것은 다윗으로 끝나는 것이 아니라 그리스도 예수께서 이 계보를 통해 탄생되리라는 사실을 암시한다.

그런데 우리는 이 계보를 대하면서 고개를 갸우뚱하게 된다. 그것은 이 계보가 하필이면 아브라함, 이삭, 야곱, 요셉으로부터 시작하지 않고 왜 베레스로부터 시작하고 있는가 하는 점이다. 여기서 베레스는 누구인가? 다음 구절을 보면 베레스에 대해 부연 설명하고 있다.

"여호와께서 이 젊은 여자로 말미암아 네게 상속자를 주사 네 집이 다말이 유다에게 낳아준 베레스의 집과 같게 하시기를 원하노라 하니라"룻 4:12.

베레스는 다말과 유다 사이에서 출생했다창 38:29. 이제 어렴풋이 한 사건이 떠오를 것이다. 바로 창세기 38장이다. 여기에 다말과 유다에 관한 사건이 기록되어 있다. 창세기는 아브라함, 이삭, 야곱, 요셉에 관한 행적을 자세히 기록한다. 그중 요셉의 관한 사적이 37장에 기록되고 있다가 갑자기 아름답지 않은, 그래서 말하기도 거북한 사건이 38장에 불쑥 끼어든다. 그리고는 다시 39장에 요셉의 이야기가 이어진다. 왜 이런 구질구질한 내용을 정결한 삶을 살았던 요셉 이야기 사이에 삽입한 것일까? 고개를 갸우뚱하게 만드는 그 장면은 도대체 무슨 내용인가?

야곱에게는 열두 아들이 있었다. 그중 넷째가 유다다. 그가 자기 형제들로부터, 즉 공동체를 떠나 이방인과 교분을 갖다가 수아라 하는 자의 딸을 만나 결혼하게 된다. 그리고 엘, 오난, 셀라라는 세 아들을 얻는다 창 38:1-5.

장자 엘이 성장해 다말이라는 여자를 아내로 맞이한다. 그런데 그는 결혼하자마자 죽는다. 이런 경우에 당시의 관습으로는 둘째가 형수와 결혼하여 대를 이어가야 한다. 그런데 둘째 오난이 그것을 거부함으로써 그마저 죽게 된다 창 38:9-10. 이제 셋째 셀라가 형수와 결혼해야 한다. 그런데 유다는 셋째 아들 셀다가 아직 어리다는 이유로 결혼시키지 않고 다말에게 친정으로 가서 기다리라고 한다.

친정으로 가서 기다리던 다말은 어느 날, 시아버지 유다가 그곳에 왔다는 소식을 듣고 창녀로 위장하여 그를 유혹한다. 유다는 자신의 도장과 끈과 지팡이를 그 여인에게 증표로 넘겨주면서 자기 며느리인 줄도 모른 채 잠자리를 같이 한다.

석 달 후에 유다는 며느리가 임신했다는 사실을 알게 된다. 그러자 노발대발하며 며느리를 불태워 죽이려고 한다. 그때 다말이 시아버지에게 증표를 보여 주면서 "이 물건의 임자로 말미암아 내가 임신했나이다"라고 말하자 그 앞에서 유다는 할 말을 잃고 말았다창 38:25.

다말이 드디어 해산하게 되었는데 쌍둥이였다. 첫째 아이의 손 하나가 먼저 나왔다. 해산을 돕는 산파가 먼저 나온 자를 표시해 두려고 홍색 실을 손목에 묶었다. 그런데 그 손이 다시 들어가 버리고 아우가 먼저 나오는 것이 아닌가! 그 아이가 바로 베레스다. 그리고 먼저 나올 뻔했던 아이를 세라라고 불렀다창 38:27-30. 그렇게 창세기 38장은 더 이상의 어떤 설명도 없이 끝나 버린다.

그런데 그 베레스를 왜 갑자기 천여 년의 세월이 지난 상황에서 떠올리고 있는 것일까? 도대체 다말이 유다로부터 낳은 이 베레스와 룻이 보아스를 통해 낳은 오벳과 어떤 관계가 있어 베레스로부터의 계보를 쓰는 것일까? 그 위에 야곱, 이삭, 아브라함도 있지 않은가? 왜 룻기에서 하필 베레스를 가장 중요한 믿음의 시조로, 가문의 최고 출발점으로 놓고 있는가 말이다.

이 의문을 풀기 위해서는 다시 성경으로 돌아가야 한다.
룻이 보아스와 결혼하여 드디어 아들을 낳았다13절. 이 얼마나 경사스러운 일인가! 그런데 어떤 일이 일어났는가?

"여인들이 나오미에게 이르되 찬송할지로다 여호와께서 오늘 네게 기업 무를 자가 없게 하지 아니하셨도다 이 아이의 이름이 이스라엘 중에 유명하게 되기를 원하노라 이는 네 생명의 회복자이며 네 노년의 봉양자라 곧 너를 사랑하며 일곱 아들보다 귀한 네 며느리가 낳은 자로다 하니라 나오미가 아기를 받아 품에 품고 그의 양육자가 되니 그의 이웃 여인들이 그에게 이름을 지어 주되 나오미에게 아들이 태어났다 하여 그의 이름을 오벳이라 하였는데 그는 다윗의 아버지인 이새의 아버지였더라"룻 4:14-17.

룻이 결혼하여 오벳을 낳았다. 칭송은 당연히 룻이 받아야 했다. 그런데 칭송을 룻이 아닌 나오미가 받고 있다. 심지어 "나오미에게 아들이 태어났다—나오미가 아들을 낳았다" 하여 그 이름을 오벳이라고까지 말한다17절.

천신만고 끝에 아이를 낳은 사람은 룻인데 왜 칭송은 나오미가 받는가? 또한 마치 나오미가 아이를 낳은 것처럼 온 동네가 기뻐한다. 여기에 중요한 메시지의 핵심이 있다. 룻이 오벳을 낳은 것은 사실이다. 그런데 룻이 어떻게 해서 아들을 낳게 되었는가?

결론부터 말하자면 그것은 '내 어머니로부터의 꿈' 때문이었다.

룻은 애초에 보아스와 결혼할 계획도, 그럴 지혜도, 야심도 없었다. 그저 밭에 나가 보리이삭을 주워 와서 한 끼를 때우며 살아가는 것으로 만족하려고 했다. 하지만 늙은 어머니 나오미에게는 꿈이 있었다. 망한 집안, 대가 끊어질 위기에 처한 이 집안을 다시 일으

커 세워야겠다는 꿈 말이다. 그러나 자신은 이제 너무 늙어 그 꿈을 성취할 수가 없었다. 그렇다고 해서 그 꿈을 결코 포기할 수도 없었기에 그녀는 자신의 꿈을 며느리인 룻에게 심어 주기 시작했다. 그러고는 며느리에게 그 꿈을 이루기 위해서는 어떻게 해야 하는지 구체적인 지시까지 내렸다 룻 3:1.

룻은 나오미의 지시에 순종했다. 그 결과 보아스와 결혼하게 되었고, 아들까지 낳았다. 룻이 아이를 낳았다는 것은 곧 나오미의 꿈이 이루어졌다는 것을 의미한다. 그러므로 오벳은 나오미의 꿈이 현실화된 '꿈의 열매'였다. 이 사실을 알고 있던 온 동네 사람들이 아이를 낳은 룻보다 나오미를 칭송하며 축하한다. 그래서 성경 저자 또한 룻기의 결론을 그 어머니로부터의 꿈이 이루어진 현장으로 소개하고 있는 것이다.

베레스를 낳은 다말도 마찬가지다. 그녀는 대가 끊기게 될 위기에 처한 집안의 대를 이어가야만 했다. 시아버지는 하나님을 경외한다고 하면서도 율법대로 행하지 않아 대를 이을 방법이 없었다. 그래서 다말은 변장을 하고서라도 이 집안의 대를 이어가야겠다는 꿈을 가슴에 품고 이를 행동으로 옮긴다. 이는 마치 옳지 않은 청지기의 지혜로운 처사와 같다 눅 16:1-8. 이런 어머니의 꿈이 태중에서 갓 태어나는 베레스에까지 전달되어 태중에서 싸워 기어이 장남으로 태어나 베레스가 되었다. 마치 리브가의 뱃속에서 두 아이가 서로 장자가 되기 위해 다투었듯이 말이다 창 25:23.

이제 왜 계보가 베레스로부터 시작되었는지 이해됐을 것이다.

그가 대단한 인물이었기 때문이 아니다. 베레스야말로 어머니로부터의 꿈을 가지고 태어난 자식임을 부각시키기 위해서다. 아니 베레스보다는 어머니로서 꿈을 가졌던 다말을 부각하기 위해서였다. 이것이 룻의 계보가 베레스로부터 시작되는 이유다.

보아스를 낳은 어머니 라합은 어떤 여성인가 마 1:5. 그녀는 이방 여인으로 여리고 성의 기생이었다 수 2:1. 그러나 그녀에게는 꿈이 있었다. 하나님의 백성이 되겠다는 꿈 말이다. 그 꿈을 이루기 위해 그녀는 정탐꾼을 숨겨 주는 모험을 감행했다. 그리고 기어이 그 꿈을 이루었다. 다음 구절에 이 세 여인이 예수님의 족보에 당당히 올라 있는 것을 보게 된다.

"유다는 다말에게서 베레스와 세라를 낳고 베레스는 헤스론을 낳고 헤스론은 람을 낳고, 람은 아미나답을 낳고 아미나답은 나손을 낳고 나손은 살몬을 낳고, 살몬은 라합에게서 보아스를 낳고 보아스는 룻에게서 오벳을 낳고 오벳은 이새를 낳고" 마 1:3-5.

자녀에게 이어지는 부모의 꿈

부모는 꿈을 가져야 한다. 요엘 선지자는 성령이 임하시면 젊은 이들은 장래 일을 말하게 되지만, 늙은이들은 꿈을 꾸게 될 것이라고 말했다 욜 2:28. 설령 나이가 들었다 할지라도 꿈을 포기해서는 안 된다.

믿음의 사람은 예외없이 꿈을 꾸는 사람들이다. 혹시 그 꿈이 자신의 대에 이루어지지 않을지라도 그 꿈은 자녀에게 전달된다. 요게벳에게는 꿈이 있었다. 그 꿈이 아들 모세에게 전달되었고, 한나의 꿈은 사무엘에게 전달되었다. 또한 엘리사벳의 꿈은 세례 요한에게 전달되었다.

마틴 루터 킹Martin Luther King 목사는 1963년 링컨 기념관 앞에서 수많은 군중을 향해 "나에게는 꿈이 있습니다"라는 유명한 연설을 했다. 그리고 그는 세상을 떠났지만 그 꿈은 그의 자녀에게 전달되었다. 2007년 1월 19일 인도의 간디, 미국의 마틴 루터 킹, 남아공 인권운동가인 스티브 비코Steve Biko 등 역사에 이름을 남긴 인사들의 후손이 네덜란드 마스트리흐트에서 자리를 같이했다. 그때 이 자리에서 킹 목사의 딸인 요랜다 킹은 아버지의 꿈을 다시 한 번 반복하면서 인류가 가진 공통점을 찾자고 열변을 토했다. 요랜다 킹은 51세를 일기로 지난 5월 15일 세상을 떠나기까지 오직 비폭력을 외친 아버지의 꿈을 이어갔다.

당신은 부모로서 사랑하는 자식들에게 어떤 꿈을 유산으로 물려주고 싶은가? 사랑하는 자녀들이 "나는 사랑하는 아버지로부터 꿈을 물려받았습니다" "나는 사랑하는 어머니로부터 희망을 물려받았습니다"라고 말한다면 당신은 성공적인 삶을 산 것이다.

당신은 꿈을 가지고 있는가? 다말이 가슴속에 품었던 꿈, 라합이 품었던 꿈, 나오미가 가슴속에 품었던 그런 꿈들 말이다. 그 꿈을 자녀들에게 물려주길 바란다. 우리의 형편과 처지는 문제가 되지 않는다. 문제는 꿈이 있느냐이다. 믿음의 사람은 한결같이 꿈을 가졌고, 그 꿈이 자녀 대까지 이어지기를 기대했다.

아브라함을 보라. 그는 가나안 땅이 자신의 땅이 되리라는 것을 믿고 자신을, 또 자신의 아내를 막벨라 굴에 심었다 창 23:19. 이는 자신의 꿈을 심는 행위였다. 자신의 대에서는 아무것도 이루어지지 않았지만, 그 꿈이 아들 이삭에게 이어져 그 역시 막벨라 굴에 심었고, 야곱도 막벨라 굴에 심어 달라고 유언했다 창 47:29, 49:31.

요셉도 애굽의 총리대신으로 호의호식하면서도 그 꿈을 포기할 수 없어 세상을 떠나면서 자신의 해골을 메고 올라가 고향에 장사 지내 달라고 유언한다 창 50:25. 왜 그랬을까? 그들의 가슴속에는 선조로부터 내려오는 꿈이 있었기 때문이다. 그리고 그 꿈을 후손에게 물려주기 원했다.

룻기의 주제는 꿈이다. 나오미는 하나님 안에서 꿈을 꾸었고, 그 꿈을 룻을 통해 멋지게 이루었다. 오늘 우리도 믿음 안에서 꿈을 가지고 사랑하는 자녀들에게 물려줄 때 자녀의 손을 통해 그 꿈이 이루어지도록 축복해 주실 줄 믿는다. 또한 믿음 안에서 선한 꿈을 가질 수 있기를 바란다. 하나님은 그 꿈을 통해 믿음의 명문가로 만들어 주실 뿐 아니라 너무 평범하여 묻혀 버릴 뻔했던 우리의 삶도 다시 빛을 발하게 해주실 것이다. 한 손에 믿음, 또 한 손에 꿈을 갖고 '은혜의 타작마당'을 향해 달리는 자들이 다 되기를 축원한다.